Panoramawege Ruhrgebiet

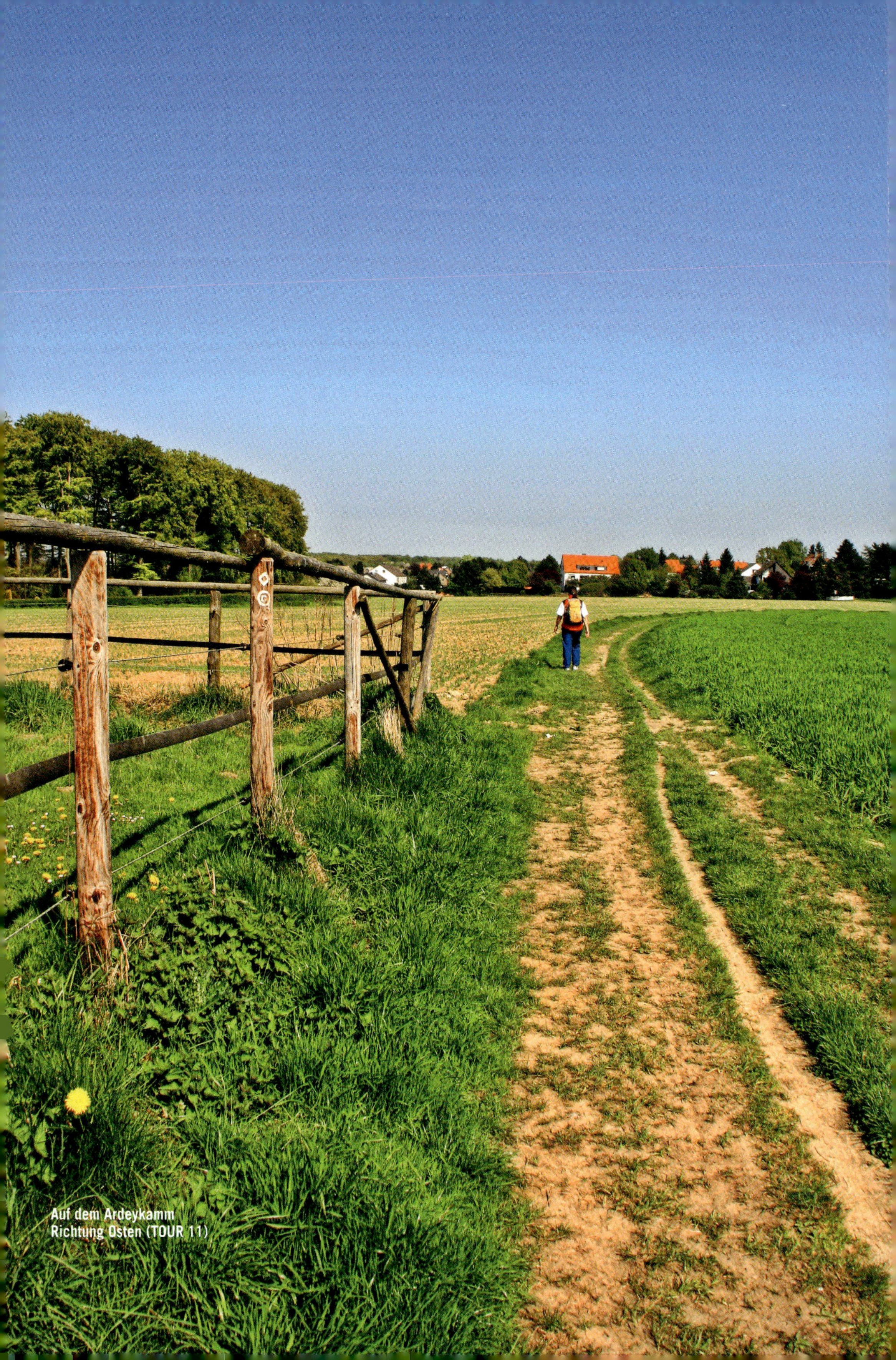

Auf dem Ardeykamm
Richtung Osten (TOUR 11)

Uli Auffermann

Panoramawege RUHRGEBIET

Die 30 schönsten Aussichtstouren

BRUCKMANN

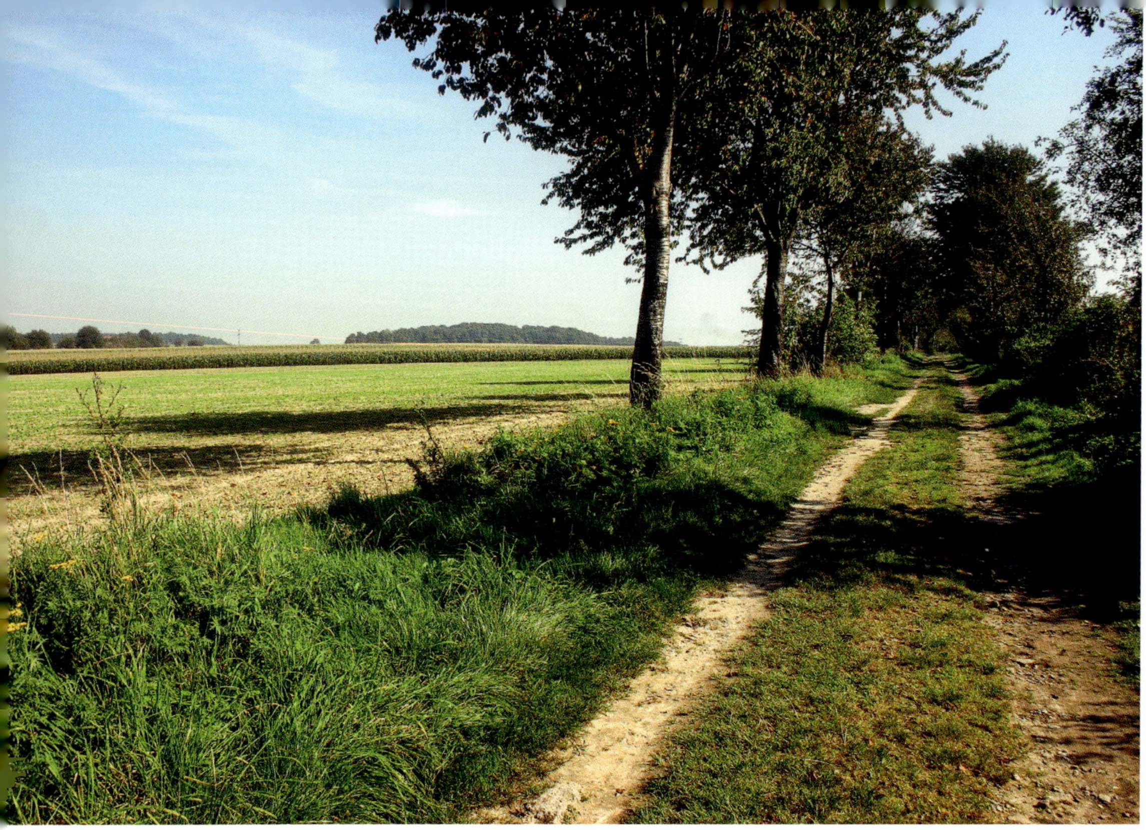

Oben: In den Billerbecker Bergen (TOUR 1)

Inhalt

Vorwort **11**
Im Ruhrgebiet **12**
Praktische Informationen **13**

Im nördlichen Ruhrgebiet **19**

1 Auf den Longinus-Turm 5.15 Std. ● **20**
Zur schönsten Aussicht bei Billerbeck

2 Zum Schloss Lembeck 3.40 Std. ● **26**
Hohe Mark und ein Feuerwachtturm

3 Halde Großes Holz 3.05 Std. ● **30**
Auf die höchste Erhebung im Kreis Unna

4 Greveler Alpen 3.45 Std. ● **34**
In Dortmunds Nordosten zum Lanstroper Ei

Farbklecks im Frühjahr: der Ginster (TOUREN 3, 4, 10)

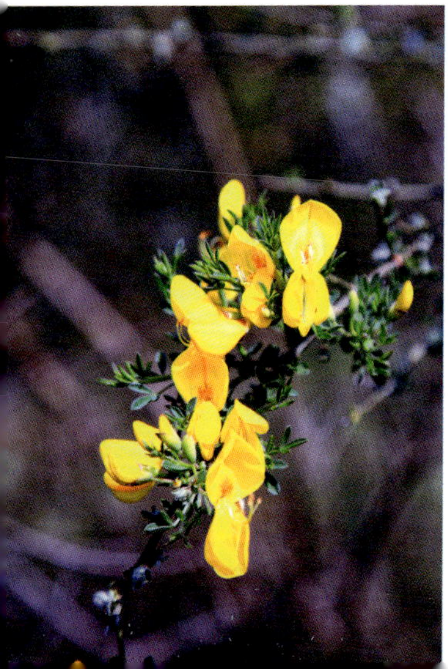

5 Von Waltrop nach Lünen 2.50 Std. ● 38
Durch Feld und Flur auf grüne Halden

6 Landschaftspark Hoheward 3.00 Std. ● 42
Drei-Sterne-Aussicht bei Herten

7 Gysenberg und Langeloh 2.00 Std. ● 48
Kleine Wald- und Felderrunde in Herne

8 Auf die Halde Haniel 3.50 Std. ● 52
Köllnischer Wald und Gipfelglück

9 Deich-Blicke bei Voerde 4.30 Std. ● 56
Durch die Rheinauen zum Haus Voerde

10 Auf die Moerser Berge 5.30 Std. ● 60
»Halden-Hopping« am Niederrhein

11 Am WestfalenWanderWeg 5.50 Std. ● 64
Zwischen Schwerte und Fröndenberg

Die Aussicht reicht bis ins nahe Münsterland. (TOUR 3)

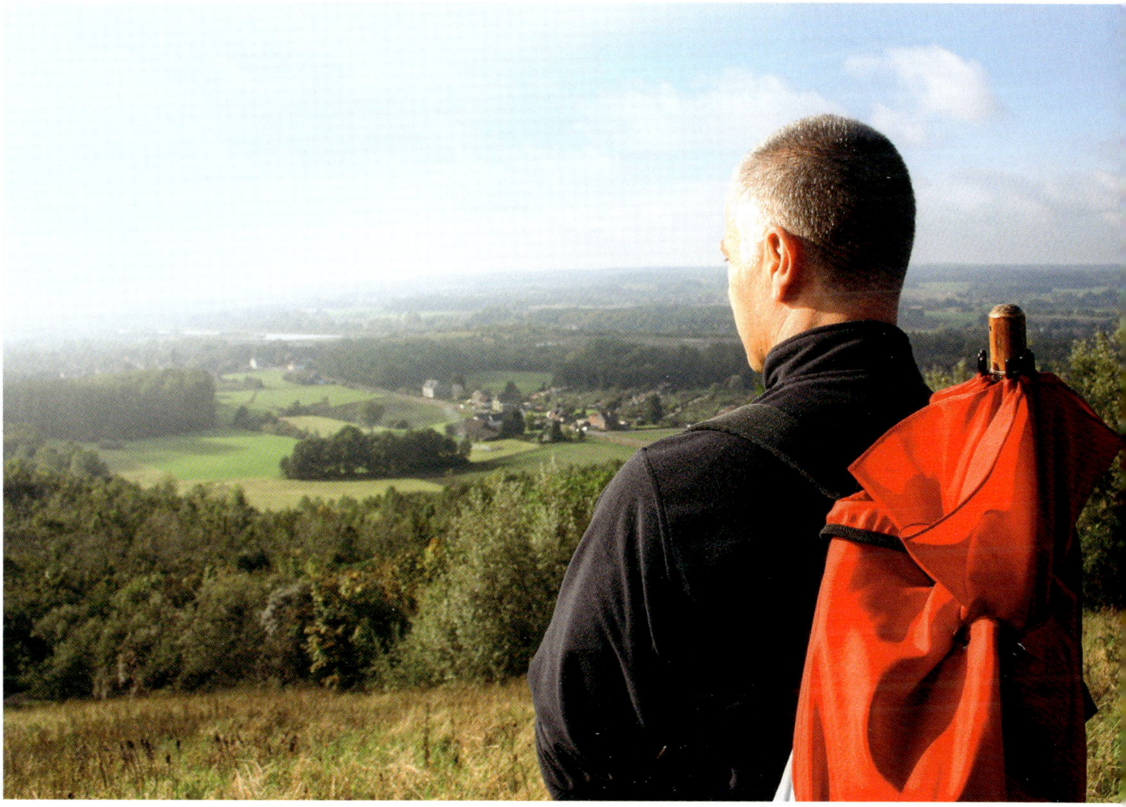

Im südlichen Ruhrgebiet 69

12	Zur Hohensyburg Prächtige Aussicht am Hengsteysee	3.10 Std.	●	70
13	Über den Ardeykamm Durch stille Wälder zum Berger-Denkmal	3.30 Std.	●	74
14	Runde am Kemnader See Viel Abwechslung im Bochumer Süden	1.30 Std.	●	78
15	Burg Blankenstein Hoch über der Ruhr bei Hattingen	1.50 Std.	●	82
16	Am Baldeneysteig Toller Höhenweg im Essener Süden	8.00 Std.	●	86
17	Von Mintard nach Saarn Mülheimer Berge und Ruhrauen	4.15 Std.	●	92
18	Am »langen Berg« Bei Velbert in die Bergische Schweiz	2.40 Std.	●	96

Blick vom Hohenstein ins Ruhrtal (TOUR 13)

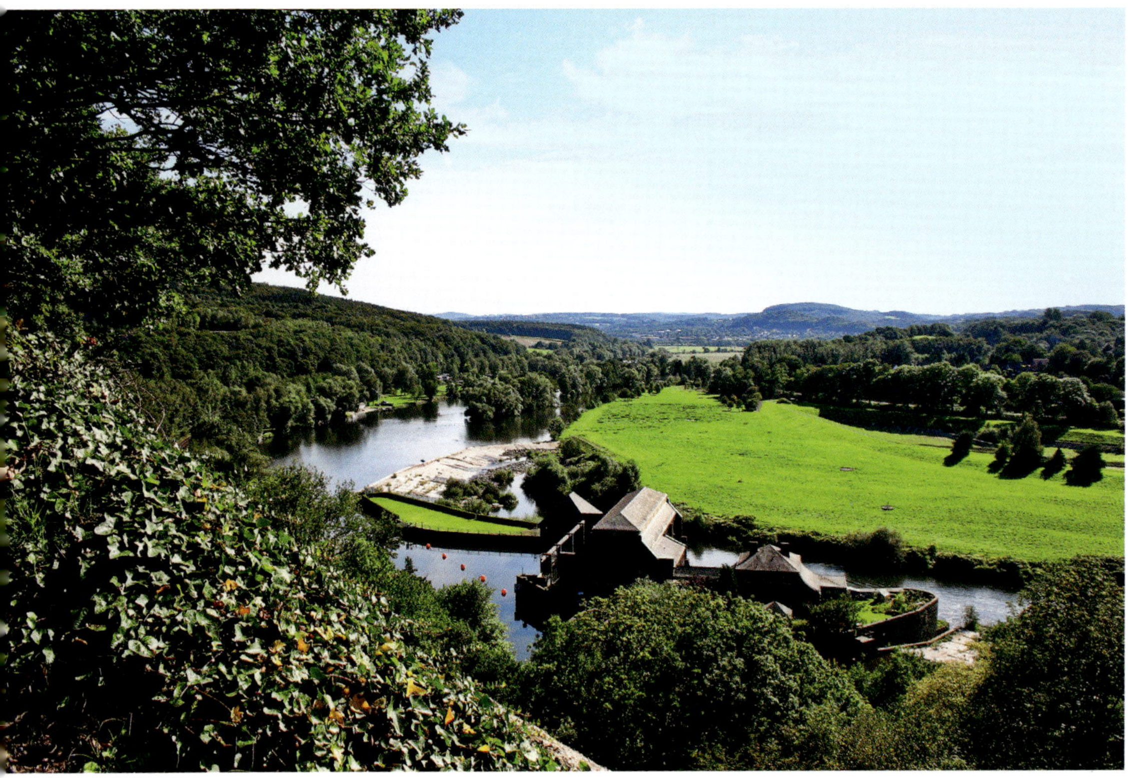

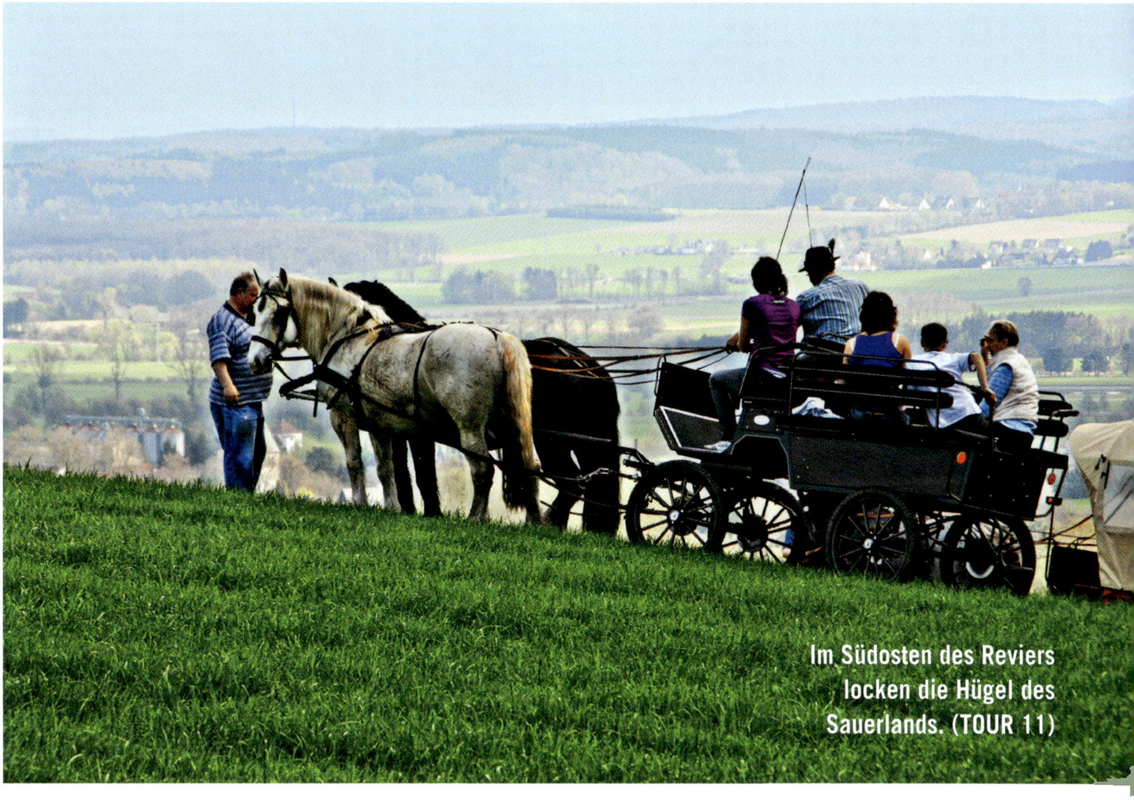

Im Südosten des Reviers locken die Hügel des Sauerlands. (TOUR 11)

19 Durch die Elfringhauser Schweiz 7.30 Std. ● 100
Gipfelgenuss im Hattinger Hügelland

20 Rund um Herzkamp 3.00 Std. ● 106
Im Auf und Ab durch Gennebreck

21 In Niedersprockhövel 3.45 Std. ● 110
Von »schwarzem Gold« und grünen Hügeln

22 Im Hagener Stadtwald 3.30 Std. ● 114
Auf dem reizvollen »Drei-Türme-Weg«

23 Sauerländer Höhenflug 5.45 Std. ● 118
Zur schönen Aussicht bei Wildewiese

24 Zur Glörtalsperre 3.45 Std. ● 122
Am höchsten Berg des Ruhrgebiets

25 Im südlichen Ennepetal 4.30 Std. ● 126
Aussichtsreiche Hügel und ein kleiner See

Der Turm im Volkspark Herne bietet tolle Ausblicke. (TOUR 7)

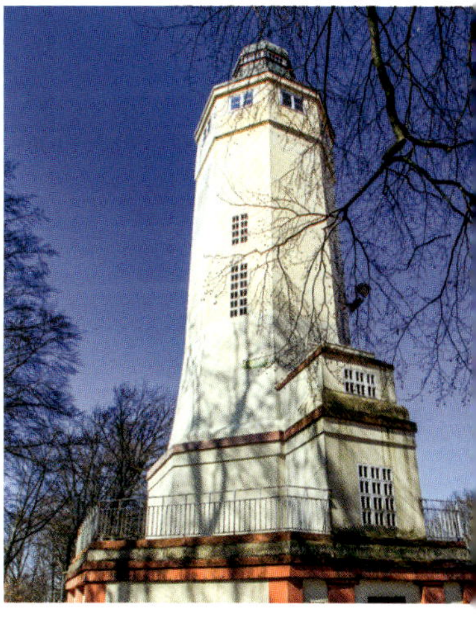

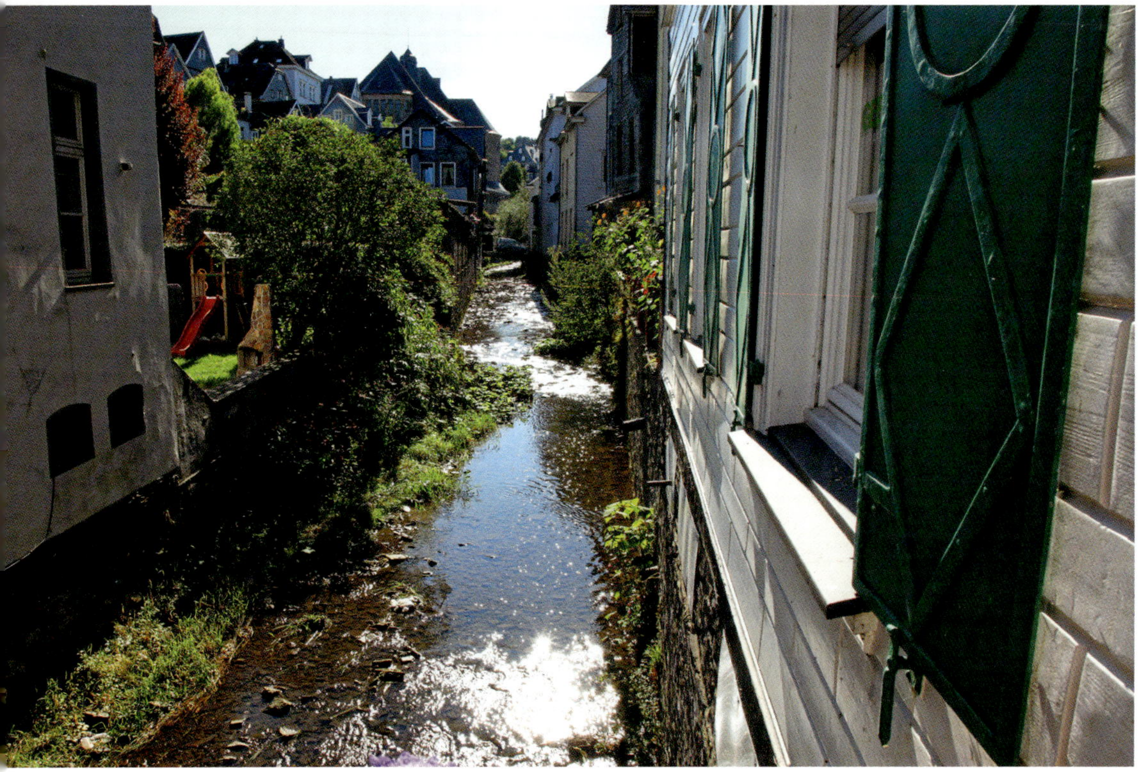

Am lauschigen Deilbach in Langenberg (TOUR 18)

Der Genuss bei der Einkehr gehört zum Wandern einfach dazu. (TOUR 30)

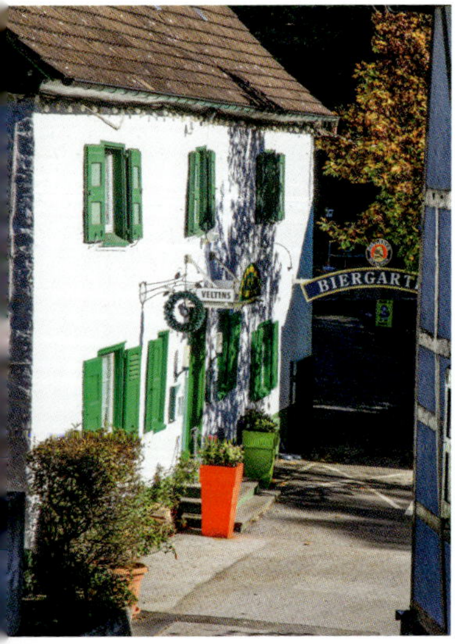

26 An der Wuppertalsperre 3.20 Std. ● 130
Im Auf und Ab über die Wupperberge

27 Dom-Blick und Beversee 3.20 Std. ● 134
Im grünen Hügelland von Hückeswagen

28 Zum Toelleturm 4.00 Std. ● 138
Mit dem Wupperweg nach Barmen

29 Rund um Schloss Burg 3.30 Std. ● 142
Vom Sengbachtal zum Aussichts-Highlight

30 Auf den Hindenburgturm 6.20 Std. ● 146
Ins Bergische zur Großen Dhünntalsperre

Bruckmanns Tourenfinder 152

PS: Einfach mal die Perspektive wechseln! 154

Register 157

Impressum 160

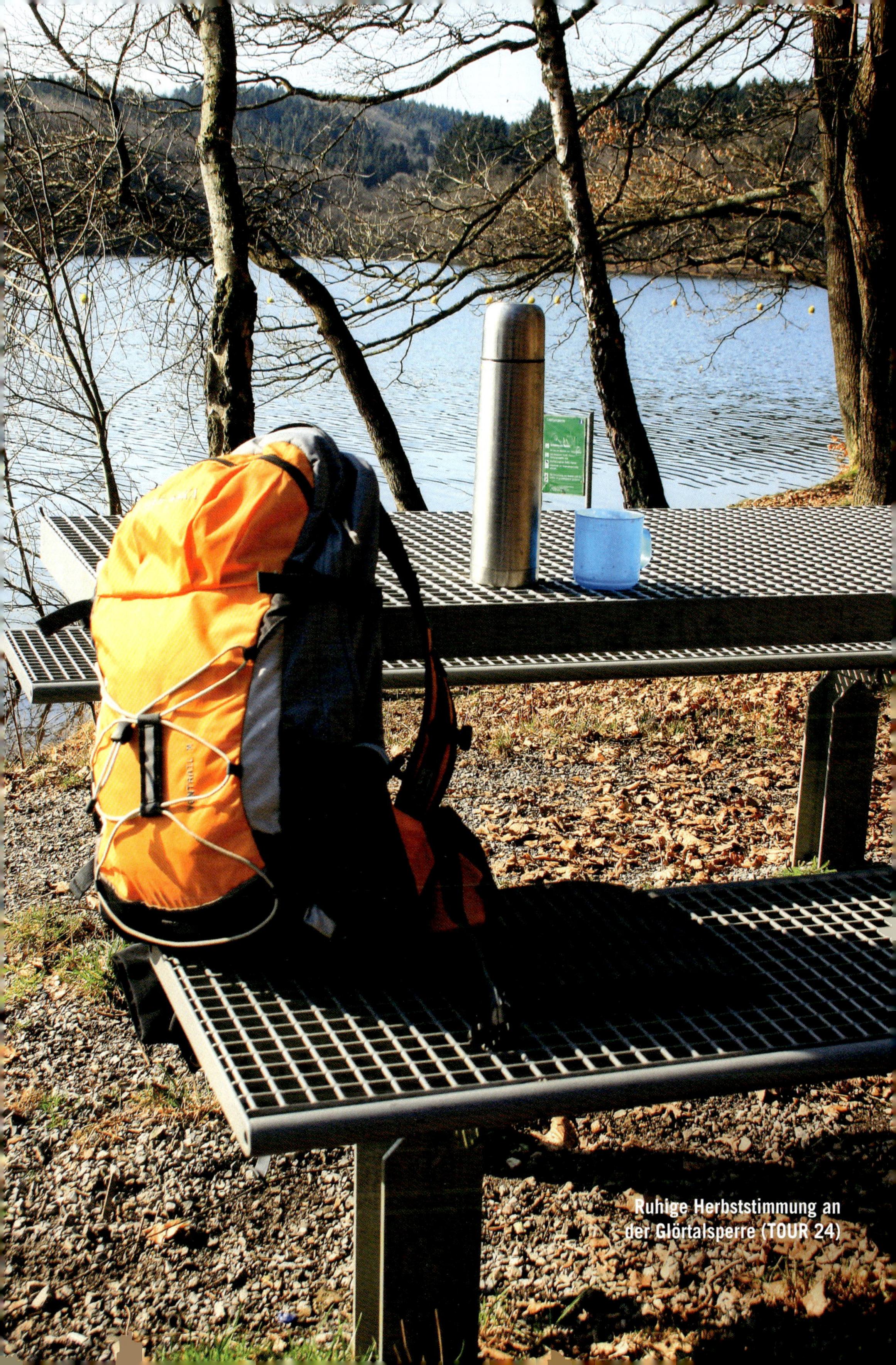

Ruhige Herbststimmung an der Glörtalsperre (TOUR 24)

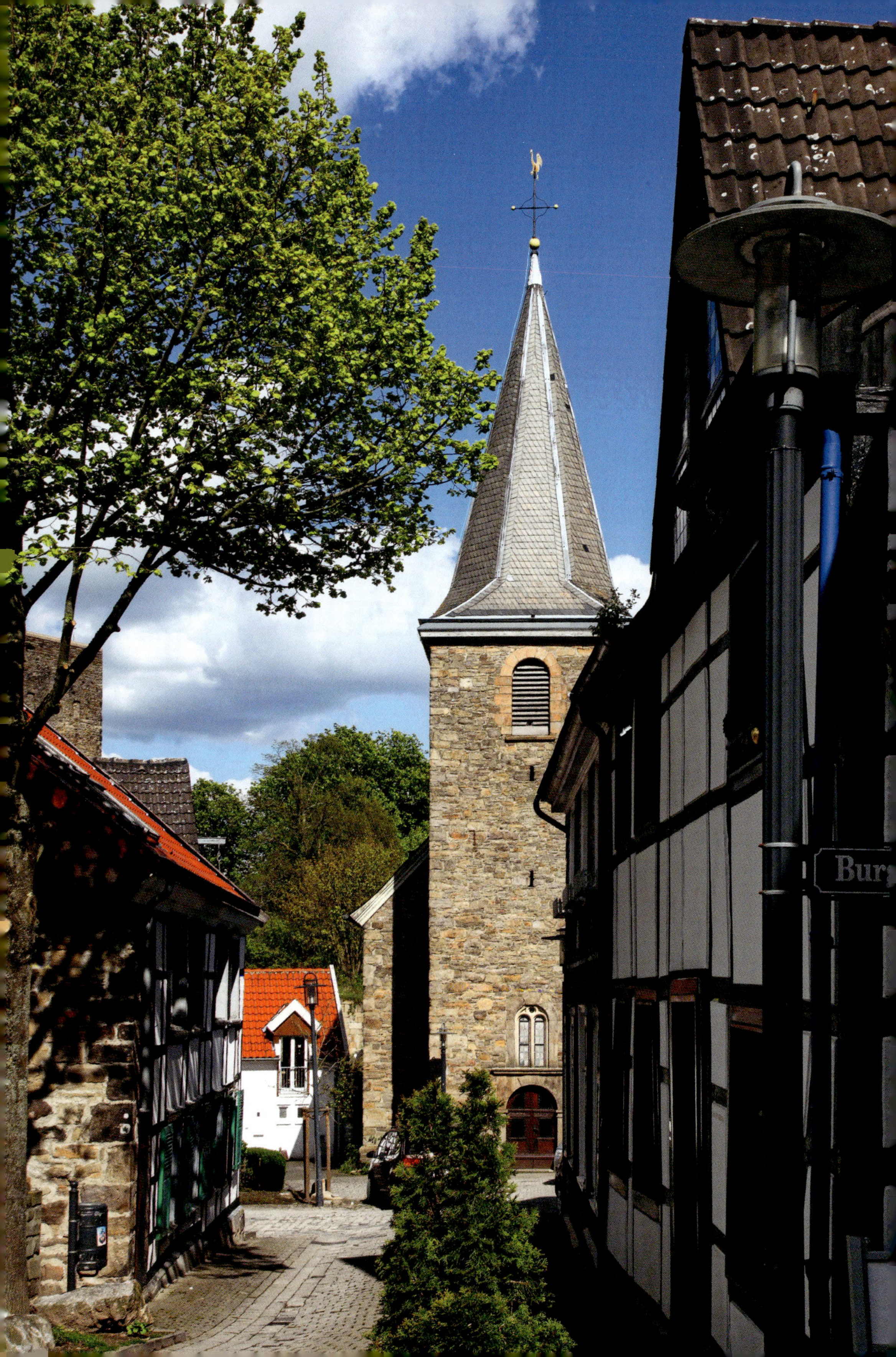

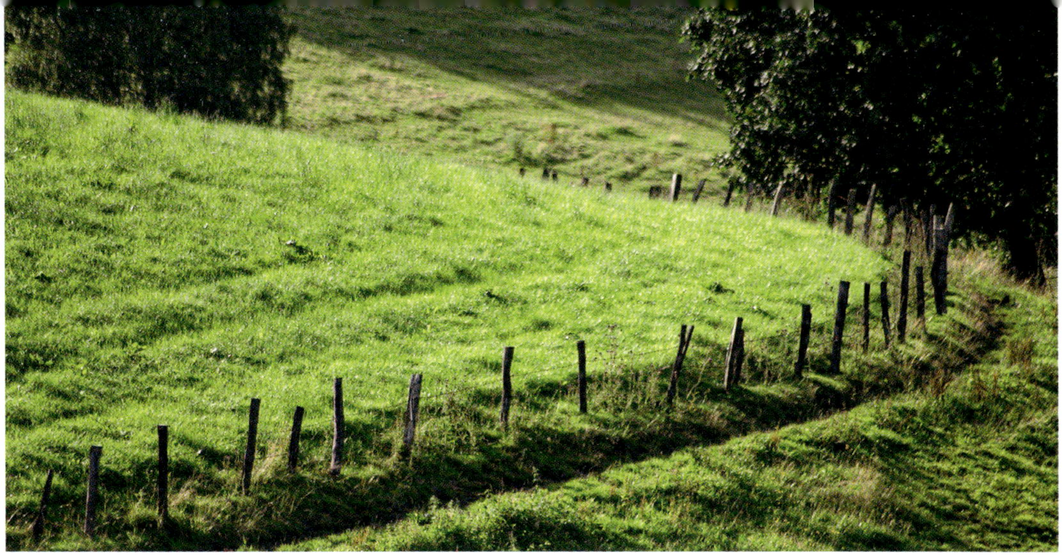

Einsamer Wiesenpfad im Sauerland (TOUR 23)

Linke Seite: In Hattingen-Blankenstein (TOUR 15)

Vorwort

Ich weiß nicht, wie es Ihnen geht, aber zu meinen nachhaltigsten Eindrücken bei einer Wanderung zählen immer die Momente an schönen Aussichtspunkten, wenn diese dem Auge Weite und Überblick bis zum Horizont bieten. Idealerweise von einem erhöhten Standort aus – von einem Bergrücken, einem Gipfel, einem Turm. Vielleicht liegt es daran, dass man als Alpinist, als Kletterer daran gewöhnt ist, hinunter und weit in die Ferne schauen zu können. Jedenfalls habe ich festgestellt, dass ich Wanderungen bevorzuge, bei denen die Natur, die Städte und Dörfer, die Flüsse und Täler von hoher Warte aus zu bestaunen sind.
Ein guter Grund, einige alte und auch neue Lieblingslogenplätze in dieser erweiterten Neuauflage meines Wanderführers der schönsten Panoramawege in NRW – jetzt aber mit dem Schwerpunkt Ruhrgebiet – zu präsentieren. Denn ja, im Ruhrgebiet und in den angrenzenden Regionen findet man wunderbare Stellen für Fernsichten und Ausblicke – viele, viele mehr, als in diesem Buch vorzustellen möglich ist. Deshalb habe ich 30 Touren ausgewählt, zur Anregung und um Lust auf mehr zu machen. Folgen Sie mir doch einfach einmal auf Wegen mit einzigartigem Panorama, zu exponierten Felsklippen, die Tief- und Ausblicke gewähren, hinauf zu traditionsreichen Aussichtstürmen, zu Landmarken industrieller Erdbewegungen und zu hoch gelegenen Burgen. Genießen Sie den Weg dorthin, verweilen Sie an Flüssen und Bächen, atmen Sie die frische Luft alter Buchen- und idyllischer Mischwälder. Erfreuen Sie sich an bester Gastronomie mit leckeren Spezialitäten der Region, und fiebern Sie wie ich dem Moment entgegen, wo man weit hinausschauen kann in die spannenden Natur- und Kulturlandschaften des Ruhrgebiets!

Mit herzlichen Wandergrüßen
Ihr Uli Auffermann

Im Ruhrgebiet

Das Ruhrgebiet erfreut mit landschaftlicher Vielfalt und kulturellem Reichtum. Dabei erstaunt viele noch immer, wie grün es doch im »Pott« inzwischen ist. Nicht nur außerhalb der Städte, wo es seit jeher richtig ländlich zugeht in uralter bäuerlicher Kultur. Trotzdem, auch wenn es hier noch ursprüngliche Flecken gibt, so darf man doch das Revier in seiner Gänze als von Menschen gemacht beschreiben. Die Einflüsse des Bergbaus und der Industrie sind fast allerorten sichtbar – und führten in jüngster Geschichte zu ganz neuen Naturoasen. Nach dem Niedergang von Kohle und Stahl lagen riesige Areale lange Zeit brach, bis sie schließlich oftmals aufwendig renaturiert zu neuen Lebensräumen für Mensch und Natur wurden. Überzogen von Wanderwegen, kann man heute so auch die ehemaligen Abraumhalden als beeindruckende Aussichtspunkte des Reviers und Stellen von großem Erholungswert erleben.

Wanderern bietet das Ruhrtal besonders idyllische Abschnitte in zugleich geschichtsträchtiger Atmosphäre. Hier wandert man im Angesicht von Burgen und Herrensitzen oder am Leinpfad, auf dem einst Pferdestärken die Schiffe flussaufwärts zogen. Überragt von bewaldeten Hängen und umgeben von Promenadenwegen, liegen die Stauseen am Fluss und sind seit jeher beliebte Ausflugsziele. Nördlich der Ruhr, wo sich die ausgedehnten Wälder des Naturparks Hohe Mark von der Kirchheller Heide bis hinauf nach Haltern am See erstrecken, treffen sich Ruhrgebiet und Münsterland. Zwar ist es dort nur selten bergig, doch ermöglicht gerade deshalb so manche Aussichtsstelle einen nahezu unendlichen Blick über die bäuerliche Parklandschaft!

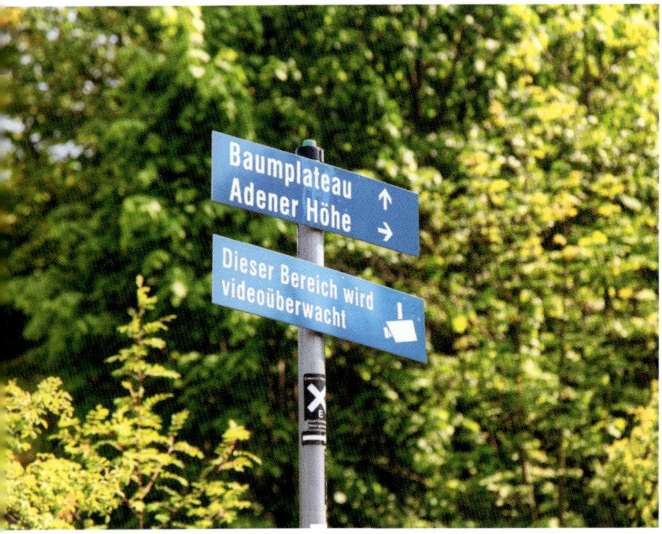

Meist ist alles sehr gut ausgeschildert. (TOUR 3)

Südlich der Ruhr findet man das romantische Hügelland, das sich bis hinein ins Bergische Land zieht. Jenseits der großen Städte wirkt das Land der Grafen von Berg wie eine Oase der Ruhe, mit aussichtsreichen Höhen und tief eingeschnittenen Tälern. Wie im Südosten des Ruhrgebiets, denn dort warten die Ausläufer des Sauerlands, dort empfängt uns das Land der tausend Berge. Im Westen dagegen – sogar noch westlich des Rheins – spürt man die Weite des Niederrheins.

Und zum Schluss sei angemerkt: Das Ruhrgebiet bietet eine Fülle an Kultur, ob Veranstaltungen oder Museen und zahllose Freizeiteinrichtungen. Dazu eine Gastronomie für jeden Geschmack und Geldbeutel – natürlich auch mit Pommes und Currywurst und einem frisch gezapften Pils, aber mit noch so viel mehr. Wer also will, kann jede Wanderung ganz nach Lust und Laune kurzweilig bereichern.

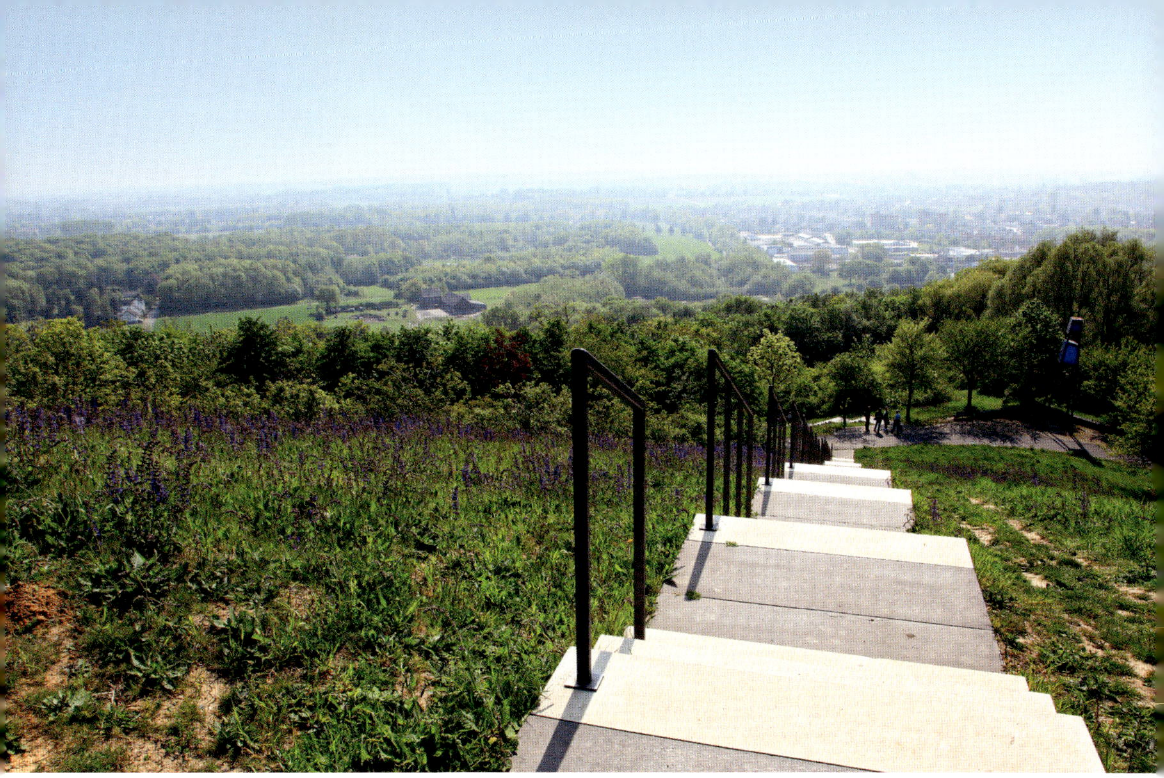

An der Halde Großes Holz (TOUR 3)

Praktische Informationen

Anreise

Das Ruhrgebiet als bedeutender Wirtschaftsraum ist von außerhalb bestens zu erreichen. Mehrere Autobahnen führen dorthin und verlaufen hindurch, dazu zahlreiche Bahn- und S-Bahnstrecken, und es gibt mehrere Flughäfen. Ja, die Infrastruktur ist sehr gut, und das zumeist auch beim ÖPNV. Nähere Angaben zu den einzelnen Touren findet man im jeweiligen Infokasten, der aber nicht alle Möglichkeiten zur Anreise aufzeigen kann. Im ländlichen Raum stößt man beim ÖPNV allerdings ohne Zweifel immer wieder auf Einschränkungen. So schön es im Sinne des Umweltschutzes wäre, jede Wanderung mit Bus und Bahn zu organisieren, ist dies dennoch manchmal kaum umzusetzen, wenn etwa Buslinien auf dem Land zu selten oder am Wochenende kaum im Einsatz sind. Zur bestmöglichen Planung bietet der Verkehrsverbund Rhein-Ruhr (VRR) einen Service an, mit dem sich Verbindungen ermitteln, prüfen oder aktualisieren lassen – Infos unter VRR »Die schlaue Nummer für Bus und Bahn in NRW«, Tel. 01803/504030 oder unter www.vrr.de.

Die Touren

Das nordwestliche Ruhrgebiet mit Niederrhein-Flair, im Norden und Nordosten des Reviers der Übergang zum Münsterland, dann das malerische Ruhrtal und die Regionen südlich der Ruhr, wo Sauerland und Bergisches Land berührt werden, aber

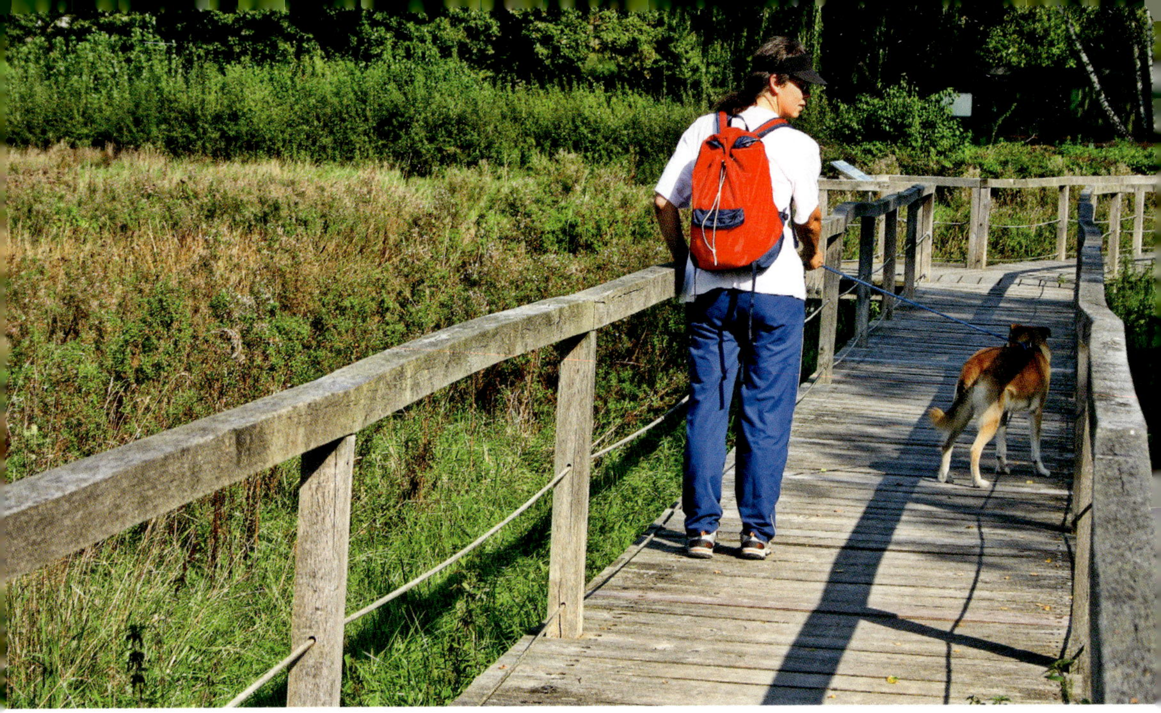

Im Naturschutzgebiet am Lanstroper See (TOUR 4)

auch die Kernzonen mit dichter Besiedlung – alles hat jeweils seinen ganz eigenen Charakter und ist mit einigen Touren in diesem Buch vertreten. Übrigens lassen sich längere Routen oft ganz einfach verkürzen. Natürlich aber liegt der Schwerpunkt auf den besonders schönen Gegenden des Reviers. Doch zugegeben: Es gibt wohl kaum eine Wandertour, die nicht auch in bebautes Gebiet führt bzw. dann und wann in Hör- oder Sichtweite einer stärker befahrenen Straße oder sogar Autobahn verläuft. Trotzdem: Das Wandern im Ruhrgebiet ist durchaus naturnah und überaus reizvoll.

Gehzeiten

Angaben zu den Gehzeiten können sicherlich nur grobe Anhaltspunkte sein. Es gilt zur Orientierung das gängige Richtmaß von vier Kilometern pro Stunde als reine Gehzeit ohne Pausen. Weisen Routen aber einiges an Höhenmetern auf, so wurde dementsprechend etwas mehr Zeit veranschlagt. Was zudem unterwegs Zeit in Anspruch nimmt – ob zum Schauen oder Fotografieren, für die eine oder andere Rast oder gleich für eine Einkehr –, muss individuell hinzugerechnet werden. Immer aber, und vor allem wenn Kinder dabei sind, ist klar: Es zählt das Tempo des Langsamsten!

Ausrüstung

Eigentlich braucht es zum Wandern im Ruhrgebiet keine besondere Ausrüstung. Die meisten Wege sind hier befestigt, z. T. auch asphaltiert. Wichtig ist trotzdem ein bequemer, gut sitzender Schuh, der ermüdungsfreies Gehen ermöglicht, vor dem Umknicken schützt und den Fuß bei nassem Wetter, in feuchten Wiesen oder auf matschigen Passagen trocken hält. Sicherlich am besten geeignet ist ein hoher Wanderschuh, der sich spätestens bei einer Winterwanderung von selbst empfiehlt. Gerade bei wechselhafter Witterung mit Regen und niedrigeren Temperaturen spürt man die Vorteile von spezieller Wanderbekleidung. Das Mehrschichtenprinzip aus Funktionsunterwäsche, einer wärmenden Schicht (z. B. Fleece) sowie einem leichten atmungsaktiven Wind- und Wetterschutz hat sich bewährt. Zumindest Letzteres sollte man immer im Wanderrucksack haben, dazu eine Mütze sowie ein Paar Ersatzsocken und gern auch einen Regenschirm. Absolutes Muss sind ein Erste-Hilfe-Set, eine Rettungsdecke und ein Handy. Eine Taschenlampe kann im Winter bei kurzen Tagen nützlich sein. Getränke und ein kleiner Snack erhalten die Leistungsfähigkeit. Dazu kommen Sonnenbrille und Kopfschutz – wichtig gerade bei sonnigem Wetter.

Einkehr

Die allermeisten der vorgestellten Wanderrouten bieten die Möglichkeit, unterwegs oder zumindest zum Abschluss schön einzukehren, denn die Regionen sind auf Wanderer und Ausflügler bestens eingestellt. Trotzdem sollte man auf jeden Fall immer Getränke und auch ein bisschen Verpflegung mitführen, denn womöglich hat das Gasthaus Ruhetag oder den Betrieb zwischenzeitlich aufgegeben. Bitte informieren Sie sich am besten vor der Tour aktuell über die Öffnungszeiten der jeweiligen Einkehrmöglichkeiten, die im Infokasten angegeben sind. So bleibt die Enttäuschung aus, und man steht nicht vor verschlossenen Türen.

Schwierigkeitsbewertungen der Touren

- **Leicht:** Diese Touren weisen keine besonderen Schwierigkeiten auf, und Länge sowie Höhenmeter lassen sich gut bewältigen.
- **Mittel:** Aufgrund ihrer Länge und/oder der Höhenmeter etwas anstrengendere Wanderungen, die daneben auch Passagen enthalten können, die unwegsamer sind
- **Schwer**: Konditionell anspruchsvollere Touren vor allem aufgrund von Länge und/oder Höhenmetern, die mitunter unwegsamere Abschnitte aufweisen können

Beste Jahreszeit

Wegen des von atlantischen Luftmassen bestimmten Klimas kommt es im Ruhrgebiet schnell zu Witterungswechseln. Die Sommer zeigen sich gemäßigt, die Winter eher mild mit wenigen Frost- und Schneetagen. Dieses maritime Klima hat allerdings sehr unterschiedliche Ausprägungen. Kommen einige Höhenmeter hinzu, kann es an einem Märztag im Ruhrtal schon frühlingshaft warm sein, während nur wenige Autominuten entfernt die Wege womöglich noch vereist sind, ein kalter Wind weht und letzter Schnee liegt. Vor allem aber Richtung Sauerland und Bergisches Land geht es wegen der Höhenlagen deutlich winterlicher zu. Ein paar Zentimeter Schneeauflage verleihen der Landschaft aber auch einen besonderen Reiz. So kann man im Ruhrgebiet eigentlich zu jeder Jahreszeit wandern, doch ideal erscheinen auch hier das Frühjahr und der Herbst mit vielen klaren Tagen für herrliche Fernsichten.

Flora und Fauna

Was viele nicht erwarten: Im Ruhrgebiet gibt es jede Menge Naturlehrpfade, die zu Recht auf eine artenreiche Fauna und Flora hinweisen. Lange bestehende oder neu entstandene Naturschutzgebiete und renaturierte ehemalige Industrieflächen – wie die oft aufwendig bepflanzten früheren Halden, an denen häufig kleine Biotope angelegt wurden – bieten ebenso Lebensraum für Tiere und Pflanzen wie die landwirtschaftlich geprägten Räume, die im Frühling mit üppiger Blütenpracht aufwarten. An den Flüssen, den großen oder kleinen Seen und an Teichen sieht man Wildgänse, Kormorane, Haubentaucher, Graureiher und etliche andere Wasservögel, manchmal sogar den seltenen Eisvogel. In den Wäldern fühlen sich nicht nur Rehe, Füchse und Dachse, sondern auch immer mehr Wildschweine zu Hause, und hoch oben kreisen Bussard, Falke und Milan. Natürlich nehmen wir Wanderer Rücksicht und beachten die geltenden Verhaltensregeln innerhalb und außerhalb der geschützten Zonen!

Gefahren

Besondere Gefahren birgt die Natur im Ruhrgebiet sicher nicht. Die Wanderrouten verlaufen nur bisweilen einmal kurzzeitig am steilen Hang, und bei entsprechender Vorsicht besteht auch dort nur ganz selten Absturzgefahr. Gefahren gehen aber wie überall von Gewittern aus. Bei unsicherer Wetterlage sollte man gerade an exponierten Aussichtsstellen besonders vorsichtig sein und sich an die bekannten Verhaltensregeln halten. Für Sonnenschutz zu sorgen und Vorsicht bei Insektenstichen oder bei den mitunter Krankheiten übertragenden Zecken walten zu lassen, das gilt auch fürs Wandern im Revier. Dass in den Wäldern des Ruhrgebiets mancherorts die Wildschweinpopulationen stark zugenommen haben, vor denen manchmal Hinweisschilder warnen, ist vielleicht weniger bekannt. Bitte informieren Sie sich über ein angemessenes Verhalten im Fall einer Begegnung. Ansonsten gilt: Wirklich abgelegen wandert man hier selten, und Hilfe ist dann meist schnell vor Ort.

Orientierung

In der Hauptsache kümmert sich der Sauerländische Gebirgsverein um die Pflege der in diesem Führer beschriebenen Wanderwege und Markierungen – ein großes Lob und Dank den vielen freiwilligen Helfern des SGV (www.sgv.de)! Hauptwanderwege sind meist mit einem X gekennzeichnet und, wenn nötig, ergänzt durch die Zahl bzw. den Buchstaben des jeweiligen Wanderwegs. Zusätzlich leiten uns viele touristische Hinweisschilder. Bei den Touren in diesem Buch ergänzen sich Wegbeschreibung und Markierungen, um die Route gut nachvollziehbar zu machen. Trotzdem ist es durchaus sinnvoll, zusätzlich eine Karte anzuschaffen. Sie sorgt für einen größeren Überblick und hilft nicht nur bei der Vorbereitung oder Planung von Alternativen und Kombinationen, sondern auch im Hinblick darauf, dass Wanderwege vielleicht umgelegt, Passagen kurzfristig gesperrt, Bezeichnungen entfernt oder neue hinzugefügt wurden. Und natürlich besteht auch die Möglichkeit, sich per GPS zu orientieren.

Wanderkarten

Für das Ruhrgebiet hat Kompass etliche Wander- und Bike-Karten im Programm, z. B. das dreiteilige Kartenset 821 (www.kompass.de). Manche Gemeinden halten darüber hinaus örtliche oder regionale Wanderkarten bereit, wie z. B. die KV-Karten oder Karten vom Regionalverband Ruhr (www.rvr-online.de); Infos dazu gibt es auch beim jeweiligen Verkehrsverein.

Literatur

Spätestens seit Essen und das Ruhrgebiet Kulturhauptstadt 2010 waren, gibt es unzählige Bücher über diese Region. Die Auswahl ist riesig – ob Anekdoten und Alltagsgeschichten, Industriegeschichtliches zur Epoche des Bergbaus oder Kultur- und Freizeitführer, darunter Wander- und Radführer, wie z. B. von Uli Auffermann: Wandern am Wasser Ruhrgebiet, Bruckmann Verlag (ISBN 978-3-7654-6159-0), oder einer seiner weiteren Wanderführer aus der Region.

Internet-Adressen

- Ruhr Tourismus GmbH: www.ruhr-tourismus.de
- Regionalverband Ruhr: www.rvr.ruhr
- Zur Route der Industriekultur: www.route-industriekultur.de

Spaziergang durch Velbert-Langenberg (TOUR 18)

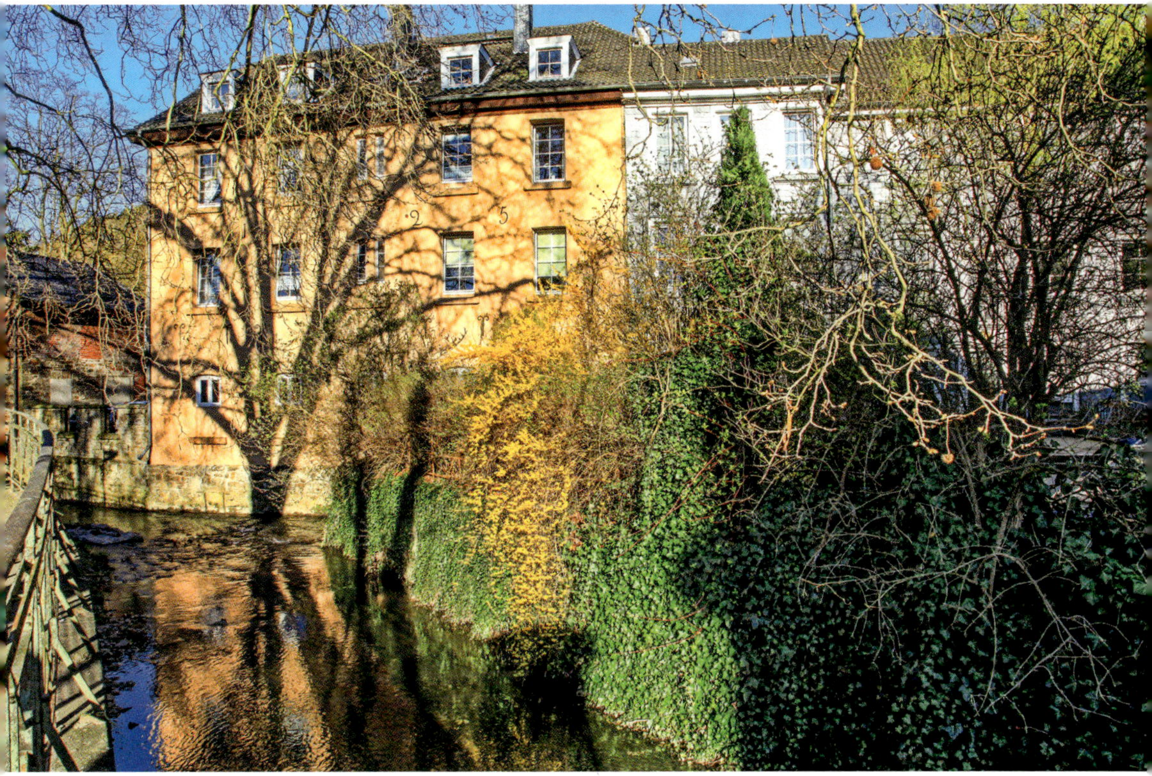

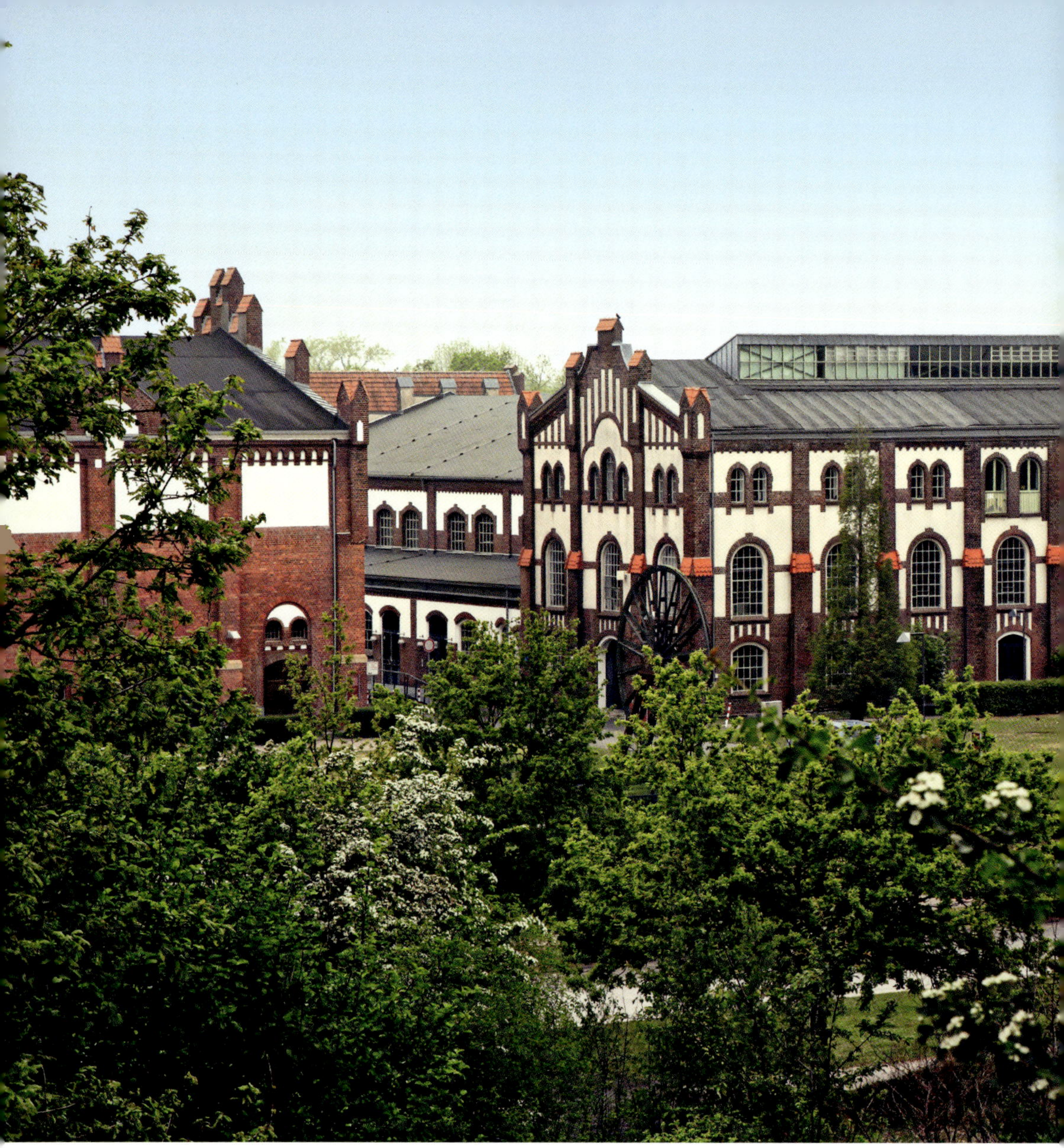

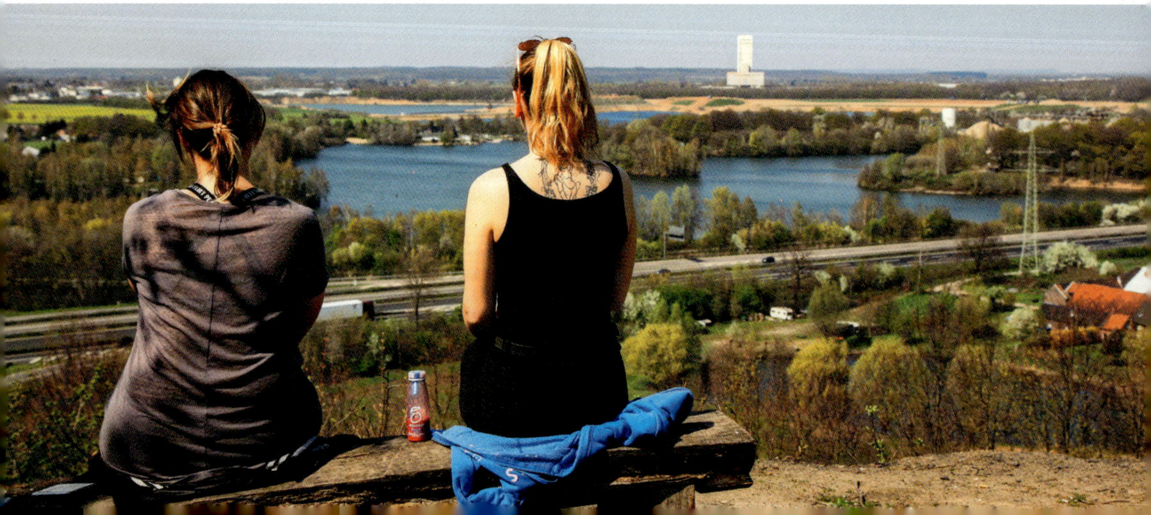

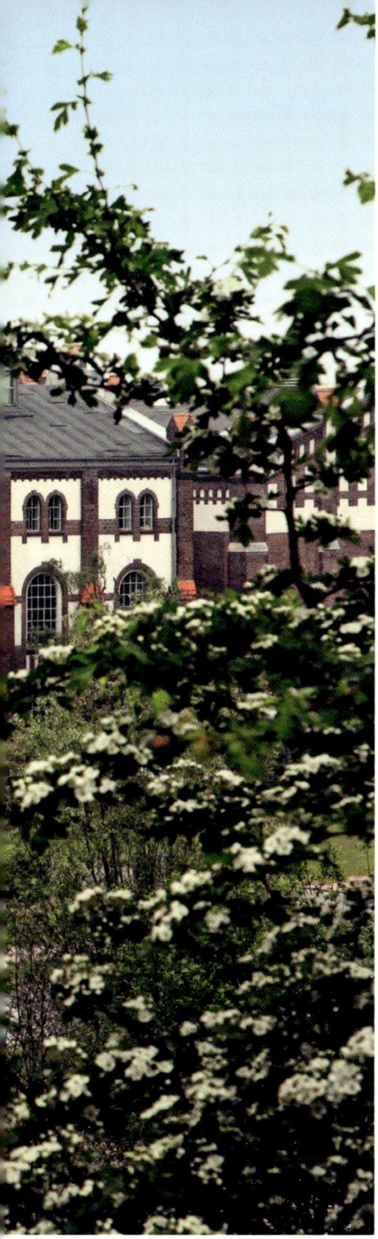

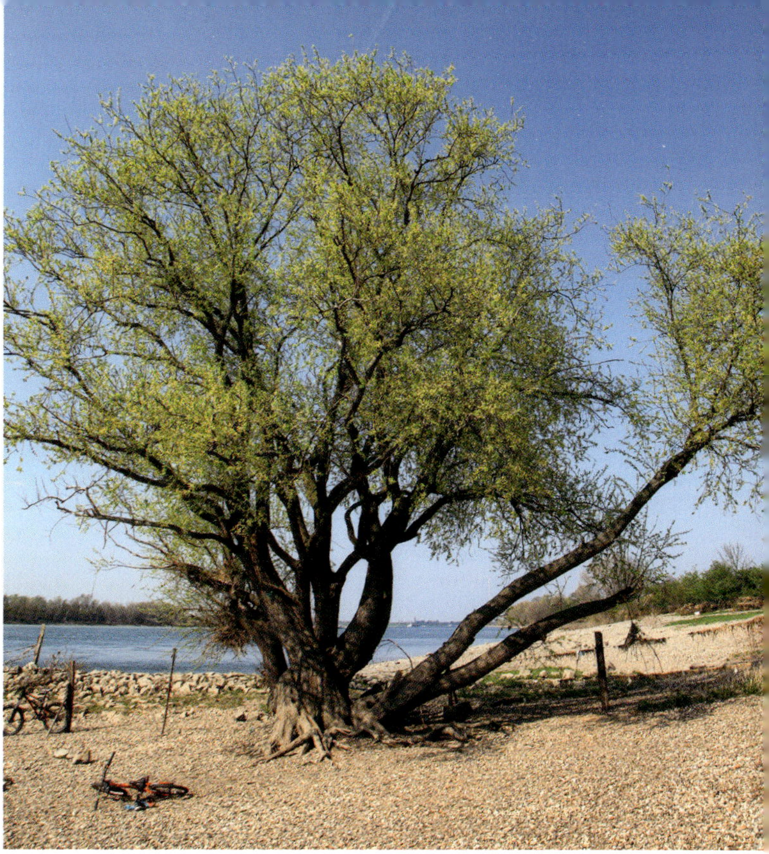

Im nördlichen Ruhrgebiet

Zeugen der Industriekultur (o. li.) mischen sich im Ruhrgebiet mit Naturoasen wie dem Rheinufer (o. re). Mal ist man ganz für sich, wie am Übergang zum Münsterland (u. re.), doch oft hat man auch beides in einem Blick, wie die Baggerseen und die Autobahn bei Moers (u. li.).

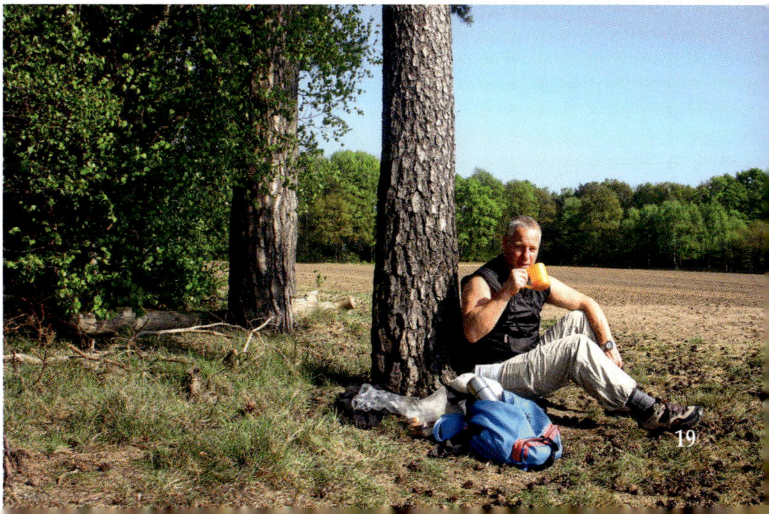

1 Auf den Longinus-Turm

Zur schönsten Aussicht bei Billerbeck

mittel | 19,3 km | 220 Hm | 5.15 Std.

Tourencharakter
Längere, unschwierige Rundtour mit vielen Aussichten über das weite, flache Land. Befestigte Wanderwege, teils asphaltierte Wirtschaftswege oder Landstraßen und einige Wiesenpfade

Ausgangs-/Endpunkt
Billerbeck, Bahnhof (125 m)

Höchster Punkt
Longinus-Turm, Westerberg (186 m)

Anfahrt
Auto: A 43, AS 4 Nottuln oder A 31, AS 33 Gescher/Coesfeld, weiter über die B 525. GPS Bahnhof Billerbeck: N 51.980836, O 7.297540
Bus & Bahn: Von Münster zum Bahnhof Billerbeck

Gehzeiten
Bahnhof – Böckinghausen 1 Std. – Café Teitekerl 1.10 Std. – Longinus-Turm 0.50 Std. – Böckinghausen 1.20 Std. – Bahnhof 0.55 Std.

Einkehr
In Billerbeck; Café-Hotel Teitekerl; »18I97«-Café am Longinus-Turm

Karte
Kompass Wanderkarte 1:50 000, Nr. 849, dreiteiliges Kartenset Münsterland

Information
Tourist-Information Billerbeck, Tel. 02543/73 15, www.baumberge-touristik.de

Hinweis
Das Münsterland ist Spargelland – in der Saison kann man ihn quasi an jeder Ecke frisch kaufen.

Bei Billerbeck, Havixbeck und Nottuln geht es in die Baumberge. Wanderern kommt es dort, im flachen südlichen Münsterland, schon beinahe »gebirgig« vor. Und auf dem höchsten Punkt, dem Westerberg, präsentiert der Longinus-Turm herrliche Aussichten.

Über den Billerbecker Berg Vom Ⓐ **Bahnhof Billerbeck**, der etwas außerhalb des Ortszentrums liegt, können wir uns gleich und bis zum Café Teitekerl dem Wanderzeichen »X21« anschließen. Dabei gehen wir vom Parkplatz der Zufahrtsstraße entlang hinüber zur Hauptstraße; anschließend links, über die Gleise und sofort danach rechts abbiegen, auch gekennzeichnet mit dem Hinweisschild »Freilichtbühne«. Ein kurzes Stück Bürgersteig führt durch die Bebauung.
Hinter der nahen Freilichtbühne kommen wir auf einen Fahrweg, der leicht bergan in ein Wäldchen zieht. Von dort geht es weiter aufwärts durch die Felder auf den Billerbecker Berg mit erster schöner Aussicht.

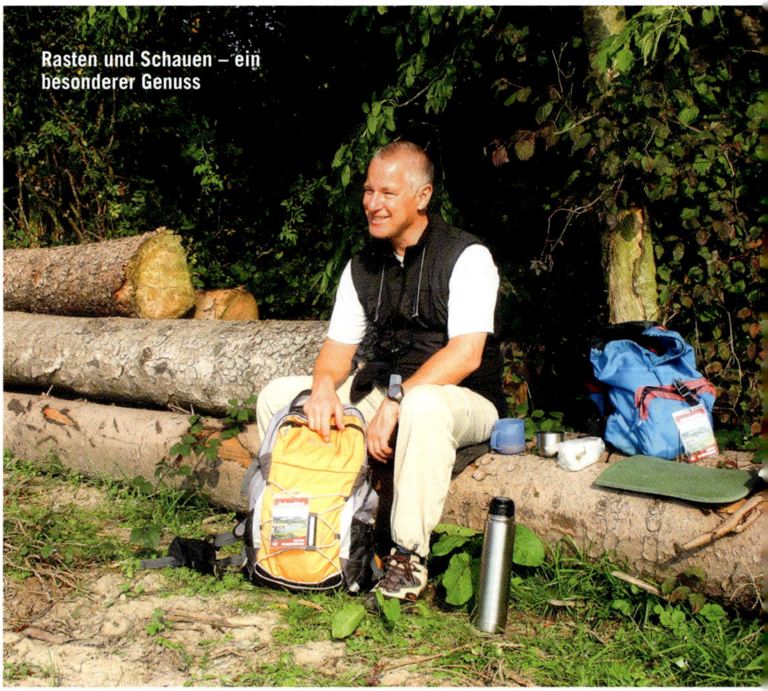
Rasten und Schauen – ein besonderer Genuss

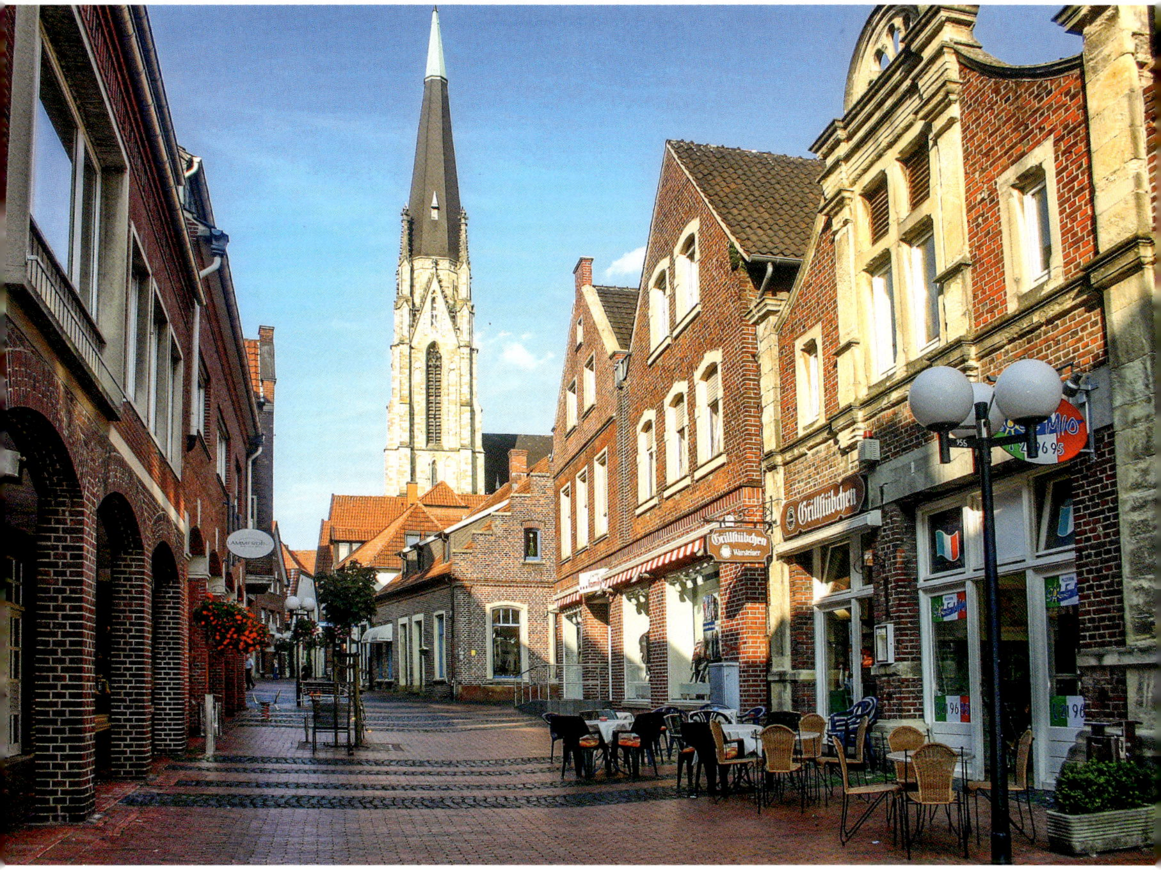

Die Innenstadt von Billerbeck mit dem beeindruckenden Dom

Ein alleeartiger Feldweg leitet uns durch die kuppige Landschaft mit großen Höfen und kleinen Waldzungen, und dann blickt man auch schon Richtung Longinus-Turm, Windkraftanlagen und Sendemast. Wir überqueren eine kleine Straße und kommen mit »X21« geradeaus ins Sträßchen Bockelsdorf. Gleich nach dem ersten Haus mit Walmdach-Bungalow geht es jetzt bergab. Hinter dem dazugehörigen Obsthof schwenken wir rechts ein, wandern am Feldrand entlang und noch vor dem nächsten Hof links durch die Felder. Der Weg zieht nun im Wechsel durch kleine Waldstücke und Wiesen. Auf einer Brücke überqueren wir ein Gleis, und danach geht es weiter bis zur bäuerlichen Ansiedlung 1 **Böckinghausen**.

Zum Café Teitekerl In Böckinghausen stoßen wir auf ein Sträßchen, biegen mit »X21« links ein und gelangen an den großen Hofanlagen vorbei wieder hinein in die Felder.

Billerbecker Dom

Die beiden über 100 m hohen Türme der als »Billerbecker Dom« bekannten neugotischen St.-Ludgerus-Kirche dominieren weithin die Stadtsilhouette. Der Dom mit prachtvoller Innenausstattung wurde erst Ende des 19. Jh. auf den Grundmauern der romanischen Ludgeri-Kirche errichtet. Im Südturm findet man die Sterbekapelle, die dem heiligen Luitger, dem bekanntesten Heiligen des Münsterlands und ersten Bischof des Bistums Münster, geweiht ist – er verstarb 809 in Billerbeck und wurde in der Abtei (Essen-)Werden beigesetzt.

Rechte Seite: Der Longinus-Turm auf dem Westerberg

An der nächsten kleinen Straße geht's rechts und kurz danach am Waldrand links hinein. Wir folgen »X21« auf einem Waldwirtschaftsweg in leichtem Auf und Ab und einigen Kurven durch ein Waldstück. Der Weg würde zu einem Flachdachbau leiten, doch zuvor verlassen wir ihn nach rechts in einen kleinen Trampelpfad. Wieder rechts kommen wir in einen Asphaltweg und gleich darauf zur Landstraße (L 581). Hier halten wir uns links und laufen rund 200 Meter an der etwas befahrenen Straße entlang, ohne Gehweg am Wiesenrand. Anschließend biegen wir, die Landstraße überquerend, rechts in einen Weg ein. Wenig später kann man dann nochmals Sender und Windräder ausmachen, während sich zur Linken eine schöne Aussicht Richtung Norden auftut.

So geht es bald vor dem Waldrand links hinunter. Dann biegen wir mit »X21« an der zweiten Möglichkeit rechts in einen lauschigen Waldweg ein, der über kurze Abschnitte richtig ab- und aufwärts führt. Am Ausgang des Wäldchens treffen wir auf einen breiteren Wirtschaftsweg, schwenken mit schönem Blick in die Landschaft rechts ein und verlassen kurz danach diesen Weg, um diesmal links abzuzweigen. Hier geht es erst durch Weiden erneut in ein Wäldchen, das von alten Buchen mit Efeubewuchs geprägt ist, dann vor einem Bauernhof weiter in einen Wirtschaftsweg und geradeaus durch den Wald.

Wir passieren ein kleines Haus, hinter dem wir bald am Forsthaus Sophienburg vorbei und weiter bis zur Landstraße (L 874) kommen. Jetzt führt unser Weg, wie zuvor mit »X21« markiert, kurz ein Stück an der Straße entlang und hinüber auf die andere Seite zum nahen 2 **Café Teitekerl**, einem schön gelegenen Gasthaus am Rand des Waldgebiets der Steverberge, die einen Teil der Baumberge bilden.

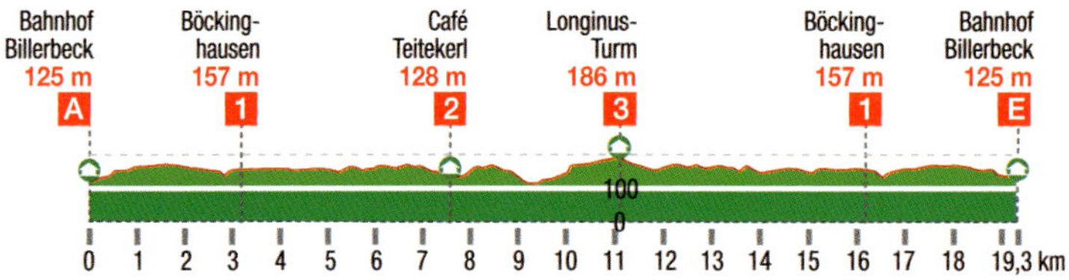

Zum Aussichtsturm ... Über die Felder hinweg schaut man Richtung Lasbeck, Haus

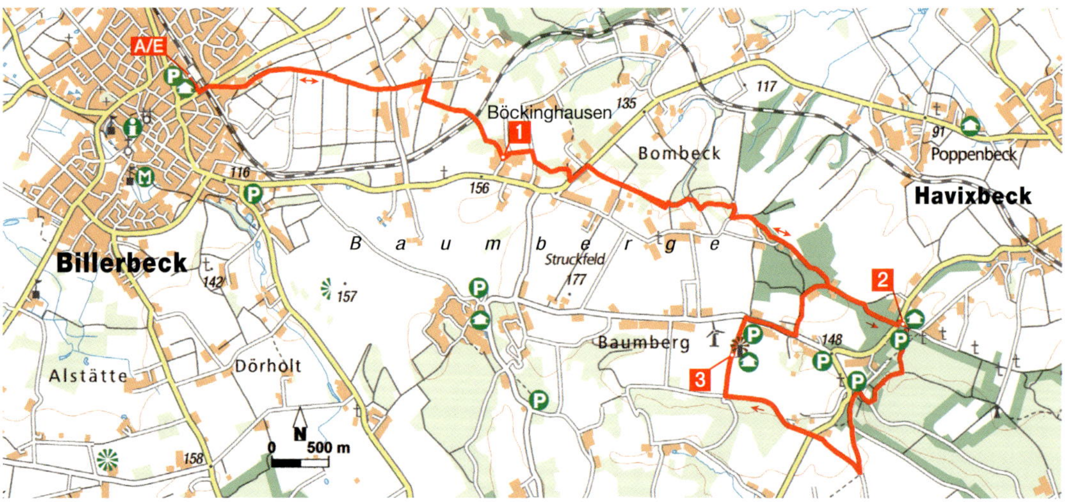

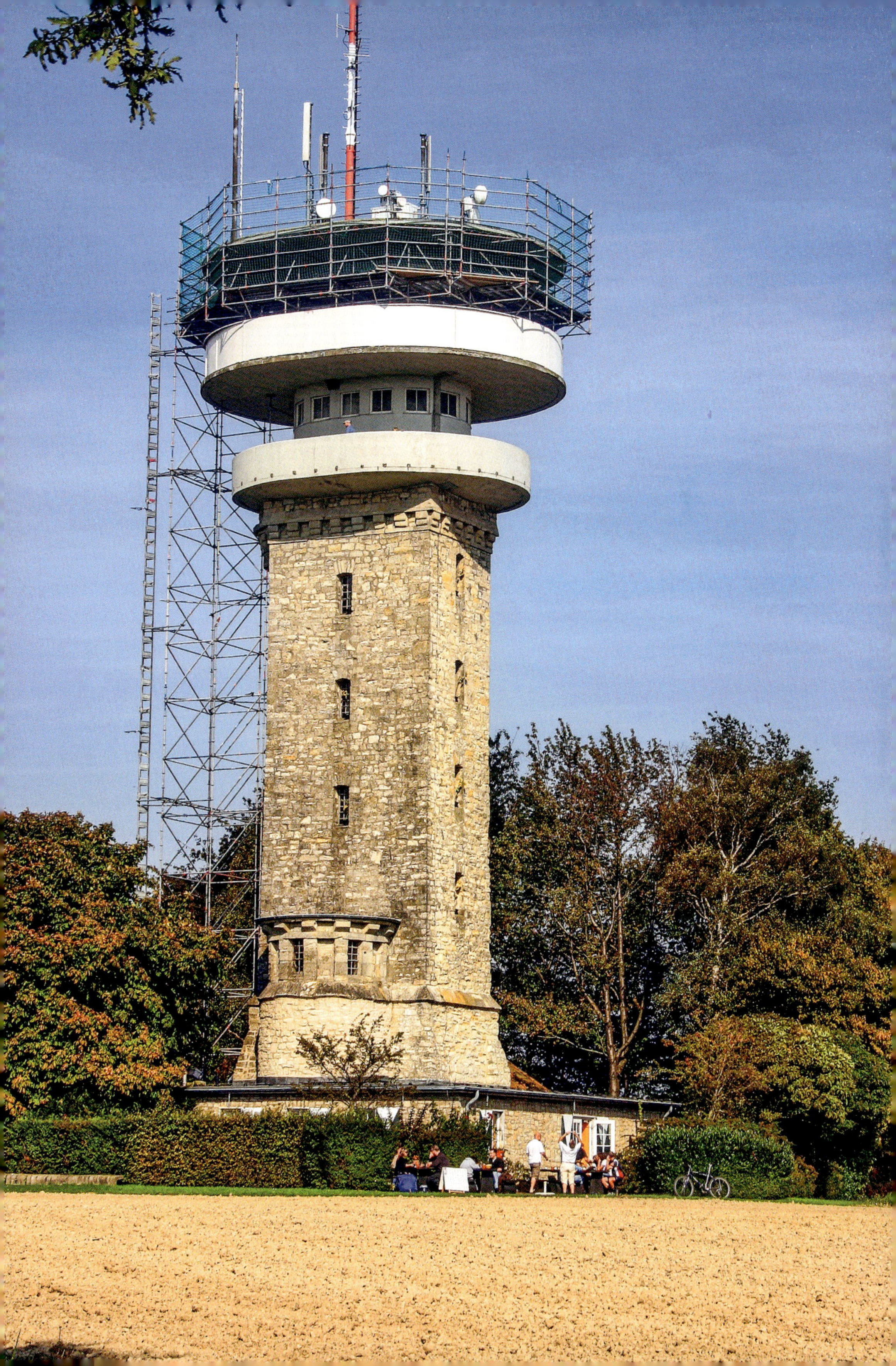

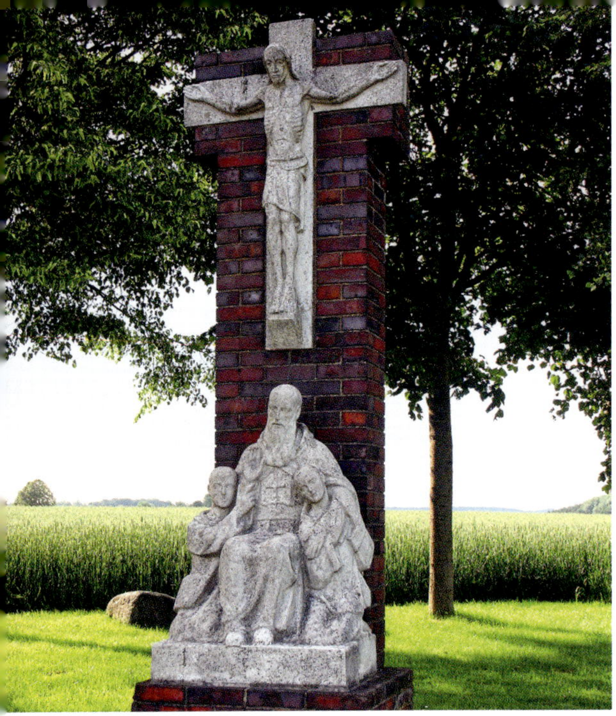

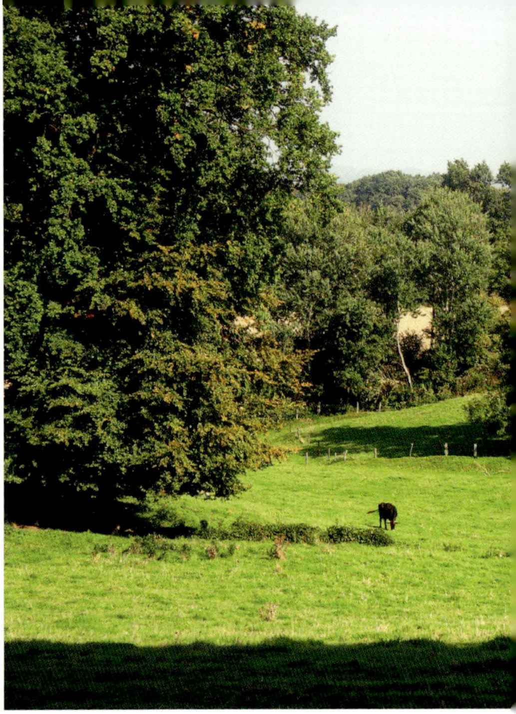

Andachtsstellen sind typisch für das nahe Münsterland.

Rechts: Die Hügellandschaft der Baumberge

Havixbeck und Havixbeck selbst. Der in den Baumbergen abgebaute Baumberger Sandstein – der »Marmor des Münsterlands« – hat Havixbeck weithin bekannt gemacht. Und auch Nottuln, das wir später vom Longinus-Turm aus sehen werden, erfreut mit einem hübschen historischen Dorfkern, dessen Gebäude einst im typischen Kontrast aus weißem Sandstein und roten Ziegeln nach Plänen des bekannten Münsterländer Barockbaumeisters Johann Conrad Schlaun entstanden.

Vor dem Café Teitekerl wechseln wir das Wanderzeichen und wenden uns mit »X4« nach rechts in den Wald. Der Fußweg schlängelt sich bergauf und geht über in einen Asphaltweg. Kurz darauf erreichen wir den Wanderparkplatz Bombergpass an der L 874. Wir folgen weiter unserer Markierung und sehen den Longinus-Turm schon ganz in der Nähe auf uns warten. Nun geht's aufwärts und bald darauf nach rechts. Dabei verlassen wir das Wanderzeichen »X4« und folgen – weiterhin bergauf – dem »BB im Kreis« zum 3 **Longinus-Turm**.

... auf dem Westerberg Der Longinus-Turm steht direkt auf der Kuppe des rund 186 Meter hohen Westerbergs, der höchsten Erhebung der Baumberge. Der 32 Meter hohe Aussichtsturm beherbergt zugleich das höchstgelegene Café der Region – so kann man bei einer gemütlichen Einkehr auch noch einen Panoramablick genießen, der im südlichen Münsterland sicher seinesgleichen sucht.

Zwischen 1897 und 1901 hatte der Baumberge-Verein den Longinus-Turm errichtet, benannt nach »Doktor Longinus«. Der Spitzname gehörte Friedrich Westhoff, einem Naturforscher in den Baumbergen, der zudem Begründer des Baumberge-Vereins war und die Idee zum Bau des Turms hatte. In den 1950er-Jahren erhielt der Longinus-Turm für das Fernmeldewesen einen nicht ganz stilreinen Aufbau. Später stellte man den nahen, über 180 Meter hohen Sendemast auf. In den 1990er-Jahren gesellten sich noch zwei Windkraftanlagen dazu, und eine weitere Sendeanlage entstand.

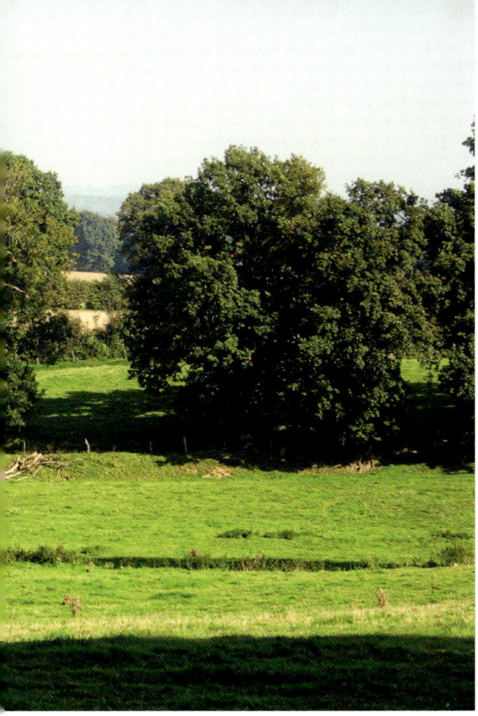

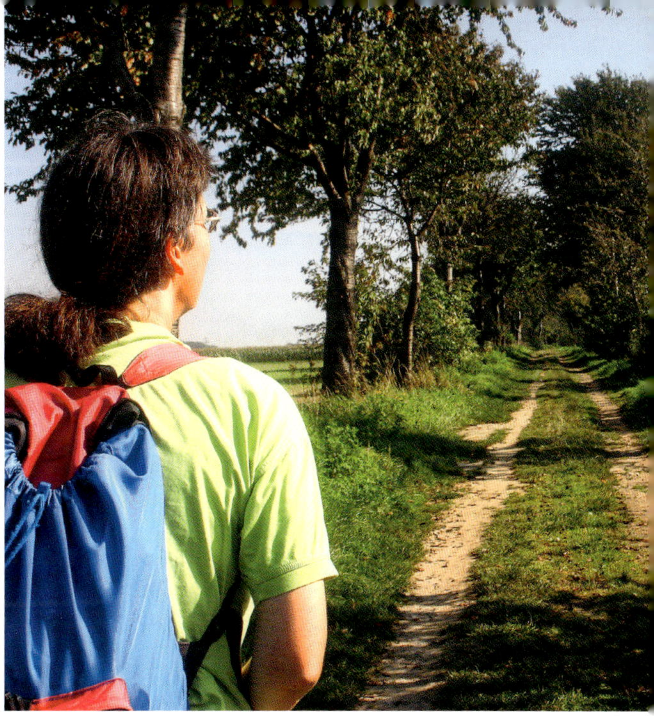

Bis 2009 schließlich erhielt der Turm eine umfassende »Runderneuerung«. Seither hält eine steuerbare Web-Cam Ausschau in die Münsterländer Parklandschaft.

Zurück nach Billerbeck Vom Longinus-Turm gehen wir mit dem Wanderzeichen »BB im Kreis« abwärts zur Kreisstraße, dort nach rechts und bald nach links. Ein Stückchen weiter kommen wir dann zurück zum mit »X21« gekennzeichneten Wanderweg, dessen Markierungen wir ja bereits auf dem Hinweg gefolgt sind und die uns jetzt zurück nach Billerbeck leiten. Wir biegen also links ein und kommen über 1 **Böckinghausen** zurück zum E **Bahnhof Billerbeck**.

Ausflug nach Havixbeck

In Havixbeck findet man u. a. das interessante Baumberger Sandsteinmuseum (www.sandsteinmuseum.de) und den sehenswerten (aber nicht zugänglichen) Adelssitz Haus Havixbeck von 1562, ab 1601 bis heute in Familienbesitz, mit einem Rittersaal von 1651 und einem markanten Treppenturm. An der Ostgrenze der Gemarkung steht überdies das Geburtshaus der bekannten westfälischen Dichterin Annette von Droste-Hülshoff (1797–1848). Die spätgotische Burg Hülshoff (www.burg-huelshoff.de) mit dem Herrenhaus von 1545 liegt umgeben von einer Gräfte (Wassergraben) in einem weitläufigen Park und beherbergt das Droste-Museum sowie im Kellergewölbe ein Café-Restaurant.

Das Städtchen ist einer der bekanntestes Wallfahrtsorte im Münsterland und nennt sich auch »Ludgeristadt« nach dem heiligen Ludger (Luitger), der einst im Ort verstorben sein soll. Der stimmungsvolle Platz am »Billerbecker Dom« (s. Tippkasten) sowie die kunsthistorisch bedeutende Johanniskirche von 1234 mit dem anliegenden Kirchplatz, der zu den letzten ringförmig mit Speichern umbauten Kirchhöfen gehört, wie sie einst so verbreitet waren in Westfalen, sind wirklich sehenswert. Ebenso interessant ist auch die Kolvenburg, deren Herrenhaus mit dem markanten Krüppelwalmdach ein typisches Beispiel für das Zuhause des niederen Adels im Münsterland darstellt und die heute ein Kulturzentrum beheimatet.

Oben: Obstbäume säumen den Weg entlang der Wiesen.

2 Zum Schloss Lembeck

Hohe Mark und ein Feuerwachtturm

mittel | 14,9 km | 80 Hm/90 Hm | 3.40 Std.

Tourencharakter
Streckenwanderung mit einer längeren, sanften Steigung, über kleine Straßen und breite Waldwege der Hohen Mark verlaufend. Dazu viel Natur und Kultur; einfache Orientierung, fast durchgängig ein Wanderzeichen

Ausgangspunkt
Klein Reken, Kirche (66 m)

Endpunkt
Schloss Lembeck (50 m)

Höchster Punkt
Weißes Kreuz (131 m)

Anfahrt
Auto: A 31, AS 35 Reken oder A 43, AS 7 Lavesum. GPS Kirche in Klein Reken: N 51.786327, O 7.037902
Bus & Bahn: Hinfahrt: Ab Bahnhof Reken Busverbindung nach Klein Reken; Rückfahrt: vom Schloss Lembeck mit Bus 209 nach Lembeck, von dort weiter mit Buslinien 716 oder RV73 nach Klein Reken

Gehzeiten
Klein Reken – Specking 0.30 Std. – Weißes Kreuz 0.45 Std. – Feuerwachtturm 0.35 Std. – Midlicher Mühle 0.30 Std. – Schloss Lembeck 1.20 Std.

Einkehr
In Klein Reken; im Schloss Lembeck und unterwegs etwas abseits der Route in der Waldschenke Hohe Mark

Karte
Kompass Wanderkarte 1:50 000, Nr. 849, dreiteiliges Kartenset Münsterland

Information
Tourist-Info Reken, Tel. 02864/94 40 35, www.reken.de

Wo Ruhrgebiet und Münsterland sich treffen, steht in der Hohen Mark ein Feuerwachtturm, der vom Galgenberg einen fast unendlichen Blick über die Wälder erlaubt. Bei Reken, Haltern und Dorsten führt uns der Weg zuletzt zum schönen Schloss Lembeck.

Ins Rekener Kuppenland An der Kirche in Ⓐ **Klein Reken** folgen wir links in südlicher Richtung der Dorfstraße (das ist die Hauptstraße) aus dem kleinen Ort hinaus. An der ersten Möglichkeit (ca. 200 m) geht es links ins Sträßchen Hohe Mark, das quasi auf der Grenze zu Dorsten verläuft. Hier überqueren wir den Midlicher Mühlenbach. Leicht bergauf führt nun der Weg hinein ins Rekener Kuppenland, das seinem Namen auch gleich alle Ehre macht und nicht nur im Frühling mit den gelb blühenden Wiesen und frisch gepflügten Feldern einen herrlichen Anblick bietet.
Wir sehen bereits einige Höfe, und auf der Kuppe angekommen, erreichen wir ❶ **Specking**. Die netten Häuser, meist aus roten Ziegeln mit

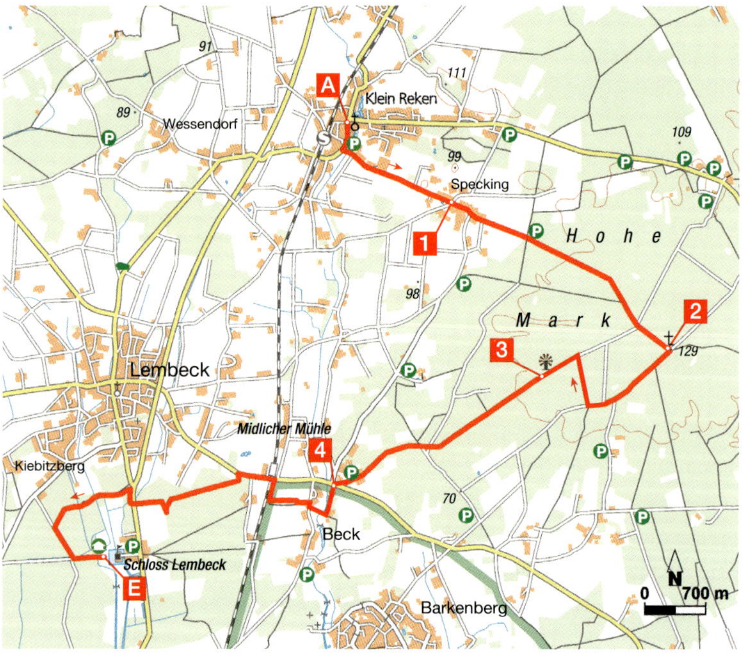

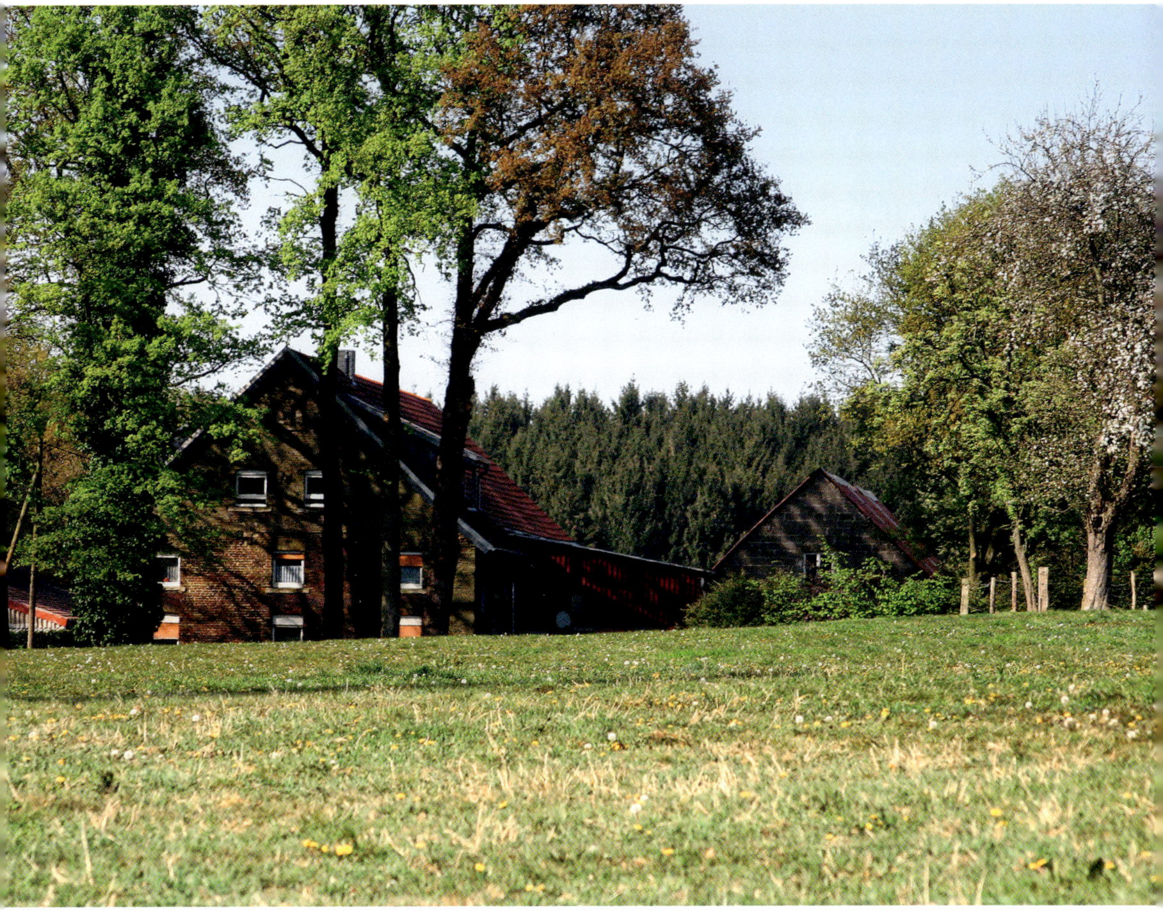

ebenso roten Dächern, wirken schon recht norddeutsch und gehören bereits zu Dorsten. Besonders schön ist auch der Blick von hier auf den Wald der Hohen Mark, aus dem der Feuerwachtturm hervorlugt. In Specking können wir uns jetzt nach dem geradeaus weiterführenden Wanderzeichen »X« (des Wanderwegs »X7«) richten. Wenig später ist der Waldrand der Hohen Mark am Wanderparkplatz Specking erreicht.

Große Bauernhöfe prägen hier die Landschaft.

Zum Feuerwachtturm Am Parkplatz tauchen wir an der Kreuzung geradeaus ein in den lichten, hauptsächlich aus Kiefern bestehenden Wald, den ein breiter, fein geschotterter Weg meist schnurgerade durchzieht. So erreichen wir eine versetzte Wegekreuzung (Halterner Heck), und nach noch einmal knapp 500 Metern geradeaus treffen erneut mehrere Wege zusammen. An der ❷ **Weißes Kreuz** genannten Stelle steht ein Bildstock mit der Aufschrift »Rettet Eure See-

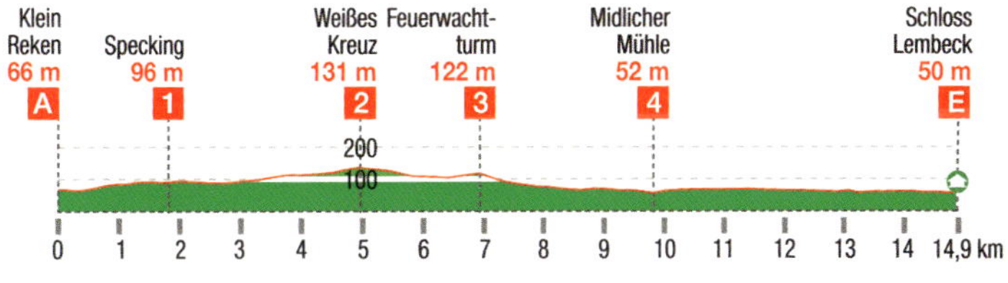

len«. Rund 129 Meter hoch sind wir nun, stehen hier auf dem höchsten Punkt unserer Wanderung.

Mit dem Wanderzeichen wenden wir uns rechts in den breiten, leicht bergab führenden Forstweg (Napoleonsweg). »X7« verlässt uns wenig später (nach ca. 200 m) und zieht nach links, während wir geradeaus weitergehen. Kurz darauf führt der Weg am einstigen Standort der Napoleonsbuche vorbei. Etwa 200 Jahre gab es an dieser Stelle eine Weißbuche, deren mächtiger Stammumfang über vier Meter betrug. Nachdem der Baum durch einen Sturm 1974 die Krone verloren hatte, beschleunigte sich im schon vorgeschädigten Holz die Fäulnis, und als 1998 erstmals der alte Baum kahl blieb, musste er leider gefällt werden. Zunächst verblieb zwar noch ein Rumpf, aber auch dieser fiel einige Jahre später um. Heute erinnert eine Infotafel an den einst so prachtvollen Baum.

Noch einmal wandern wir rund 500 Meter dem Weg nach, dann geht es rechts – der Radwegmarkierung folgend – entlang der Erhebung des Galgenbergs (122 m) zum nächsten Hauptweg. Wir biegen links ein, finden die Markierung »X2« und folgen ihr das kurze Stück hinüber zum 3 **Feuerwachtturm**. Auf dem Galgenberg bietet sich vom 39 Meter hohen Aussichtsturm eine wunderbare Fernsicht über die Wälder der Hohen Mark, das weitere Münsterland und im Süden hinein ins westliche Ruhrgebiet, u. a. mit dem Naturschutzgebiet der Kirchheller Heide. Gerade auch der Blick über die unendlich erscheinenden Waldgebiete ist faszinierend. Am Fuß des Turms lädt ein großer Picknickplatz zu einer ausgedehnten Rast ein.

Schloss Lembeck ist Ziel der Wanderung.

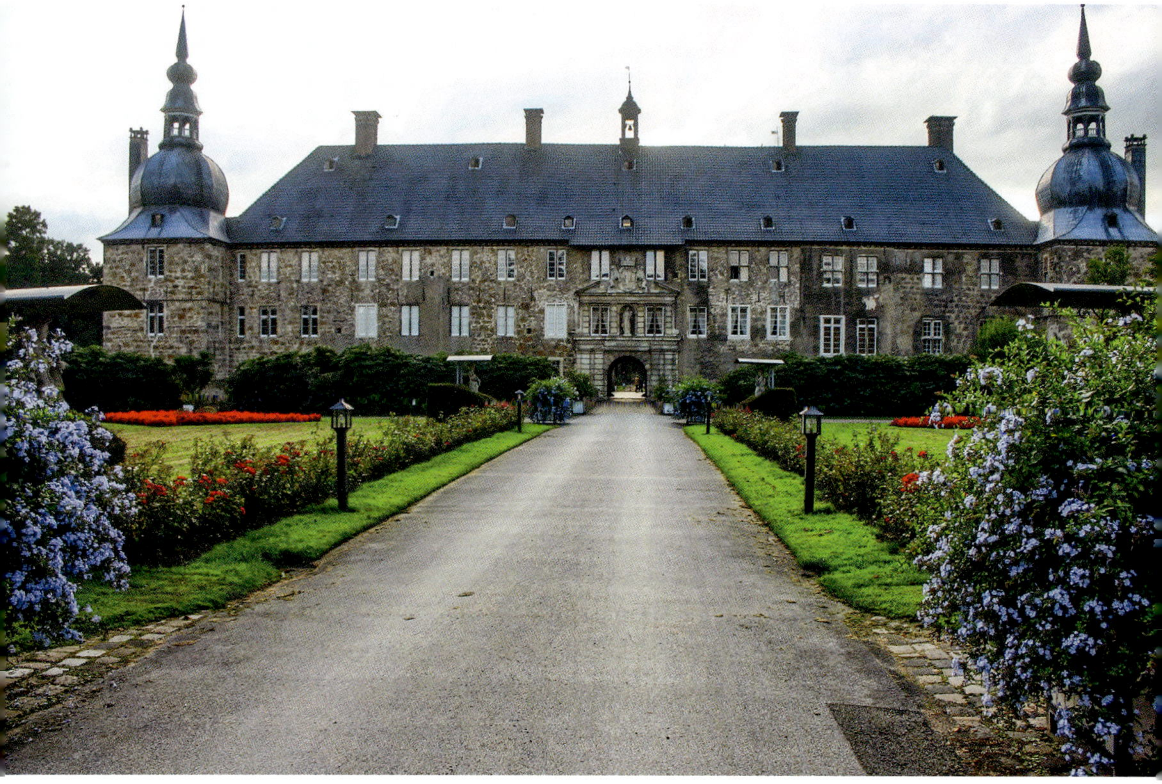

Vorbei an der Midlicher Mühle Danach wandern wir auf dem leicht bergab führenden Schotterweg geradeaus weiter, wie zuvor mit dem Wanderzeichen »X2«. Bald geht der Weg (Am Feuerwachtturm) in Asphalt über, und an einer Schranke treten wir aus dem Waldgebiet heraus. Anschließend steht an der querenden Lippramsdorfer Straße die 4 **Midlicher Mühle**. Seit einigen Jahren ist eine Kirchengemeinde Pächter der Mühle, die – aus Sandstein errichtet – eine Inschrift mit der Jahreszahl 1557 trägt, doch womöglich durchaus älter ist. Auch wenn man den Zeitpunkt der Erbauung des Mühlengebäudes nicht mehr so genau ermitteln kann, so weiß man aber, dass die Stichbogenbrücke mit dem Mühlenwehr aus dem Jahr 1768 stammt. Bis 1930 war die Kornmühle, die im Besitz der Grafen von Merfeldt ist, in Betrieb, danach wurde sie stillgelegt und der Mühlenteich zugeschüttet. Ende der 1950er-Jahre machte man daraus ein Jugenderholungsheim.

Jenseits der Landstraße wandern wir mit Wanderzeichen »X2« erst noch geradeaus weiter hinein in bäuerliche Fluren. Das Örtchen Barkenberg (zu Dorsten) liegt nicht weit entfernt in südlicher Richtung vor uns, doch wir wollen ja zum Schloss Lembeck, und so biegen wir am Ende des Sträßchens rechts ein, kreuzen wenig später nochmals den Midlicher Mühlenbach und wandern in westlicher Richtung durch die Felderlandschaft. Dabei kommen wir auch zum kleinen Bahnhof Lembeck an der Lippramsdorfer Straße, wo die Bahnstrecke von Nord nach Süd Richtung Dorsten-Wulfen zieht.

Dorstener Schmuckstück

Die Herren von Lembeck errichteten im 12. Jh. eine Ritterburg. Auf deren Überresten ließ sich zwischen 1670 und 1692 Burghard von Westerholt das Schloss Lembeck erbauen. Das prächtige Wasserschloss im Besitz des Grafen Merfeldt ist heute eine der bedeutendsten frühbarocken Anlagen Nordwesteuropas und zudem eines der schönsten Schlösser Westfalens, mit Heimatmuseum und Hotel-Restaurant (Infos unter www.schloss-lembeck.de).

Zum Schloss Lembeck Nach einem kurzen Stück entlang der Landstraße (die Richtung Lembeck verläuft) geht es links mit »X2« hinein in den Forst Wacholderbusch. Rund anderthalb Kilometer wandern wir durch den Wald und am Waldrand entlang, dann unterbricht die Wulfener Straße unseren Weg. Es geht rechts ein Stück an ihr entlang, dabei Richtung Lembeck, das kurz darauf beginnt, doch wir biegen zuvor mit »X2« links ab und schreiten wiederum durch ein Forstgebiet (Der Hagen). Dort führt die Markierung erst noch ein wenig geradeaus und kurz am Waldrand entlang, während linksseitig die Anlagen um Schloss Lembeck beginnen.

Zurück im Wald folgen wir dem Wanderzeichen bis zu einem Hauptweg, der quer verläuft. Hier verlässt uns »X2« nach rechts, und wir biegen links ein. Gleich an der folgenden Hauptwegekreuzung geht's erneut links und nun direkt auf E **Schloss Lembeck** mit seinen Anlagen zu, die kurz darauf erreicht werden und einen schönen Abschluss der Wanderung darstellen.

Für die Rückfahrt kann man an der vor dem Schloss verlaufenden Wulfener Straße in den Bus steigen. Eventuelle Wartezeiten lassen sich mit einem Museumsbesuch oder bei einer Gartenbesichtigung überbrücken. Über Lembeck kommt man dann nach Klein Reken zurück.

3 Halde Großes Holz

Auf die höchste Erhebung im Kreis Unna

leicht | 12,0 km | 90 Hm | 3.05 Std.

Tourencharakter
Unschwierige, kurzweilige Rundwanderung auf Wald- und Kanalwegen mit Aussichtsberg, aber auch Industriekulisse und nur einem nicht allzu steilen Anstieg. Meist asphaltierte Wege, dazu naturbelassene Abschnitte

Ausgangs-/Endpunkt
Bergkamen, Marina Rünthe (59 m)

Höchster Punkt
Gipfel Großes Holz (140 m)

Anfahrt
Auto: A 1, AS 81 Kamen/Bergkamen, weiter Richtung Lünen. GPS Marina Rünthe: N 51.641006, O 7.643094
Bus & Bahn: Busverbindungen von den Bahnhöfen Werne, Hamm und Kamen bis Haltestelle Marina

Gehzeiten
Parkplatz Marina – Kanalbrücke 0.50 Std. – Adener Höhe 0.50 Std. – Datteln-Hamm-Kanal 0.50 Std. – Parkplatz Marina 0.30 Std.

Einkehr
In der Marina Rünthe

Karte
Kompass Wanderkarte 1:50 000, Nr. 754 Dortmund und Umgebung

Information
Stadtmarketing Bergkamen, Tel. 02307/96 52 29, www.bergkamen.de

Hinweis
Wanderer und Radfahrer teilen sich die ebenen Streckenabschnitte, dort ist gegenseitige Rücksicht geboten.

In einer vom Bergbau geprägten Landschaft haben Kunst und Natur Einzug gehalten, um sie ganz neu zu gestalten: am Aussichtsberg bei Bergkamen, der Halde Großes Holz. Danach besuchen wir den stillen Beversee und genießen die maritime Atmosphäre der Marina Rünthe.

Kanal mit Kontrasten Vom Sportboothafen Ⓐ **Marina Rünthe** (s. Tippkasten) geht es hinüber auf den Uferweg des Datteln-Hamm-Kanals. Linker Hand breitet sich schon der Wald des Naturschutzgebiets Beversee aus mit dem namensgebenden See, den wir von dieser Seite aber noch nicht ausmachen können. Auch das jenseitige Kanalufer ist hier von Wald gesäumt. Der kleine Beverbach wird bald unseren Weg kreuzen und unterhalb des Kanals auf die andere Seite geleitet.

Wenig später ist es mit dem Naturidyll erst einmal vorbei, denn das Kohlekraftwerk Bergkamen und sein großer Kühlturm schieben sich in den Blick – mehr Kontrast geht wohl nicht und ist doch so typisch für das Ruhrgebiet. An einem kleinen Pumpwerk vorbei, haben wir nun direkte

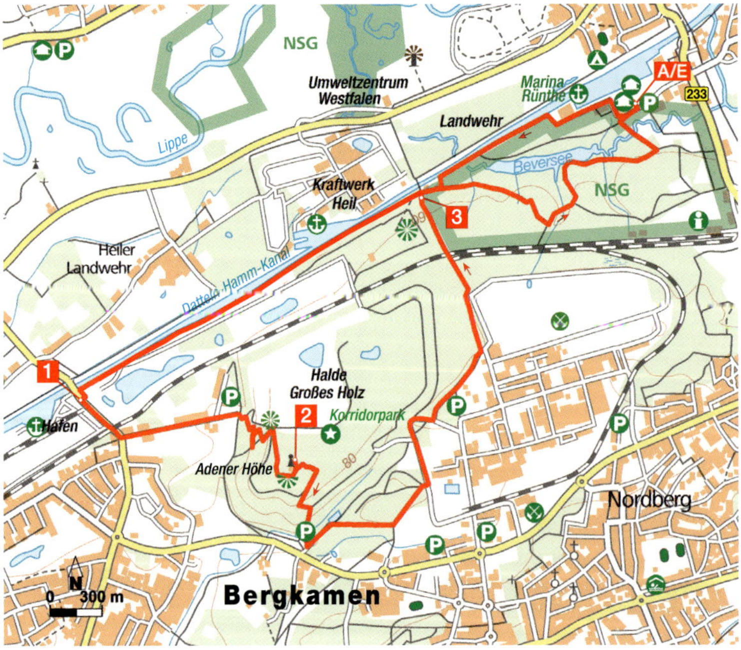

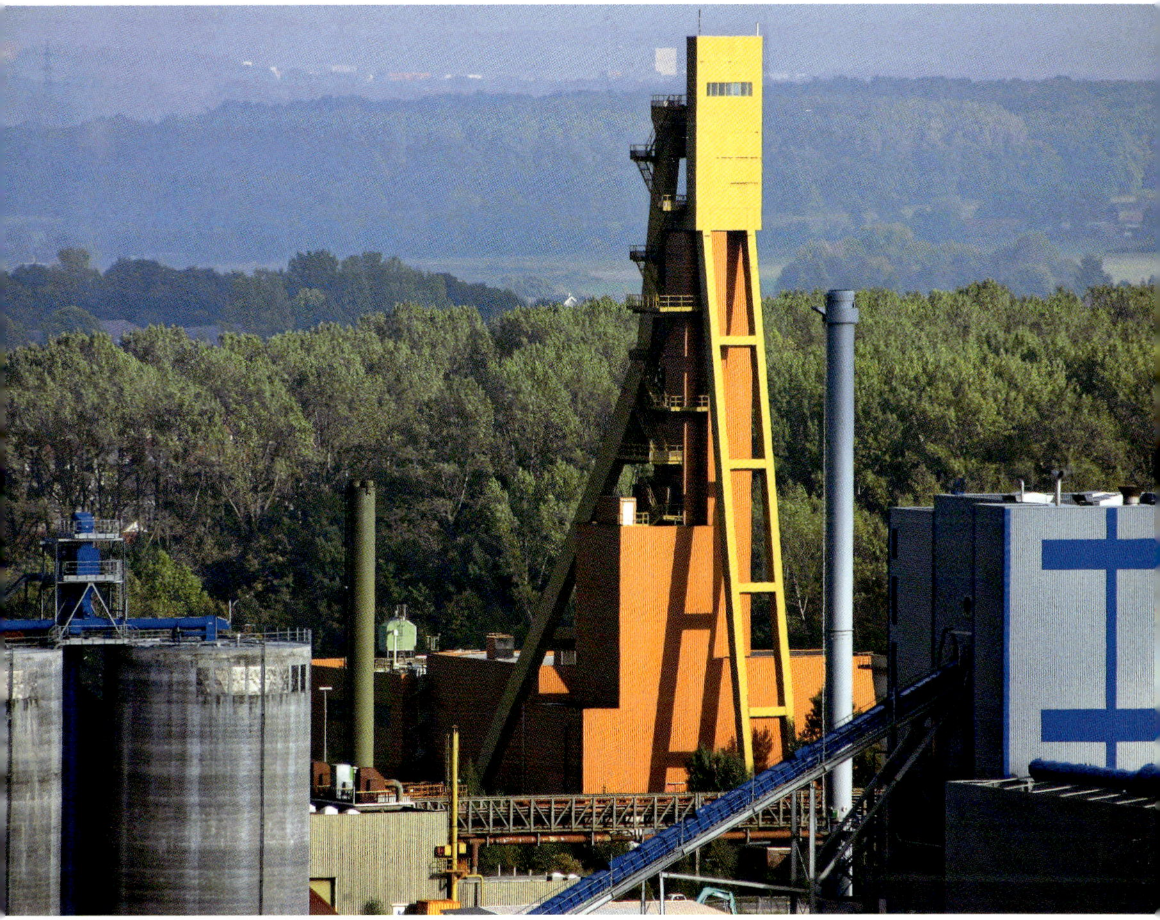

Sicht auf das Kraftwerk, zu dem auch ein eigener Hafen gehört. Doch sobald wir die Industriekulisse hinter uns gelassen haben, zeigt sich der Blick über den Kanal hinweg auch gleich wieder idyllisch, denn hier grüßt eine schon vom nahen Münsterland geprägte bäuerliche Landschaft. Und nur wenig erinnert an die ehemalige Zeche Haus Aden, deren stillgelegte Schachtanlagen jenseits des Kanals nur wenige Hundert Meter entfernt sind.

Die Bergbau-Vergangenheit ist noch deutlich sichtbar.

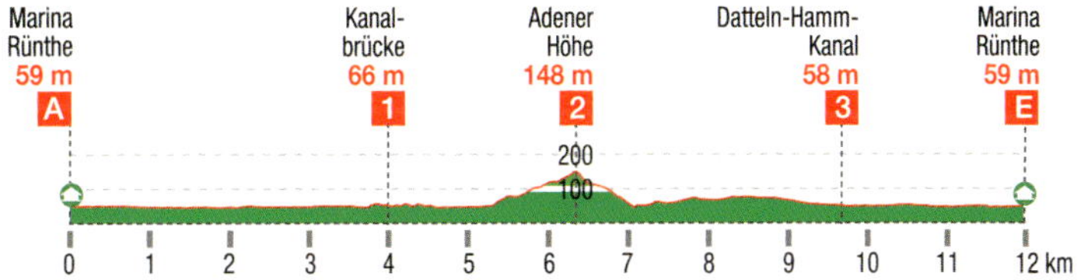

Aussichtspunkt der Extraklasse An der ❶ **Brücke** verlassen wir das Ufer, steigen über die Treppe hinauf zur Straße und können nun über den Kanal und weit in die Umgebung blicken. Dem Gehweg entlang nach links, biegen wir kurz darauf links in die Waldstraße ein, an der noch einige alte Zechenhäuser stehen, aber zugleich Gärten und Felder anliegen. Jetzt kommt auch die gewaltige Halde Großes Holz voll in den Blick, auf die wir direkt zugehen. Dabei zeigt sich der rechte, schon früher entstandene Teil dieses künstlich angelegten Berges mit großen Bäumen bewachsen.

Wir können dem Wanderzeichen »XE« folgen, um hinüber zur Halde und dann in Serpentinen hinauf zu gelangen. Man könnte am Fuß der Halde aber auch einen anderen Weg wählen, denn verlaufen kann man sich kaum. Zum Schluss steigen wir auf den Gipfel, die sogenannte 2 **Adener Höhe**. Der Name geht natürlich zurück auf die ehemalige Zeche Haus Aden, von der auch ein Teil des Abraummaterials stammt. Vom Aussichtspunkt bietet sich nun eine fantastische Rundumsicht: Nach Norden fällt der Blick auf den Kanal und die nicht weit entfernte Lippe, dahinter auf Werne und Bergkamen und bei klarer Sicht noch weit Richtung Münsterland. Südöstlich sind eine Werksanlage und das ehemalige Bergwerk Monopol zu sehen. Und über die südlichen Stadtteile von Bergkamen hinweg breitet sich quasi der Nordosten des Ruhrgebiets vor uns aus.

Unten: Orientierungsschild auf dem Haldengipfel

Marina Rünthe

Das Westfälische Sportbootzentrum am Datteln-Hamm-Kanal in Bergkamen gehört zu den größten und modernsten in NRW. Der ganzjährig geöffnete Jachthafen versetzt mit seinem maritimen Flair auch Besucher ohne Boot in Urlaubsstimmung. An den Ufern vorbei ziehen schöne Fuß- und Radwege, es gibt etliche Wassersporteinrichtungen sowie zahlreiche Restaurants, Cafés und Bistros. (Infos unter www.marina-ruenthe.de)

Kunstvoller Naturraum 1962 hatten die Zechen Haus Aden und Monopol damit begonnen, am Rand des Waldgebiets ihr Bergematerial abzukippen. Schließlich kam man 1974 auf die damals noch absolut ungewöhnliche Idee, aus der Bergehalde ein Landschaftsbauwerk zu gestalten, das zu einer späteren Nutzung vorgesehen sein sollte. Das war neu, denn zuvor kannte man nur Spitzkegelhalden und sogenannte Tafelberge, und so entstand mit der Halde Großes Holz die erste ihrer Art – eingebun-

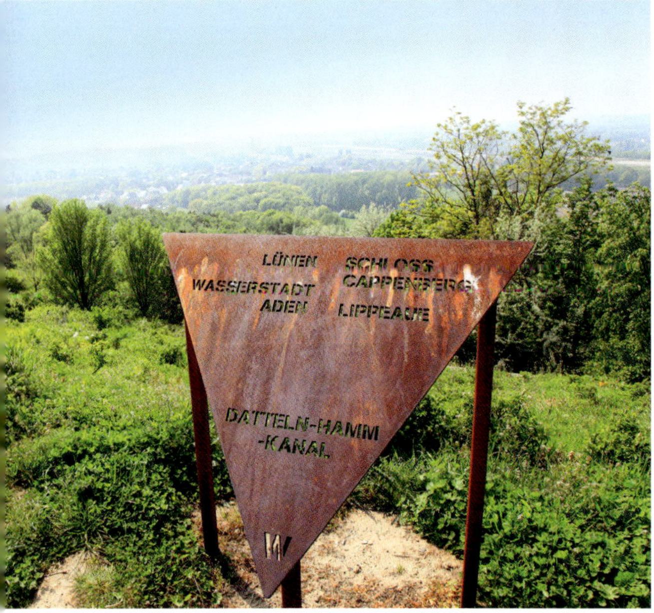

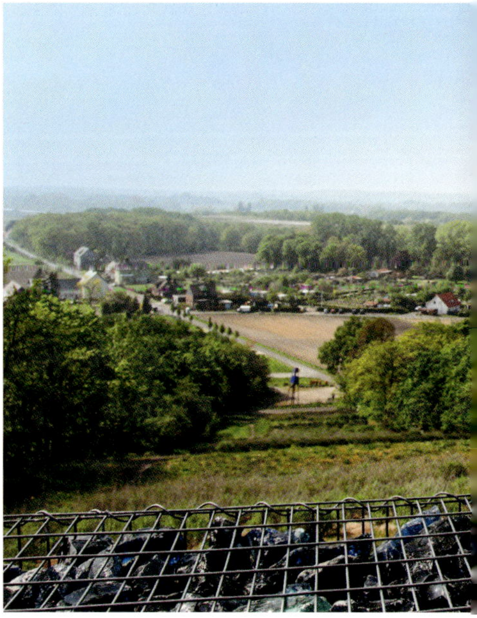

den in die Naherholung und einzigartiger Kunstraum. 2009 wurde beispielsweise der sogenannte Korridorpark installiert, ein blaues Lichtband bestehend aus neun »Leuchttürmen«, die quer über die Halde verlaufen. Sehr beeindruckend zeigt sich auch die Landmarke »Impuls« – das 33 Meter hohe Lichtkunstwerk ist zugleich die östlichste Haldenlandmarke der Region.

Zum stillen Beversee Anschließend nutzen wir für den Abstieg hinunter zur anderen Seite der Halde weiter den mit »XE« gekennzeichneten Wanderweg. Unten angekommen, trifft man auf die Radwegmarkierung der Römer-Lippe-Route (stilisierter Römerhelm), die die Wanderroute »XE« quert. Hier folgen wir nun dem Radweg und wenig später auch der Markierung »umgedrehtes T« links durch den Wald.

Bald passieren wir ein rechts liegendes Betriebsgelände und kommen durch den Wald wieder zum 3 Datteln-Hamm-Kanal. Jetzt geht's nach rechts, am Pumpwerk vorbei und dann, die beiden vorherigen Markierungen verlassend, wiederum nach rechts und mit dem Wanderzeichen »A5« ins bewaldete Naturschutzgebiet Beversee. An der Gabelung mit der Markierung »A4« biegen wir links ein und erreichen so den See, der vom kleinen Beverbach durchströmt wird.

Etwa zehn Hektar umfasst das durch eine Bergsenkung infolge des Kohleabbaus entstandene Gewässer, das nun im Naturschutzgebiet mit seinen rund 100 Hektar Wald liegt. Auch auf dem Gelände, auf dem die Halde Großes Holz erwuchs, stand einmal ein stattlicher Buchenwald, an den ihr Name erinnert.

Wir halten uns rechts und wandern ein Stück am See entlang. Es gibt dort eine in die Wasserfläche hineinragende Aussichtsplattform, von der aus die Tierwelt genau beobachtet werden kann. Nun geht es noch ein wenig durch den Wald, dann folgen wir an der Gabelung der Markierung »A3« in einen Abzweig und erst noch weiter durch das Gehölz bis zurück zum Kanalhafen E Marina Rünthe.

Links: Auch auf halber Höhe lohnt schon die Aussicht.

Die Halde wird von einer Lichtinstallation gekrönt.

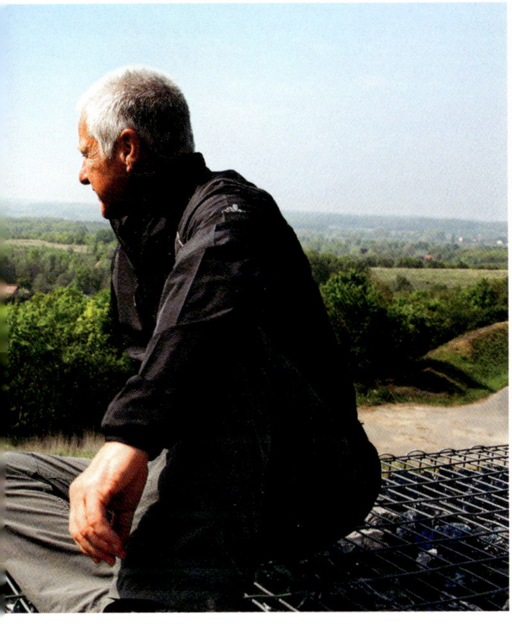

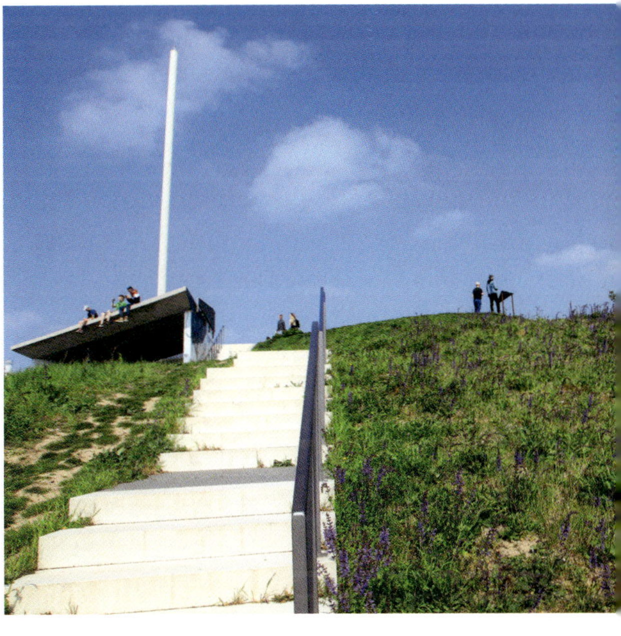

4 Greveler Alpen

In Dortmunds Nordosten zum Lanstroper Ei

mittel | 14,3 km | 70 Hm | 3.45 Std.

Tourencharakter
Abwechslungsreiche Rundwanderung mit zwei leichten Anstiegen, die ein wenig Orientierungssinn erfordert. Neben lauschigen Wegabschnitten geht es auch an Straßen entlang.

Ausgangs-/Endpunkt
Bahnhof Dortmund-Kurl (67 m)

Höchster Punkt
Haldengipfel (121 m)

Anfahrt
Auto: A 2 bis AS 15 Kamen/Bergkamen, dann K 9 über Kamen-Kaiserau und Dortmund-Husen. GPS Bahnhof Kurl: N 51.557296, O 7.585040
Bus & Bahn: Von Dortmund oder Hamm bis Bahnhof Dortmund-Kurl

Gehzeiten
Bahnhof – Grevel 1 Std. – Haldengipfel 0.55 Std. – Lanstroper Ei 0.15 Std. – Haus Wenge 0.35 Std. – Bahnhof 1 Std.

Einkehr
In Grevel, Lanstrop und am Kurler Busch

Karte
Kompass Wanderkarte 1:50 000, Nr. 754 Dortmund und Umgebung

Information
Dortmund Tourismus, Tel. 0231/18 99 90, www.dortmund tourismus.de

Hinweis
Da erst gegen Ende der Route ein Wanderzeichen genutzt werden kann, ist etwas Orientierungssinn gefragt, aber Halde und Wasserturm als Landmarken sind nicht zu verfehlen.

Wo sanftes Hügelland und Relikte des Bergbaus das Bild prägen, »besteigen« wir die Greveler Alpen und besuchen Dortmunds bekanntesten Wasserturm, das Lanstroper Ei. Danach entdecken wir das alte Haus Wenge und erkunden den Kurler Busch.

Nach Grevel Start ist am schön restaurierten **A Bahnhof Kurl**. Das heute nur noch als Durchgang zu den Gleisen genutzte Gebäude stammt aus dem Jahr 1908. Vom Bahnhof geht's links der Mühlackerstraße nach, die am Ende als Fußweg zur Kurler Straße führt. Hier rechts, dann gleich links in die Werimboldstraße, die zur Kirche St. Johannes führt. Bevor die kleine Straße den Bach kreuzt, geht rechts ein Fußweg ab, den wir einschlagen. Dort liegen rechter Hand die Anlagen am alten Haus Kurl.
Bald nehmen wir den Abzweig nach links. Der Weg folgt dem Verlauf des Bachs Alte Körne mal im Wald, mal durch offene Landschaft. Mit Blick auf Scharnhorst kommen wir kurz darauf erneut an eine Gabelung und biegen rechts ein. Hier geht es schnurgerade hinüber zur Greveler

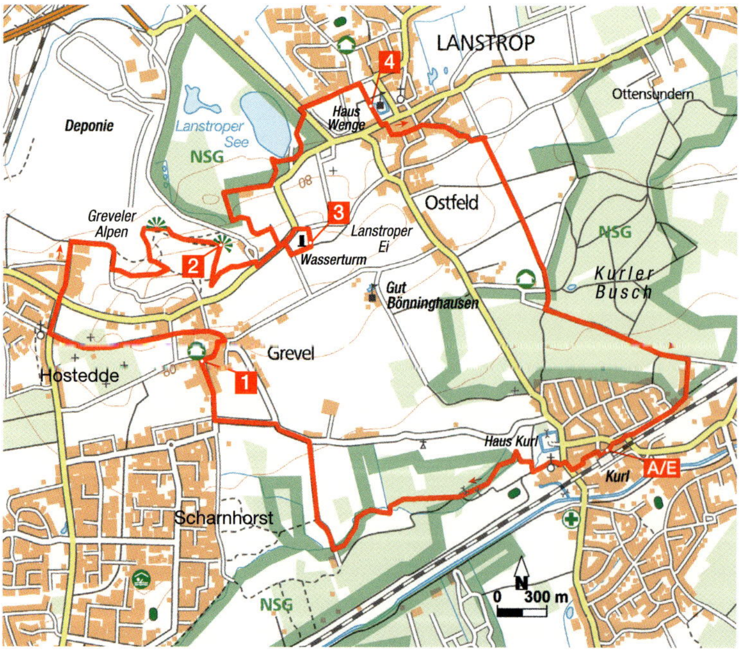

Straße, der wir nun links ein Stück nachgehen. An der folgenden Einmündung links (Im Weidkamp) kommen wir hinüber nach Scharnhorst. Dort biegen wir noch am Ortsrand rechts ab (Werzenkamp) Richtung Grevel. Am Ende der Straße geht's erneut rechts in die Leveringstraße, die uns hinein ins kleine 1 **Grevel** bringt. Es besteht seit über 800 Jahren, hat eine sehenswerte alte Mühle und im Ortskern mehr als 130 Jahre alte Fachwerkhäuser.

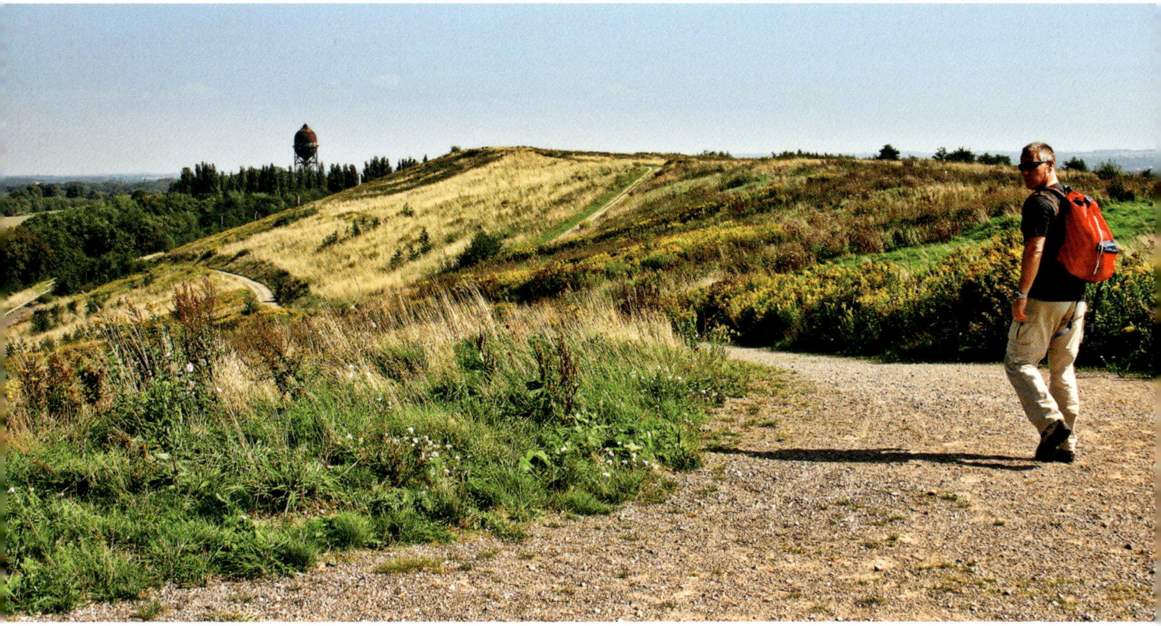

Unterwegs auf der ehemaligen Deponie

In die Greveler Alpen In Grevel biegen wir links in die Hauptstraße Greveler Straße. Von dort kommen wir gleich darauf in die Straße In der Liethe und verlassen Grevel auch schon wieder. Am Friedhof vorbei, geht's bis zur kreuzenden Flughafenstraße, deren Name noch aus der Zeit stammt, als der Flughafen im nahen Brackel war – vor uns im Blick die Kirche des Ortsteils Derne-Hostedde. Für die Region eine wichtige Rolle spielte die Zeche Gneisenau in Derne, die 1970 sogar förderstärkste Zeche des Reviers war. Betrieben wurde sie 1886–1985, bis die Förderung nach Lünen ins Bergwerk Haus Aden verlegt wurde.

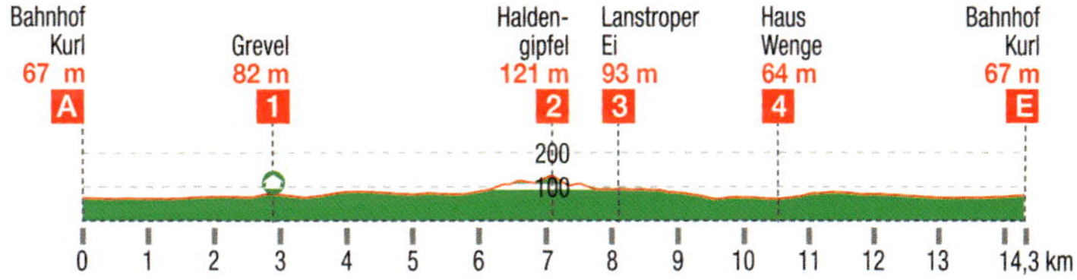

Rechts der Flughafenstraße nach, wandern wir am Rand von Hostedde entlang und folgen im Anschluss geradeaus der Tettenbachstraße. Auf Höhe der Straße Am Kirchweg schwenken wir rechts ein und kommen zum Fuß der sogenannten Greveler Alpen. Typisch Ruhrgebiet, ist die Namensgebung mit einem Augenzwinkern zu verstehen, geht es hier doch um die frühere Mülldeponie, die noch bis 1994 genutzt wurde. Aber natürlich

zeigt sich die Anlage heute begrünt und als schöner zweigipfliger Aussichtsberg, der auch den Spitznamen »Greveler Alm« trägt.
Ein Wegenetz von rund viereinhalb Kilometern und die weite Sicht ins südliche Münsterland, u. a. auf Schloss Cappenberg, fordern unbedingt zu einer Besteigung der beiden Gipfel heraus, die 117 bzw. 121 Meter über Meereshöhe erreichen. Wir müssen also einen kleinen Aufstieg bewältigen, genießen danach aber den tollen Blick vom ❷ **Haldengipfel** über Dortmund mit dem Fernsehturm Florian und sehen im Nordosten die Halde Großes Holz in Bergkamen, aber auch das nächste Ziel: das sogenannte Lanstroper Ei. Woher der Wasserturm seinen Namen hat, ist wohl auf Anhieb zu erschließen.

Am Lanstroper Ei Nach der Gipfelüberschreitung und dem kleinen Abstieg passieren wir an der Straße Rote Fuhr den alten Wetterschacht Grevel, der nun als Schulungs- und Bildungszentrum mit Schwerpunkt »Ökologischer Garten- und Landschaftsbau« genutzt wird. An dem mächtigen Backsteinturm erläutert eine Infotafel seine frühere Funktion. Dort kurz links ein Stück der Landstraße entlang, dann rechts direkt hinüber zum ❸ **Lanstroper Ei**.
Von der kleinen Anhöhe, auf der es steht, hat man wiederum eine schöne Sicht Richtung Süden, über Asseln und Wickede hinweg bis zum Flughafen. Der knapp 60 Meter hohe Wasserturm wurde 1904/05 erbaut und war bis 1980 für Hostedde, Grevel, Lanstrop und die umliegenden Zechen im Einsatz. Seit 1997 gibt es einen Förderverein, der sich für den Erhalt des markanten Turms mit dem 18 Meter hohen und 15 Meter breiten ovalen Wassertank einsetzt. Ende 2007 kaufte die Stadt Dortmund das »Ei«, um es zu restaurieren.

Haus Wenge

Die alte Wasserburg Haus Wenge ist das einzige in Dortmund erhaltene Adelshaus mit gotischen Formen, und es hat den ältesten frei tragenden Dachstuhl Westfalens. 1598 wurde Haus Wenge durch die Spanier zerstört, danach aber in alter Form wieder aufgebaut, und seit 1952 gehört es der Stadt. Auch noch interessant: Die Vorfahren des verstorbenen FDP-Politikers Otto Graf Lambsdorff hatten im 14. Jh. im späteren Haus Wenge ihren Sitz.

Nach Lanstrop Für den Weiterweg geht's danach im kleinen Bogen direkt zur Landstraße (Rote Fuhr) zurück und dort nur kurz links entlang. Wir biegen dann gleich rechts ab und gelangen nochmals in den Bereich der »Greveler Alm«. Zwar geht es leicht aufwärts, wir bleiben aber eher am Grund des kleinen Bergs und wandern an ihm vorbei. Danach am Rand eines Wäldchens entlang, bis wir rechts einschwenken und durch die Wiesen an einem Hof vorbeikommen.
Anschließend neigt sich der Weg langsam Richtung Lanstroper See. Er hat sich infolge einer bis zu neun Meter tiefen Bergsenkung gebildet, die in den 1960er-Jahren entstand und sich mit Grundwasser füllte. Inzwischen ist er ein kleines Paradies für Flora und Fauna und seit 1990 eingebettet in ein 73 Hektar großes Naturschutzgebiet.
Wir nehmen den flachen Uferweg, der rechts am See vorbeizieht. Der Fußweg endet an der Straße Friedrichshagen. Geradeaus kommen wir in die Schafstallstraße und an der Kleingartenanlage vorbei hinein nach Lanstrop. Der kleine Dortmunder Vor-

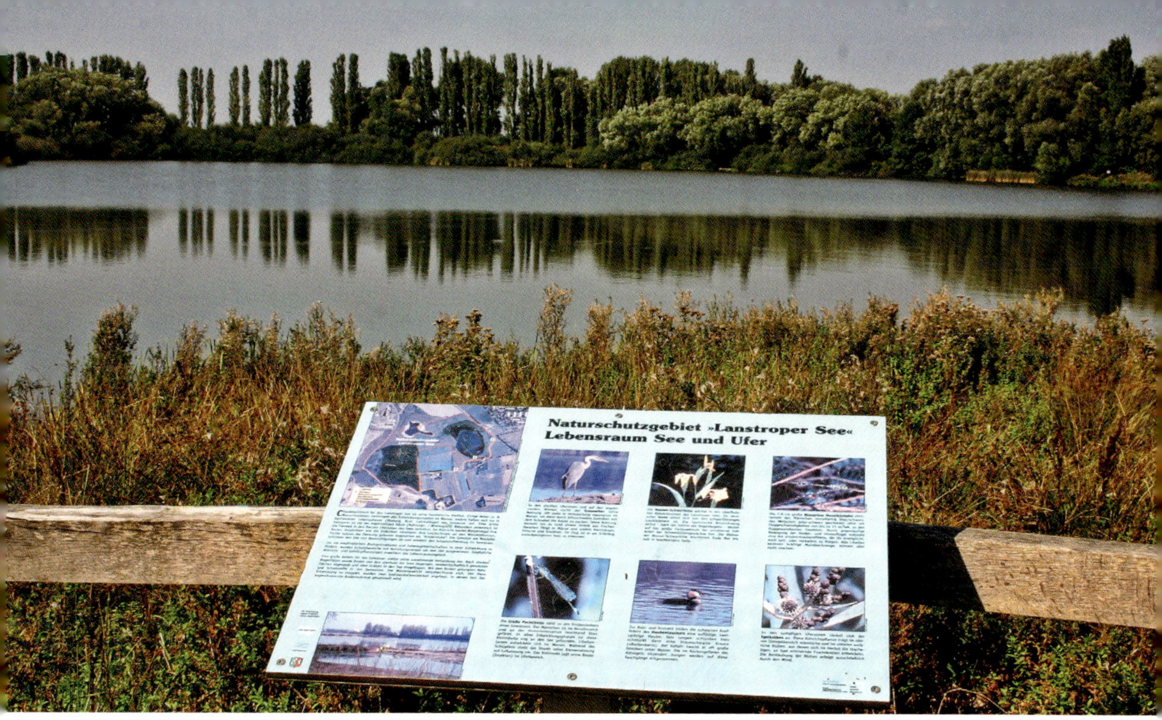

Infotafeln erleichtern am See die Naturbeobachtungen.

ort hatte mit dem Schriftsteller Max von der Grün von 1963 bis zu seinem Tod 2005 einen berühmten Einwohner. Es geht dann rechts hinein in die Parkanlage, denn dort erwartet uns ein sehenswertes altes Herrenhaus (s. Tippkasten). So spazieren wir gleich darauf am 4 **Haus Wenge** mit den hübschen Fensterläden vorbei und haben zugleich mit »D im Kreis« ein Wanderzeichen zur Orientierung. Es bringt uns geradewegs nochmals an die Lanstroper Straße.

Zurück nach Kurl Nun heißt es links in die Lanstroper Straße und gleich wieder rechts einbiegen (Merkurstraße). An der nächsten Kreuzung halb rechts in die Kippstraße, die uns an den Rand der Bebauung von Lanstrop bringt, das kaum noch dörflich wirkt. Hier folgen wir dem Wanderzeichen über einen wie mit dem Lineal gezogenen Weg durch die Felder hinüber zum Kurler Busch, der schon an der Grenze zu Kamen liegt. Mit einer Ausdehnung von 200 Hektar gehört der Forst zu den größten zusammenhängenden Naturschutzgebieten Dortmunds, und so dürfen sich Kurl und sein benachbarter Stadtteil Husen als »Waldgemeinden« bezeichnen.
»D im Kreis« führt uns kurz am Waldrand entlang. Bevor es dort hineingeht, könnte man rechts (Im Ostfeld) einen kleinen Einkehrschwung einlegen (Restaurant & Café Mowwe). Unsere Markierung leitet dann aber nach links und geradewegs durch den Wald. Kurz vor seinem Ende biegen wir rechts ab in ein Sträßchen (Tiewinkel), jetzt ohne Wanderzeichen. Anschließend erneut rechts, geht es parallel zur nahen Bahnstrecke geradeaus zurück zum E **Bahnhof Kurl**.
Ursprünglich war Kurl einmal ein Herrensitz am Körnebach – jenes bereits passierte Haus Kurl. Noch bis Mitte des 19. Jahrhunderts bestand die Ansiedlung aus weniger als 20 Haushalten. Erst mit der Gründung der Zeche Kurl, die wie etliche andere kleine Bergwerke der Umgebung später von der Zeche Gneisenau übernommen wurde, begannen Kurl und auch Husen zu wachsen und sich zu entwickeln.

5 Von Waltrop nach Lünen

Durch Feld und Flur auf grüne Halden

leicht | 10,5 km | 70 Hm | 2.50 Std.

Tourencharakter
Unschwierige Runde im Nordosten des Ruhrgebiets, abgesehen von den beiden kleinen Halden ohne Steigungen. Einige Abschnitte entlang kleiner Straßen bzw. Asphaltwege. Viel Sehenswertes; fast durchweg der Sonne ausgesetzt

Ausgangs-/Endpunkt
Zeche Waltrop (68 m)

Höchster Punkt
Halde Tockhausen (106 m)

Anfahrt
Auto: A 2 bis AS 12 Dortmund-Mengede, nach Waltrop, dann Berliner Straße und Brambauer Straße. GPS Zeche Waltrop: N 51.617244, O 7.420621
Bus & Bahn: Vom Busbahnhof Lünen mit Bus C1 bis Lünen-Brambauer (Technologiezentrum, s. im Text), dort die Runde starten

Gehzeiten
Zeche Waltrop – Halde Tockhausen 1.10 Std. – Schloss Wilbringen 0.45 Std. – Zeche Waltrop 0.55 Std.

Einkehr
Im Gewerbepark Zeche Waltrop das Gasthaus Lohnhalle; unterwegs die Elmenhorster Mühle und im Lüntec Café

Karte
Kompass Wanderkarte 1:50 000, Nr. 821 Ruhrgebiet, Karte 2

Information
Stadtmarketing Waltrop e. V., Tel. 02309/5409087, www.stadtmarketing-waltrop.de; Stadt Lünen, Tel. 02306/1041387, www.luenen.de

Im nordöstlichen Ruhrgebiet bilden altes Bauernland und ehemaliger Bergbau einen reizvollen Kontrast – und vieles erinnert schon ans nahe Münsterland. Schön, dass hier zwei Aussichtshügel, ein Kanal und sogar ein »Ufo« die Runde bereichern.

Zeche mit Aussicht An der ehemaligen Zeche Waltrop, etwas außerhalb des Orts gelegen, geht es los. Sehenswert ist hier gleich eines der größten noch erhalten gebliebenen einheitlichen Gebäudeensembles, erbaut zu Beginn des 20. Jahrhunderts in Stilformen des Historismus. Seit 1988 unter Denkmalschutz, wird heute im gleichnamigen Gewerbepark bei Erlebniseinkauf und Events an die Vergangenheit erinnert. Und mit der kleinen Halde Brockenscheidt, auf der in rund 15 Meter Höhe mit dem Spurwerkturm eine Besonderheit steht, haben wir am Ende der Wanderrunde eine schöne Aussichtsmöglichkeit. Der Künstler Jan Bornemann hat dort aus sogenannten Spurlatten (Hartholzbalken zur Abstützung der Schächte) einen Turm in angedeuteter Pyramidenform erbaut. Er bie-

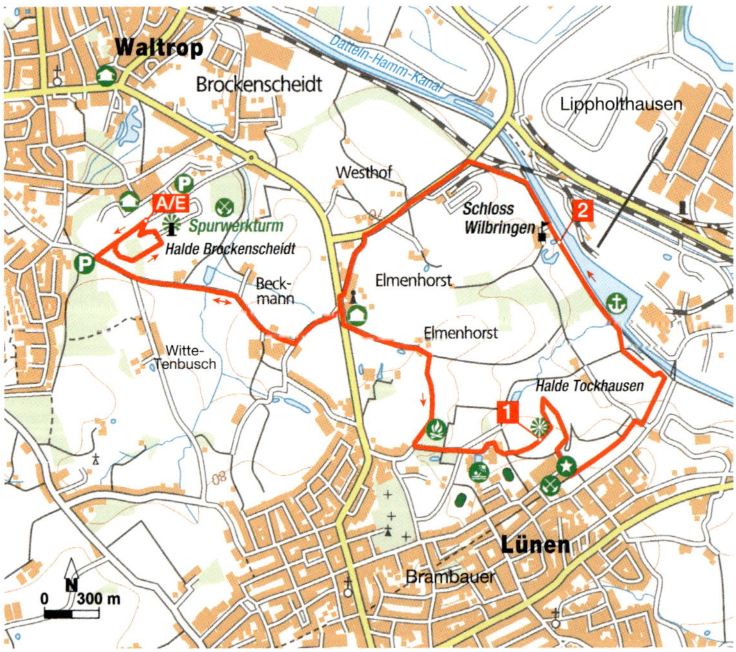

tet Ausblicke auf die frühere Zeche Waltrop, nach Lünen-Brambauer und über weite Teile des östlichen Ruhrgebiets. Waltrop mit seiner hübschen Altstadt – dem »Malerischen Winkel« rund um die St.-Petrus-Kirche – verdankte seine Entwicklung vom Dörfchen zur Stadt dem nach Norden hinaufgewanderten Steinkohlebergbau. Bekannt ist der Ort auch wegen des Schleusenparks Waltrop im Westen bei Oberwiese, der unbedingt einen Besuch wert ist.

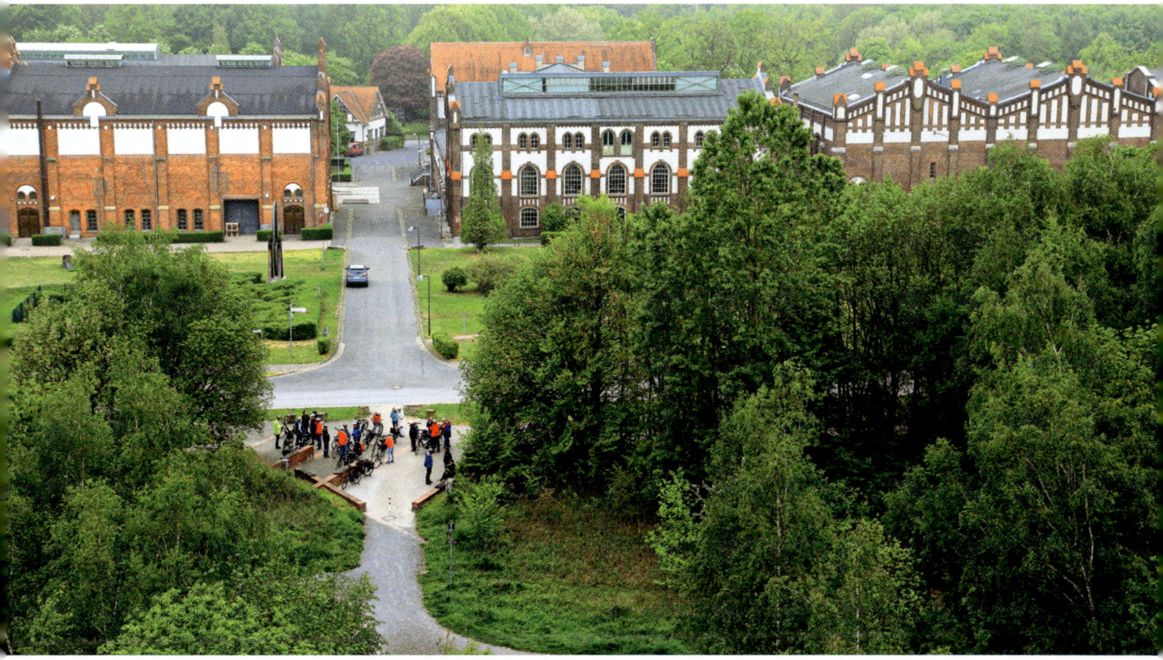

Blick vom Spurwerkturm auf die restaurierten Zechengebäude

Zur Halde Tockhausen Zu Beginn nehmen wir an der **A Zeche Waltrop** an der Infotafel am Fuß der Halde den Radweg Richtung Wäldchen. Er mündet dort in eine Straße (Tinkhofstraße), in die wir links einbiegen. Sie bringt uns hinein in die offene Wiesenlandschaft. Dabei kommt bald von rechts die Wandermarkierung »A3«, die auf unsere Route einbiegt. So geht es auf dem Sträßchen und mit dem Wanderzeichen zur Rottstraße und weiter zur querenden Brambauer Straße (L 511), gegenüber der Gaststätte Elmenhorster Mühle. Nun biegen wir erst rechts, dann links ab, um erneut durch bäuerliches Land mit einzelnen Häusern und Höfen zu wandern.

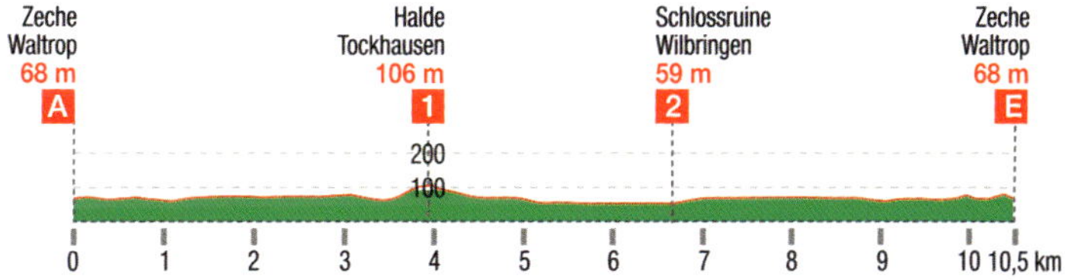

An der Gabelung mit einem Marienbildstock halten wir uns rechts und gelangen mit »A3« zum nahe gelegenen Nordpark, der hier, am nordöstlichen Rand Brambauers, schon zu Lünen gehört. Wir spazieren – jetzt ohne Wanderzeichen – durch den kleinen Park und am Freibad vorbei geradewegs zur Halde Minister Achenbach IV der ehemaligen Zeche, die in Lünen mehrere Schächte betrieb. Die ❶ **Halde Tockhausen**, wie sie wegen ihres Standorts im gleichnamigen Ortsteil auch genannt wird, ist heute ein üppig begrüntes Naherholungsgebiet.

Zum »Ufo« Klar, dass wir die kleine Halde besteigen, entweder etwas steiler über den direkten Weg oder aber in längeren Runden. Doch wenn man Pech hat, kann es sein, dass gerade alle Aussichtsstellen zugewachsen sind! Trotzdem, ein paar schöne Ausblicke kann man zumeist immer erhaschen.
Danach wieder hinab zum Fuß der Halde und weiter zu den Gebäuden der ehemaligen Zeche Minister Achenbach, Schacht IV. Ins Auge sticht dort natürlich der markante Lüntec-Tower – er trägt auch den Spitznamen »Colani-Ufo« oder »Colani-Ei« und könnte schon vom Aussichtspunkt in Waltrop ausgemacht werden. Benannt nach dem damaligen Stardesigner Luigi Colani, der die Skizze zu diesem außergewöhnlichen Bauobjekt entwarf, wird die 300 Quadratmeter große Kunststoff-Ellipse als Bürofläche genutzt. Sie ist Wahrzeichen der Zeche Minister Achenbach, die nach 95 Jahren 1992 endgültig geschlossen wurde. Nach dem Ende des Bergbaus »upcycelte« die Stadt Lünen die früheren Kauen- und Verwaltungsgebäude zum Technologiezentrum Lüntec, und so krönt den einstigen Förderturm seit 1995 das futuristisch anmutende »Ufo«.

An den Kanal Anschließend halten wir uns gleich links (noch vor der Stellenbachstraße), und erst am Ende des Wegs wechseln wir rechts hinüber zu der parallel

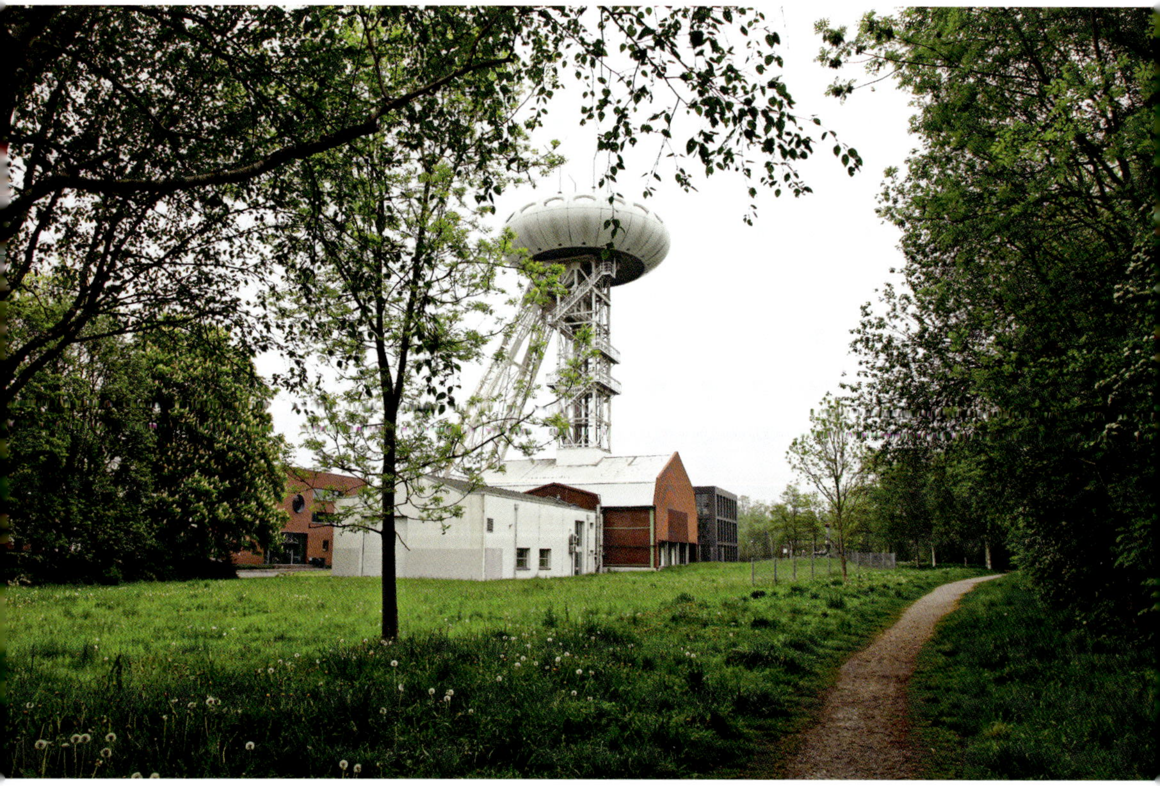

Ein »Ufo« ist auf dem ehemaligen Förderturm »gelandet«.

verlaufenden kleinen Straße. Dort gehen wir vor zum nur wenige Hundert Meter entfernten Datteln-Hamm-Kanal. Am Ufer gegenüber stand bis 2020 der riesige Kühlturm des Kraftwerks Lünen, der inzwischen abgerissen wurde.
Über die kleine Kanalbrücke könnte man einen Abstecher zur Schlossmühle Buddenburg am ehemaligen Mühlenteich und zur Lippe machen. 1915 eröffnet, ist der Datteln-Hamm-Kanal wie der Wesel-Datteln-Kanal einer der beiden Lippe-Seitenkanäle. Inzwischen begleiten die rund 47 Kilometer lange Wasserstraße an ihren Uferbereichen fast überall Naherholungsgebiete.
Hier können wir nun links einbiegend ganz entspannt dem Uferweg durch die nur spärlich besiedelte offene Landschaft folgen. Während wir von Lünener wieder zurück auf Waltroper Grund kommen, verbreitert sich der Kanal auf der anderen Uferseite zu einem kleinen Hafenbecken. Diese Verladestellen findet man an den Ruhrgebietskanälen häufig, denn sie wurden damals in erster Linie für den Transport von Kohle, Stahl und sonstigen Industriegütern erbaut.

Zurück nach Waltrop Weiter am Ufer entlang liegt wenig später ein einstiger Herrensitz, die 2 **Schlossruine Wilbringen**, am Weg. Das Haupthaus ist schon seit über 100 Jahren verfallen. Die Vorburg dagegen befindet sich heute in Privatbesitz, wird z. T. bewohnt und auch landwirtschaftlich genutzt.
Haben wir danach die nächste querende Straße (Im Knäppen) erreicht, verlassen wir den Kanal und biegen links ein. Die Straße führt uns hinein ins bäuerliche Umland. Kurz vor der Brambauer Straße (L 511) halten wir uns noch einmal links (auch Im Knäppen), kommen an wenigen Häusern vorbei und an der Gaststätte Elmenhorster Mühle zur Brambauer Straße, die wir jetzt überqueren. Gegenüber wieder in die Rottstraße, die wir schon vom Hinweg kennen, und so geht es über den bekannten Weg zurück in Richtung ehemalige Zeche Waltrop.
Zum Abschluss der Wanderung besteigen wir nun noch die kleine Halde Brockenscheidt mit dem Spurwerkturm. Dazu vom Radweg rechts abbiegen und ein Stück um die Halde herum bis zur Treppe, die wir für den kleinen Aufstieg nutzen. Ob von der Halde oder sogar vom Spurwerkturm – man hat einen schönen Blick über die zurückgelegte Wanderroute und über die alte Zeche Waltrop der Schächte I/II. Damals vom Preußischen Staat betrieben, war 1905 mit der Förderung begonnen worden, um die Kaiserliche Marine und die staatliche Eisenbahn mit Energie zu versorgen. Noch 1974 wurde mit mehr als 2000 Beschäftigten ein Rekordergebnis der Fördermenge erzielt, bevor 1979 die Zeche Waltrop stillgelegt wurde.
Jetzt aber geht es an den Abstieg und zurück zum nahen Ausgangspunkt am Gewerbepark der E **Zeche Waltrop**.

Schleusenpark und Industriemuseum

Im Schleusenpark Waltrop mit dem historischen Schiffshebewerk Henrichenburg treffen sich gleich drei Kanäle an der bedeutenden Schleusenanlage mit dem neuen Hebewerk (www.hebewerk-henrichenburg.de). Hier kann man interessante Einblicke in die Binnenschifffahrt gewinnen, wie am Museumshafen Oberwasser oder auf dem Motorgüterschiff »Franz-Christian«. Und im Sommer sollte man die Gelegenheit zu Rundfahrten mit dem Ausflugsschiff nutzen.

6

Landschaftspark Hoheward

Drei-Sterne-Aussicht bei Herten

mittel | 10,3 km | 160 Hm | 3 Std.

Tourencharakter
Rundwanderung in von Bergbau geprägter Landschaft. Halde Hoppenbruch ist grünes Wanderterrain, Halde Hoheward darüber hinaus beliebtes Ausflugsziel, auf dem sich die Besucher zumeist gut verteilen. Zwei gemäßigte Aufstiege, nur zu Beginn ein kurzes Stück Straße

Ausgangs-/Endpunkt
Herten, Ewaldstraße (54 m)

Höchster Punkt
Halde Hoheward (148 m)

Anfahrt
Auto: A 2 bis AS 7 Herten.
GPS ehem. Zeche Ewald:
N 51.571602, O 7.144761
Bus & Bahn: Bus SB27 vom Bahnhof Marl bis Haltestelle Bergwerk Ewald 1/2

Gehzeiten
Besucherzentrum Zeche Ewald – Halde Hoppenbruch 1.05 Std. – Halde Hoheward 1.15 Std. – Besucherzentrum Zeche Ewald 0.40 Std.

Karten
Kompass Wanderkarte 1:50 000, Nr. 821 Ruhrgebiet, Karte 2. Auf der Website des Besucherzentrums kann man sich eine Orientierungskarte herunterladen.

Information
Besucherzentrum Hoheward,
Tel. 02366/18 11 60,
www.hoheward.rvr.ruhr

Hinweis
Wer länger auf dem Gipfel verweilen will – vielleicht mit Picknick und Fernglas ausgerüstet –, sollte auch im Sommer eine leichte Windjacke dabei haben.

Ruhrgebiets-Flair an alten Zechen, dazu Natur, Kunst und Erholungsraum – ein Stück Strukturwandel mit hohem Erlebnisfaktor. Wie im Landschaftspark Hoheward, der größten Haldenlandschaft in Europa! Vom Gipfelplateau eröffnen sich hier einmalige Ausblicke.

An der Zeche Ewald Wir starten an der ehemaligen Ⓐ **Zeche Ewald** am dortigen Besucherzentrum. Auf dem Gelände des stillgelegten Bergwerks stehen noch einige verbliebene Gebäude und auch die imposanten Fördertürme. Im Rücken der Zeche ist im Lauf vieler Jahre die gewaltige Halde Hoheward angewachsen, die nach und nach begrünt wurde und inzwischen komplett für Besucher freigegeben ist. Wer die Halde Hoheward nicht kennt, wird überrascht sein: Sie ist wirklich riesig und nicht einfach nur ein Haldenberg, sondern beinahe schon ein Gebirge!
Zu Füßen der mächtigen Erhebung hat sich vieles getan: Neue Handwerks- und Gewerbebetriebe mit zukunftsweisenden Technologien

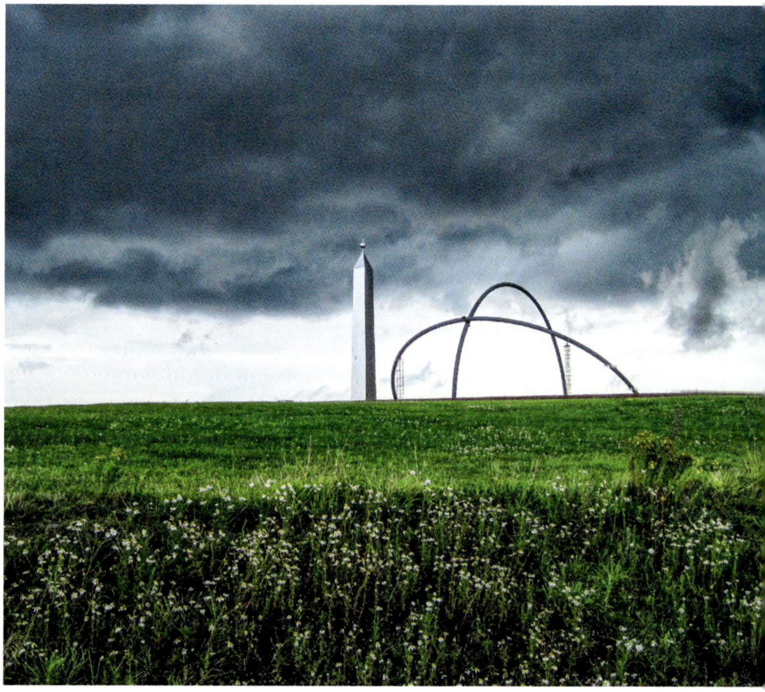

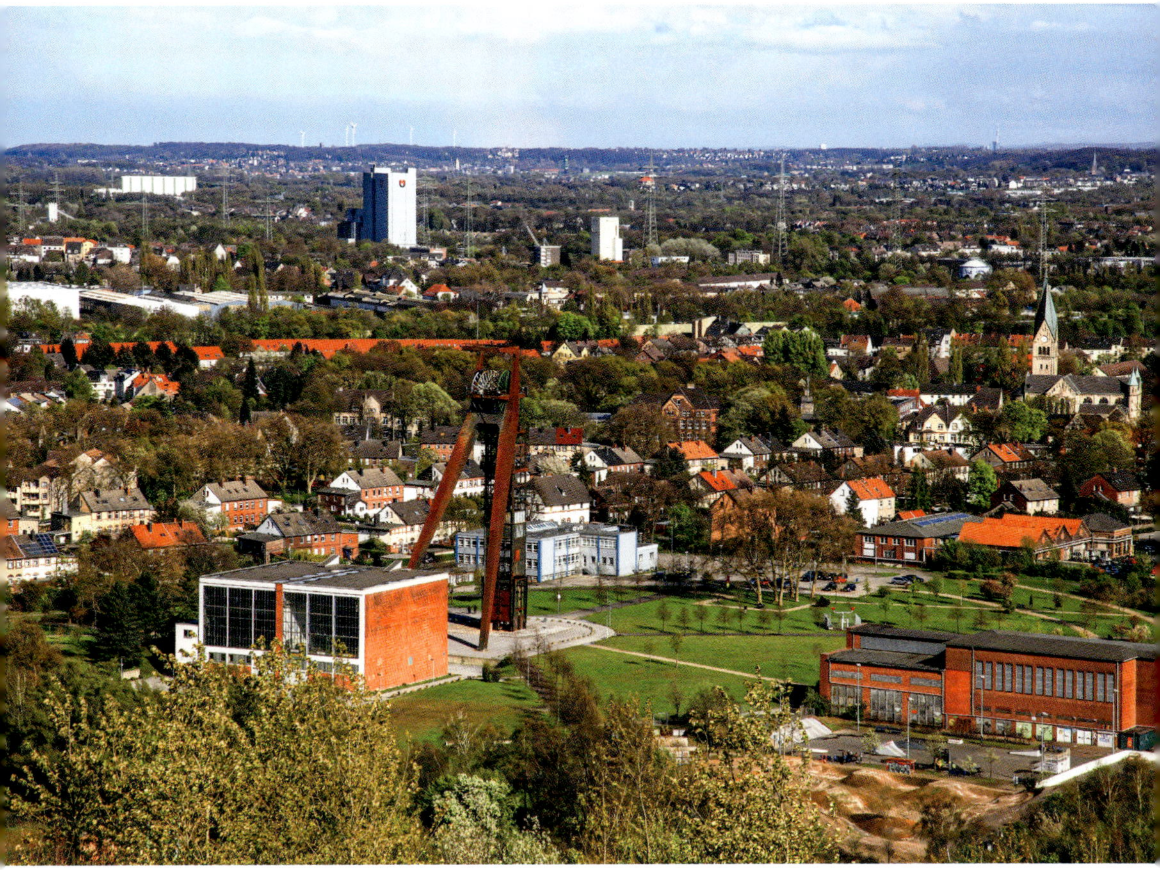

konnten für den Standort begeistert werden. Aber auch das Tourismusbüro Herten ist für uns interessant oder der bunte RevuePalast Ruhr, der sich in den einstigen Zechengemäuern niedergelassen hat, um vielleicht vom ungewöhnlichen Umfeld inspiriert zu werden.

Großartiger Blick hinüber nach Castrop-Rauxel

Linke Seite: Dramatische Wetterstimmung am Haldenplateau

Am Emscherbruch Für uns geht es vom Besucherzentrum hinüber zur Ewaldstraße, an der noch einige Zechenhäuser der höheren Angestellten, sogenannte Bergbeamtenhäuser, zu finden sind. Wir spazieren links auf der Ewaldstraße Richtung Süden. Die Straße, die Herten mit Herne verbindet, verläuft hier zugleich am Waldrand des zur Rechten liegenden Emscherbruchs. Es ist das größte zusammenhängende Waldgebiet Gelsenkirchens, das mit dem Ewaldsee ein zusätzliches idyllisches Fleckchen zu bieten hat. Der kleine See entstand durch Aushubarbeiten beim Bau der Reichsautobahn in den 1930er-Jahren. Damals wurden große Mengen Erde benötigt, um Wälle und Dämme zu errichten. Aus

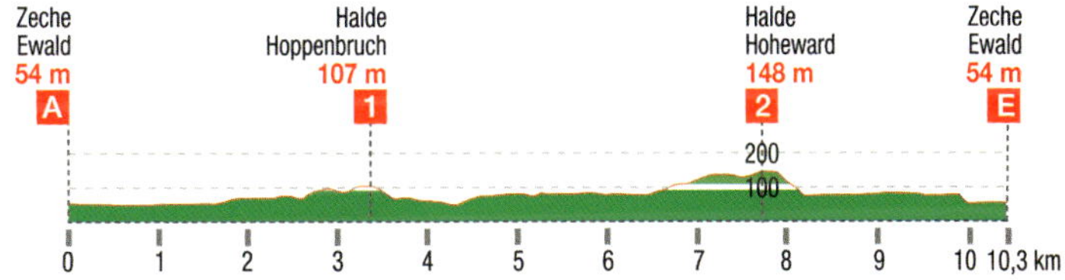

der verbliebenen Vertiefung wurde der Ewaldsee, der nun der Naherholung dient und Angler an seine Ufer lockt. Links vor uns dagegen kommt ein bewaldeter Hang in Sicht: die Halde Hoppenbruch. Sie ist im unteren Teil gänzlich mit Buschwerk und Bäumen aufwendig bepflanzt. So biegen wir noch kurz vor der Halde links ein ins Erholungsgebiet Hoppenbruch.

Recycelte Landschaft Die heute so idyllisch wirkende Halde Hoppenbruch war früher einmal eine Mülldeponie. 1980 begann man mit der Begrünung, die inzwischen zahlreiche Busch- und Baumarten aufweist und eine Vielzahl an Vogelarten beheimatet. Zudem wurden Teichbiotope angelegt. Doch auch Mountainbike-Enthusiasten kommen auf ihre Kosten, denn abseits der Fußwege gibt es spannende Parcours für die Querfeldeinfahrer. Gut ausgebaute Wege mit speziellen Wegweisern führen ebenso den Wanderer zu seinem Ziel.

Wir möchten zur Windkraftanlage auf dem höheren der beiden Haldengipfel. Dort wurde darüber hi-

Ausflug zum Schloss Herten

Das prächtige Wasserschloss wurde Mitte des 16. Jh. im Stil der Westfälischen Backsteingotik umgebaut und zählt heute zu den schönsten im Land. Bei Konzerten oder Veranstaltungen stehen dem Besucher auch Teile der Innenräume offen. Ein ausgedehnter Park mit angeschlossenem Schlosswald und die Blütenpracht von Rhododendren und Narzissen beeindrucken im Frühjahr nicht nur Gartenliebhaber.

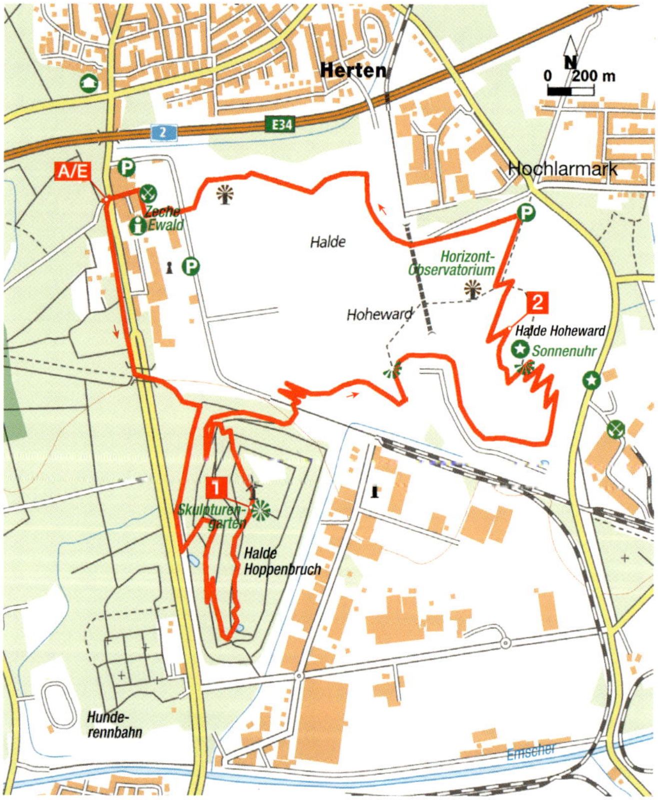

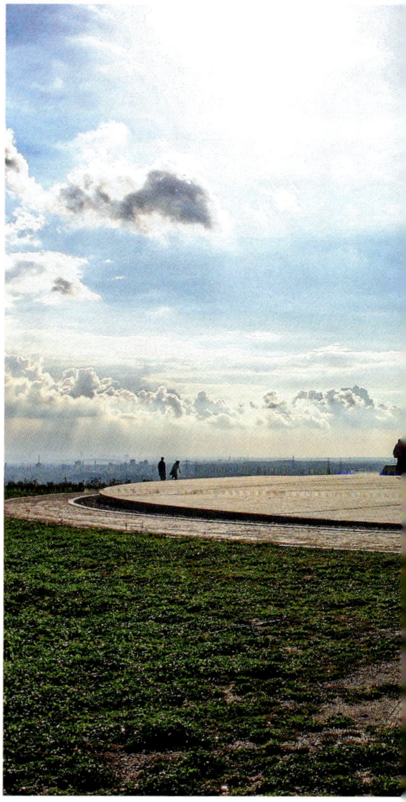

naus der Skulpturengarten Windkraft errichtet, um allerlei Interessantes über diese Art der Energiegewinnung zu vermitteln. So folgen wir den Wegweisern und genießen nach dem kleinen Aufstieg schon einmal die tolle Aussicht von der 1 **Halde Hoppenbruch**, auch hinüber zur großen Nachbarin, der Halde Hoheward. Sie ist das nächste Ziel, und so steigen wir abwärts und kreuzen dabei die Trasse der ehemaligen Ewaldbahn, auf der heute die sogenannte Ewaldpromenade, ein Fuß- und Radweg, verläuft.

Zur Drei-Sterne-Aussicht Für uns beginnt nun der Aufstieg auf die Halde Hoheward, und nach den ersten Metern Höhengewinn halten wir uns an die sogenannte Balkon-Promenade, die uns rechts auf etwa gleichbleibendem Niveau am Haldenberg entlangleitet. Der Weg zieht sich rund sieben Kilometer um den ganzen Berg, und an manchen Stellen wurden spezielle Emporen als Aussichtsbalkone angelegt. Steilere Wege hinauf ignorieren wir erst einmal, und schnell wird uns die enorme Ausdehnung dieser künstlich aufgeschütteten Landmarke bewusst. Schon von unserem terrassenartigen Weg eröffnen sich schöne Ausblicke.

Bald sehen wir rechter Hand den Förderturm der stillgelegten Zeche Recklinghausen im Stadtteilpark Hochlarmark. Etwa von dort kommt über die Cranger Straße hinweg eine Fußgängerbrücke (Drachenbrücke) zur Halde, der sich ein Aufstiegsweg zu den markant gestalteten Plateaus anschließt. Wir nutzen nun diesen Weg hinauf und erreichen so die ausgedehnte Anhöhe. Natürlich kann man aber auch

Links: Die riesige Sonnenuhr auf dem Gipfel der Halde

Unterwegs auf der Balkon-Promenade

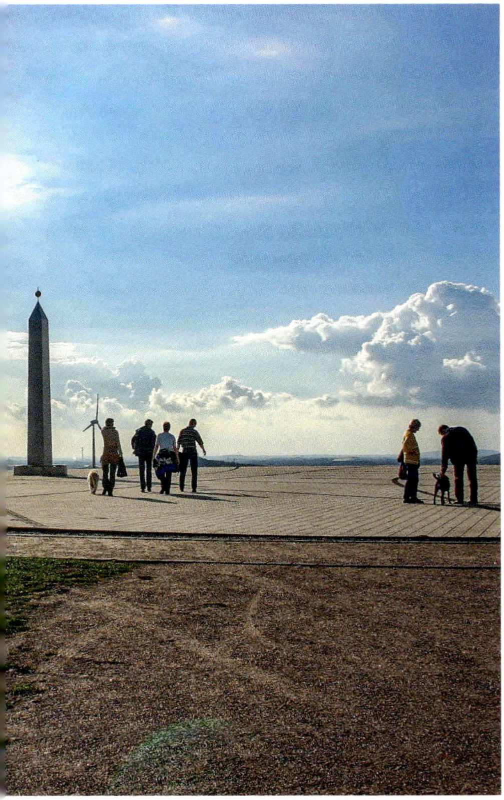

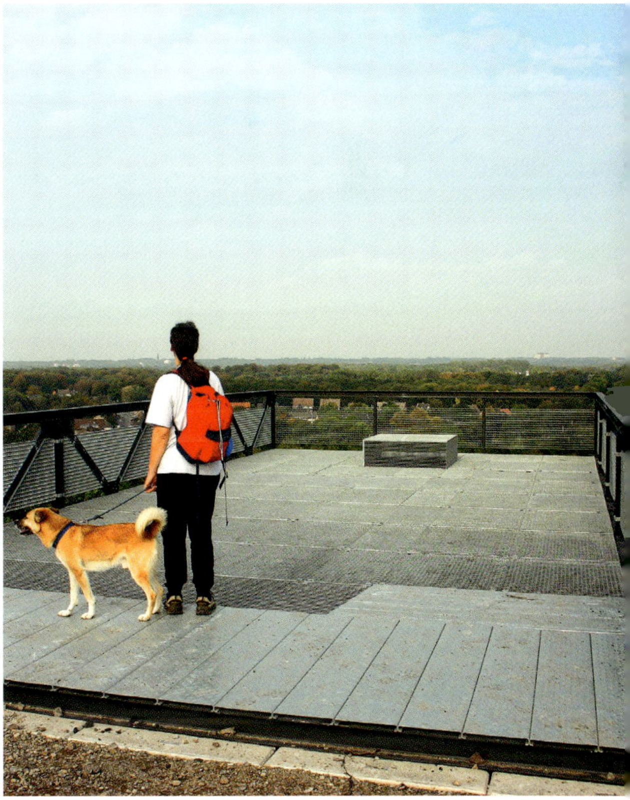

flachere Aufstiegswege wählen. Wieder ist man beeindruckt, wie riesig hier die Ausmaße sind. Um den besten Überblick zu bekommen und das perfekte Panorama zu erleben, steuern wir am östlichen Gipfelplateau der ❷ **Halde Hoheward** den weißen Obelisken an, der den monumentalen Zeiger einer Sonnenuhr verkörpert. Oft weht hier oben ein ganz schön kräftiger Wind, doch der soll uns nicht davon abhalten, den phänomenalen Blick über das Ruhrgebiet zu genießen!

Dem Himmel ein Stück näher Noch ein klein wenig höher steht dann auf dem nördlichen Haldenplateau ein weithin sichtbarer Blickfang: das Horizont-Observatorium mit den beiden 45 Meter hohen Bögen. Dank der idealen Bedingungen hat man hier oben die Horizontastronomie zum Mittelpunkt gemacht. Die spektakuläre Anlage strahlt viel Atmosphäre aus, und bei untergehender Sonne wirkt das gesamte Plateau beinahe ein wenig mystisch. Kein Wunder, dass hier immer wieder besondere Events stattfinden.
Je nach Lust und Laune kann man sich noch weiter umsehen, um anschließend Richtung Nordosten die Treppen zum direkten Abstieg zu nutzen oder aber dort die Serpentinenwege einzuschlagen. Weiter unten angekommen, wenden wir uns nach links und wandern an der Nordseite, wiederum auf der Balkon-Promenade, an der Halde entlang. Und nochmals überrascht die Größe der gewaltigen Erhebung, denn es sind rund zwei Kilometer oder ca. 30 Minuten bis zu den Treppen, die uns endgültig hinabführen zum ehemaligen Zechengelände. Von dort geht's nun kurz zurück zum Besucherzentrum an der alten Ⓔ **Zeche Ewald**.

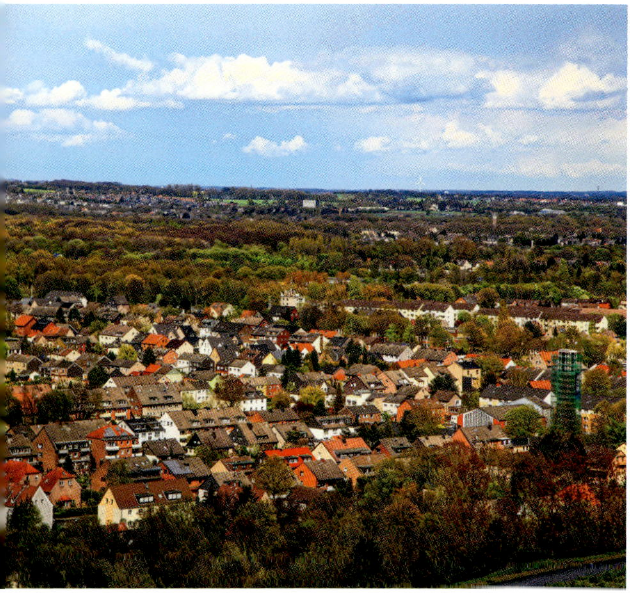

Überraschend grün präsentiert sich das Ruhrgebiet von oben.

Marke Eigenbau Der Bergbau hat das Revier geprägt, und das nicht nur durch seine Fördertürme, durch gewaltige Gasometer oder Bergarbeiter-Kolonien, sondern auch durch die beachtlichen Hügel, die über eine lange Zeit im Zuge der Kohleförderung entstanden. Die einst »auf Halde« liegenden Kohleberge sind zwar inzwischen längst verfeuert, doch übrig geblieben sind die sogenannten Abraumhalden. Unter Tage musste auf dem Weg zum wertvollen Kohleflöz erst einmal massenhaft Gestein hinaufbefördert werden, und auch unter die Kohle mischte sich unbrauchbares Material. Einst als »Monte Schlacko« geschmäht oder augenzwinkernd »Alpen« genannt, ragten sie in zahlreichen Stadtteilen als schwarze Berge in den Himmel und wurden nach dem Ende des Bergbaus zum verbotenen Abenteuerspielplatz.
Manche Halde wurde abgetragen, doch in den letzten Jahrzehnten setzte sich die Idee der Renaturierung durch, um für die Menschen zusätzliche Erholungsräume zu schaffen. So wurden die meisten Halden – ob klein oder auch gewaltig – nach

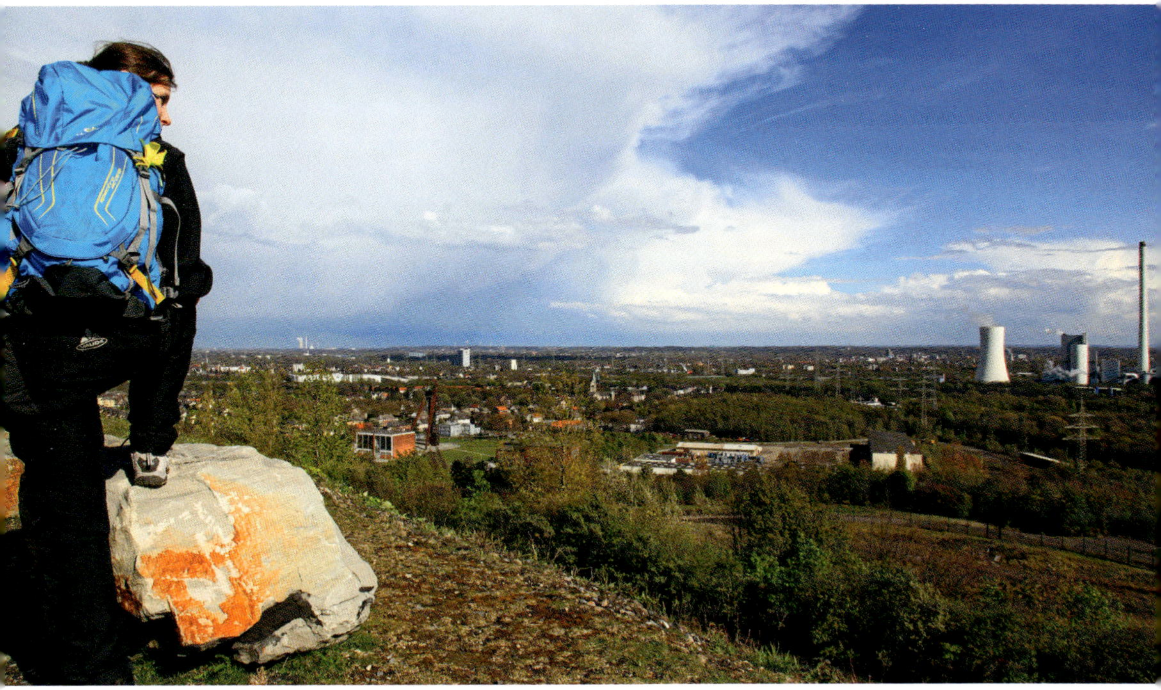

Ein einmaliger Blick belohnt den Aufstieg.

und nach aufwendig begrünt. Dabei hat sich sogar die eine oder andere renaturierte Mülldeponie unter diese neuen Berge gemischt. Allen gleich ist die herrliche Aussicht auf ihr Umland. Wer jede dieser Landmarken besteigen will, hat einiges zu tun, und es werden immer mehr, denn noch wurden gar nicht alle zur Besteigung freigegeben. Als faszinierende Relikte des Ruhrbergbaus sind über die Halden des Reviers schon ganze Bücher geschrieben worden.

Selfmade-Gipfel Weitere begrünte Aussichtshalden, die erwandert werden können, findet man u. a. in **Bottrop** mit der Halde Beckstraße: 65 Meter hoch aufgeschüttet, wird sie gekrönt durch den weithin auffallenden, rund 50 Meter hohen Tetraeder, der von gleich mehreren Aussichtsplattformen eine herrliche Sicht bietet.

In **Castrop-Rauxel** steht die Bergehalde Schwerin: Die auf den ersten Blick eher unscheinbare Halde ist mit 147 Metern dennoch der höchste Punkt der Stadt – und den Haldenkopf verschönert eine riesige Sonnenuhr.

In **Essen** gibt's die Schurenbachhalde: Auf der rund 50 Meter hohen Halde direkt am Rhein-Herne-Kanal wurde auf dem ausgedehnten, bewusst nicht begrünten schwarz-schottrigen Haldenplateau eine riesige Eisenplatte aufgestellt, die sogenannte Bramme, ein Kunstobjekt des Künstlers Richard Sierra; aufgeschüttet wurde die Schurenbachhalde aus 25 Millionen Tonnen Gestein!

In **Gelsenkirchen** findet man die Halde Rungenberg: Sie wird gleich von zwei Gipfeln gekrönt, auf denen eine spektakuläre Lichtinstallation zu sehen ist.

In **Hamm** steht die Kissinger Höhe ganz im Osten des »Ruhrpotts«, eine dreigipflige Halde, die komplett begrünt und ebenfalls durch ein Wegenetz erschlossen ist. Sie bietet einen schönen Blick auf das östliche Ruhrgebiet und das nahe Münsterland.

7 Gysenberg und Langeloh

Kleine Wald- und Felderrunde in Herne

leicht | 8,3 km | 90 Hm | 2 Std.

Tourencharakter
Kürzere, stadtnahe Rundwanderung im »harten Kern« des Ruhrgebiets, aber in ländlicher Umgebung und mit viel Abwechslung. Spazierwege im Revierpark (mit Freizeitanlagen), kleine Straßen und dazu ein Naturschutzgebiet

Ausgangs-/Endpunkt
Herne, Parkplatz Lago (86 m)

Höchster Punkt
Holthauser Straße (128 m)

Anfahrt
Auto: A 42 bis AS 24 Herne-Börnig und zur Sodinger Straße. GPS Parkplatz Lago: N 51.534871, O 7.262177
Bus & Bahn: Herne-Bhf., dann Bus 323 bis Haltestelle Lago

Gehzeiten
Lago – Holthauser Straße 0.40 Std. – Holthausen 0.35 Std. – Kaiser-Wilhelm-Turm 0.30 Std. – Lago 0.15 Std.

Einkehr
In der Nähe des Ausgangspunkts das Haus Galland; etwas abseits der Route im Gysenbergpark das Forsthaus Gysenberg

Karte
Kompass Wanderkarte 1:50000, Nr. 821 Ruhrgebiet, Karte 2

Information
Stadtmarketing Herne, Tel. 02323/919050, www.stadtmarketing-herne.de

Hinweis
Wer den Aussichtsturm im Volkspark besteigen möchte, muss sich vorab im Freizeitbad Lago den Schlüssel gegen Vorlage eines Identitätsnachweises besorgen.

Herne zählt mit seiner Lage am Dortmund-Ems-Kanal zum »harten Kern« des Ruhrgebiets. Und trotzdem kann man hier z. B. im Gysenberger Wald und in den angrenzenden Feldfluren eine zugleich stadtnahe wie erholsame Wanderung samt Aussichtsturmbesteigung erleben.

Durch den Gysenberger Wald Der Gysenbergpark ist der älteste der fünf sogenannten Revierparks, die in einigen Ruhrgebietsstädten angelegt wurden, wie z. B. in Dortmund der Revierpark Wischlingen, der in den 1970er-Jahren vom damaligen Kommunalverband Ruhrgebiet auf den Weg gebracht wurde. Der Gysenbergpark, den es schon seit Ende der 1920er-Jahre als Naherholungsgebiet mit großem Waldbereich gibt, wurde auch in den 1970er-Jahren zum Freizeitpark erweitert. Wenn man viel Zeit mitbringt, kann man hier die kleinen und größeren Attraktionen des Parks erkunden oder aber im Anschluss an die Wanderung den Tag im Spaß- und Wellnessbad Lago ausklingen lassen. Am **A** **Parkplatz Lago** finden wir schon das Wanderzeichen »XE«. Hier fühlt man sich be-

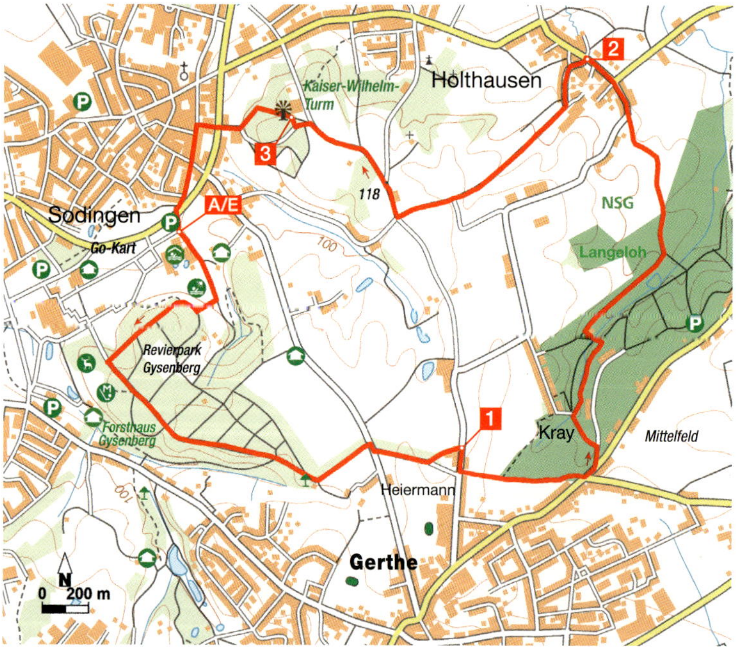

reits wie außerhalb der Stadt, denn direkt nebenan stehen Pferde auf der Weide. Wir folgen der Straße Am Ruhmbach ein Stück und kommen in den Bereich des einladenden Hauses Galland mit Gastronomie. Anschließend geht's mit der Markierung nach rechts in den Gysenbergpark. Dabei streifen wir vor allem die Anlagen des Freizeitbads Lago und einen ersten Abschnitt des Gysenberger Walds.

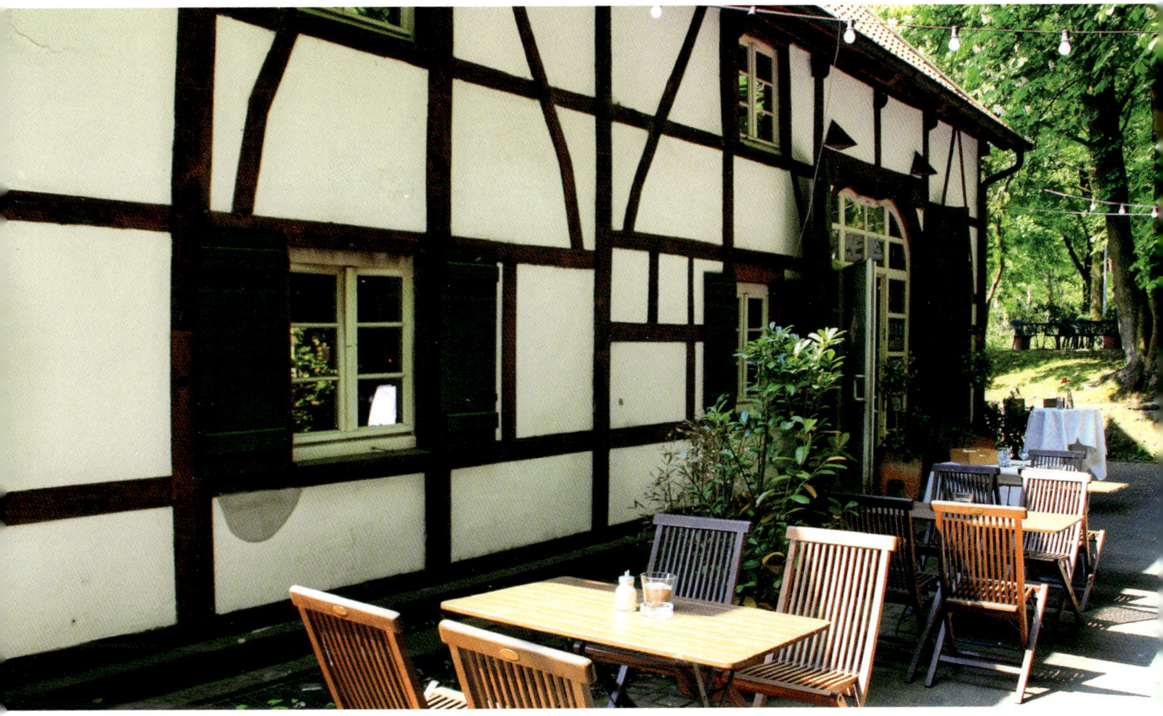

Im Gysenbergpark findet sich einladende Gastronomie.

Bald schon verlassen wir das Wanderzeichen »XE«, das an einem querenden Weg nach rechts zieht. Wir biegen an dieser Stelle links ein und wechseln dabei zur Markierung »X10« (hier könnte man auch einen Abstecher zum Haustiergehege und zur Gaststätte Forsthaus Gysenberg einlegen). Uns führt nun ein breiter Parkweg weiter durch den schönen alten Wald. An einem Unterstand treten wir aus den Bäumen heraus – mit denen auch der Bereich des Gysenbergparks endet.

Ins Langeloh Hinter dem Wald am Gysenberg (124 m) wandern wir entlang einer großen Baumreihe durch die Felder und können uns jetzt zusätzlich an der Markierung »Kreis« orientieren. Kurz darauf kreuzt den Weg inmitten der Felder ein Sträßchen (Gerther Straße). Wirklich überraschend, wie ländlich idyllisch es hier ist, fast wie auf einem kleinen Hochplateau!

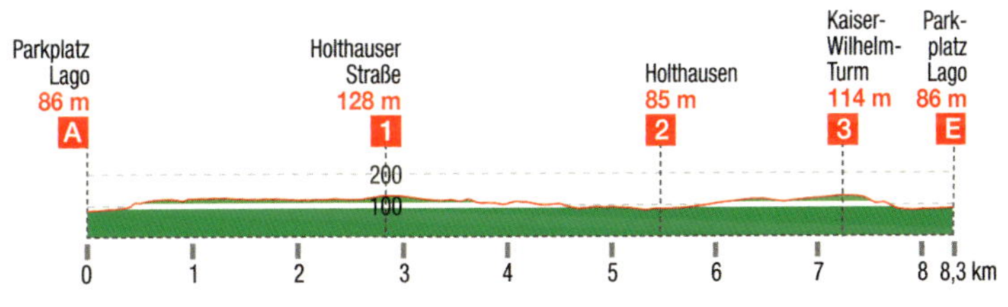

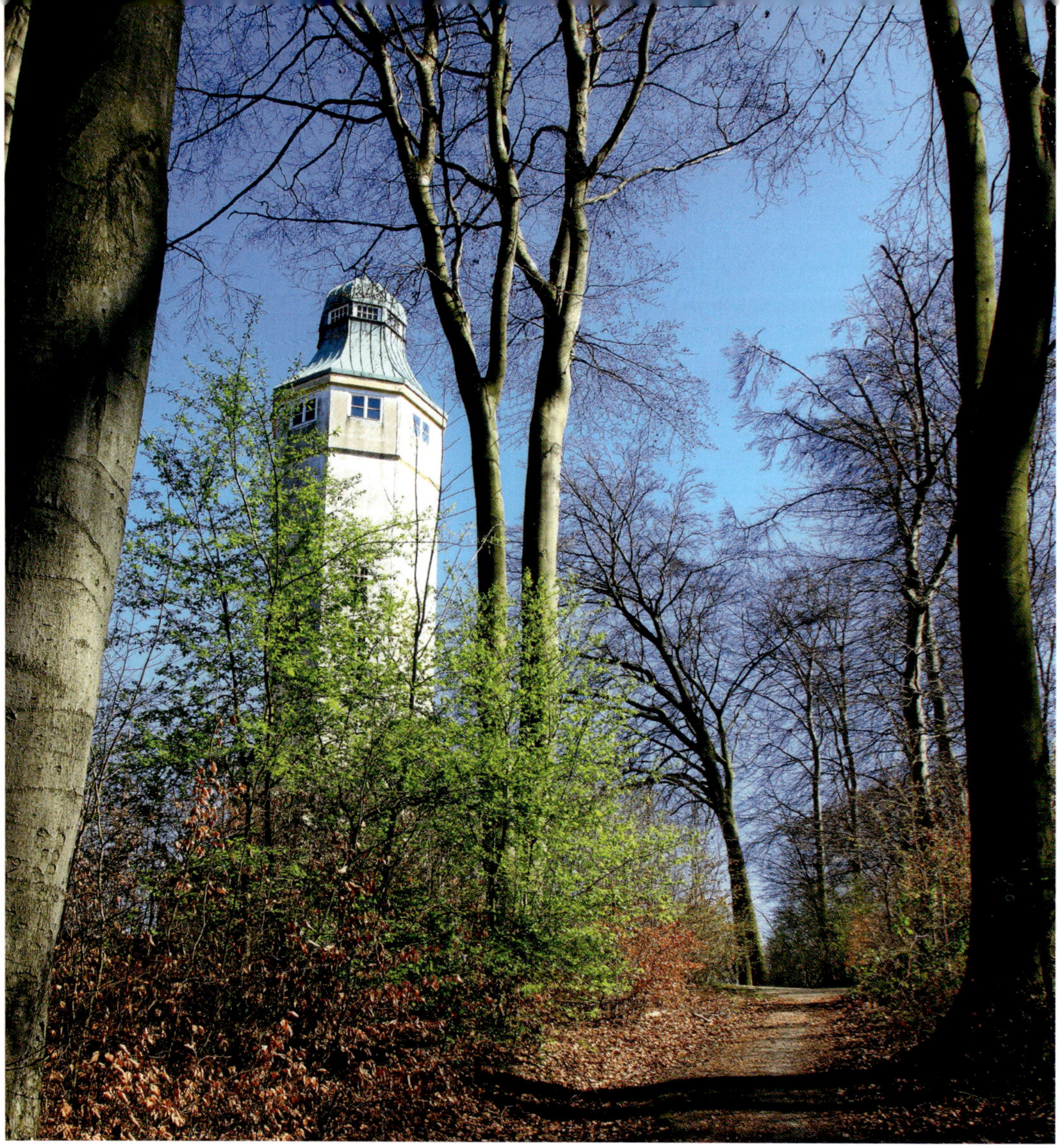

Der ehemalige Wasserturm lockt mit toller Aussicht.

An der querenden **1 Holthauser Straße** passieren wir die höchste Stelle der Runde. Danach geht es auf einem kurzen Verbindungsweg am Rand der Bebauung zum doch recht befahrenen Castroper Hellweg. Dem müssen wir links ein Stück entlang, aber schnell heißt es wieder links abbiegen, weg vom Autoverkehr und hinein ins Naherholungsgebiet Langeloh. Dort begleiten wir nun den kleinen Roßbach, der erst kurz zuvor entsprungen ist und wenige Kilometer weiter nördlich – mit anderen Bächen vereint – als Landwehrbach in die Emscher mündet.

Noch im Langeloh, das sich uns als schmales, idyllisches Waldstück am Bach präsentiert, umgeben von Felderland, trennen sich die Markierungen »X10« und »Kreis«. Wir bleiben beim Wanderzeichen »Kreis« und halten uns links. So überqueren wir gleich den kleinen Roßbach und wandern wenig später durch aussichtsreiche Felder hinüber nach Herne-Holthausen mit seinem nur kleinen Wohngebiet. Auf dem Weg dorthin sieht man rechter Hand die Windräder an der Halde Schwerin, und etwa geradeaus erkennt man den Kopf des Förderturms der ehemaligen Zeche Erin, beides schon im nahen Castrop-Rauxel.

Zum Aussichtsturm In ❷ **Holthausen** geht es von der Mont-Cenis-Straße mit unserem Wanderzeichen »Kreis« auch gleich wieder links in die Lange Straße, und die leitet zusammen mit dem »Kreis« sehr schnell aus der Bebauung zurück in die Felder. Fast herrscht dort eine richtige Reiterhof-Atmosphäre, wenn das Wetter gut ist – sicher sehr zur Freude etlicher Kinder. Hier schaut man auch schon Richtung bewaldetem Beimberg, wo die Spitze des Aussichtsturms bereits hervorlugt.

An der nächsten Wegkreuzung halten wir uns rechts. Dieser Abzweig, der ebenfalls Lange Straße heißt, bringt uns zusammen mit dem Wanderzeichen und der nachfolgenden Straße Am Volkspark zu unserem nächsten Ziel: Im Volkspark von 1913 erwartet uns der mehr als 30 Meter hohe ❸ **Aussichtsturm**. Klar, den Kaiser-Wilhelm-Turm wollen wir unbedingt besteigen, um den ganz besonderen Panoramablick zu erleben. Aber aufgepasst: Er ist nicht immer zugänglich, und vor allem muss man sich zuvor den Schlüssel besorgen (s. Hinweis und Tippkasten)!

Aussichtsturm im Volkspark

Auf dem bewaldeten Beimberg konnten 1913 zum 25. Thronjubiläum der Kaiser-Wilhelm-Park (seit 1919 Volkspark) sowie der Kaiser-Wilhelm-Turm feierlich eingeweiht werden.

Erbaut von der Zeche Mont Cenis und ausgestattet mit zwei Hochspeichern, wurde er bis 1930 als Wasserturm und immer schon als Aussichtsturm genutzt. Den Schlüssel erhält man u. a. im »Lago«. Seit 2016 gehört der Turm auch zur Route der Industriekultur (www.route-industriekultur.ruhr).

Hat man sich über die Eisentür Zugang verschafft, geht es über schmale Stufen in die Höhe. Per Wendeltreppe erreicht man den Aussichtsraum mit wirklich fantastischem Blick und kann über eine Stiege sogar noch bis ganz nach oben. Richtung Norden ist der Rhein-Herne-Kanal mit dem anschließenden Emschertal nicht weit weg, nach Osten liegt hinter den Feldern wieder Castrop-Rauxel mit den nun noch viel besser auszumachenden Landmarken. Dann schweift der Blick zum nahen Gysenbergpark, nach Sodingen im Westen und noch weiter darüber hinaus bis nach Recklinghausen. Faszinierend ist besonders auch, wie grün alles erscheint – trotz teils dichter Besiedlung und markanten Industrieanlagen.

Zurück zum Gysenbergpark Der Turm war noch vor dem Ersten Weltkrieg vor allem als Wasserturm der nahen Zeche erbaut worden. Auf Betreiben des Amtes Sodingen, das sich an den Kosten beteiligte, sollte er aber auch für die Bürger begehbar sein, um die schöne Aussicht zu genießen. Es gibt dazu auch eine Infotafel. Hier, am Aussichtsturm auf dem Beimberg, begegnet uns wieder die Markierung »XE«, der wir bis zum Ende der Wanderung folgen. Zunächst geht's nun mit »XE« hinunter durch den Wald und aus dem Volkspark hinaus. Mit der Bromberger Straße überqueren wir die Sodinger Straße, gehen geradeaus weiter und biegen sogleich links in die Ringstraße ein. Sie führt uns mit unserem Wanderzeichen nochmals zur Sodinger Straße; hier kommen wir links zurück zum Ⓔ **Parkplatz Lago** am Gysenbergpark.

8 Auf die Halde Haniel

Köllnischer Wald und Gipfelglück

mittel | 14,9 km | 140 Hm | 3.50 Std.

Tourencharakter
Abwechslungsreiche Wanderung mit Bergbau-Atmosphäre, Kunst und Kreuzweg, Wald und Freizeitzentrum und einem mäßig steilen Anstieg. Flache Forstwege und asphaltierte Abschnitte

Ausgangs-/Endpunkt
Bottrop, Forsthaus Specht (47 m)

Höchster Punkt
Haldengipfel (185 m)

Anfahrt
Auto: A 2 bis AS 3 Bottrop. GPS Forsthaus Specht: N 51.562198, O 6.912761
Bus & Bahn: Bus SB 16 bis Haltestelle Forsthaus Specht

Gehzeiten
Forsthaus Specht – Grafenmühle 1 Std. – Halde Haniel 1.15 Std. – Bergwerk Prosper Haniel 0.35 Std. – Forsthaus Specht 1 Std.

Einkehr
Forsthaus Specht; im Bereich Grafenmühle z. B. »Elkes Treff«

Karte
Kompass Wanderkarte 1:50000, Nr. 821 Ruhrgebiet, Karte 2

Information
Bürgerbüro Bottrop, Tel. 02041/7030, www.bottrop.de

Hinweis
Grafenmühle und Halde Haniel sind bei gutem Wetter beliebte Ausflugsziele. Die Halde bietet dank vieler Wege aber genug Platz, um sich etwas abseits zu halten.

Bei Bottrop und Oberhausen liegt die mächtige Halde Haniel der Zeche Prosper-Haniel als Monument der Erinnerung an eine bedeutende Epoche. Kontrastreich zeigt sie sich, teils üppig begrünt, teils karg und unwirklich, doch als Aussichtspunkt kaum zu übertreffen.

Durch den Wald zur Grafenmühle Am Ⓐ **Forsthaus Specht**, das direkt an der Oberhausener Straße (L 623) liegt, findet sich sofort die Markierung »X« des Hauptwanderwegs »X22«. Sie führt uns per Fußgängerbrücke über die Landstraße hinweg und geradeaus am Waldrand entlang, knickt vor dem Wald nach links und verläuft noch ein Stück an seinem Rand, bevor es dann in den Forst hineingeht. So gelangen wir ins Naturschutzgebiet Fernewald, einem Teil des Köllnischen Walds. An der Wegekreuzung rechts werden wenig später einige kleine Wasserläufe des Spechtbachs überquert.

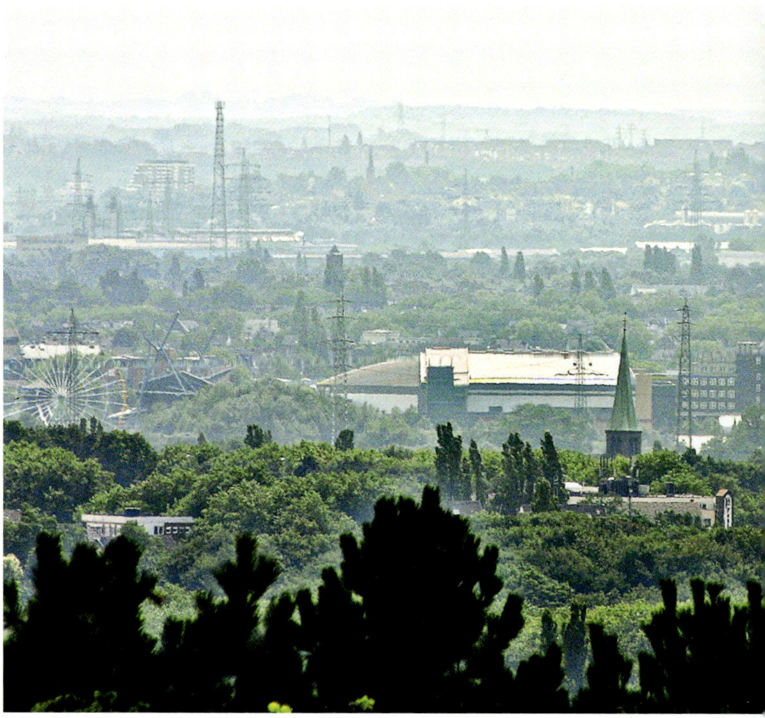

Sobald wir aus dem Wald heraustreten, stehen wir auch schon vor einer ersten Halde: dem Landschaftsbauwerk Schöttelheide. Die viel kleinere Nachbarin der Halde Haniel ist noch im Aufbau und darf nicht betreten werden. Hier folgen wir dem breiten Weg (Fernewaldstraße) nach rechts, der am Waldrand und neben der Halde Schöttelheide verläuft, bevor dann das Wanderzeichen »X22« nach links abzweigt und uns durch den Fernewald und den Tannenkamp weiter zu dem im schönen Rotbachtal gelegenen **1** **Freizeitzentrum Grafenmühle** leitet. Hier gibt es attraktive Angebote mit Spaßfaktor für Groß und Klein und neben Gaststätten mit Biergärten auch Imbissstände, die für das leibliche Wohl sorgen. An warmen Sonnentagen ist die Grafenmühle allerdings auch ein beliebter Motorradtreff, und es kann schon einmal voll werden.

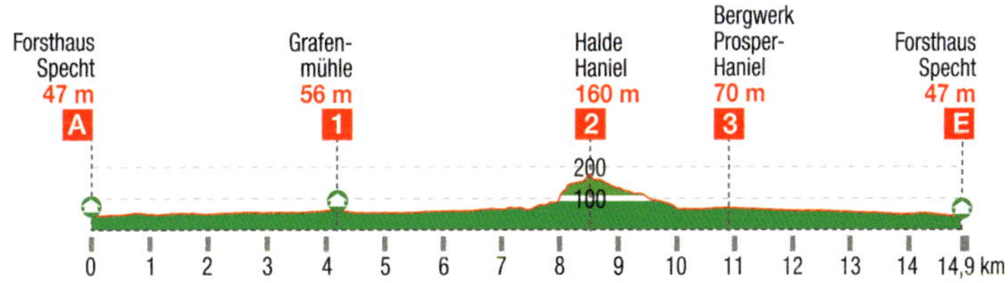

Aufstieg zum Haldenplateau An der Grafenmühle entdecken wir das Wanderzeichen »X11«, zu dem wir jetzt wechseln. Dazu geht es links dem Sträßchen Alter Postweg nach und dann parallel zur Landstraße weiter, ehe wir links in das Sträßchen Am Gutshof und weiter durch ein Stückchen Wald zum Fuß der Halde Haniel gelangen. An der dortigen Kreuzung der Wege verlassen wir »X11« bereits wieder, der

Links: Blick zur »Neuen Mitte Oberhausen« mit dem weithin bekannten Gasometer am CentrO

Prosper-Haniel schloss als letzte Zeche des Ruhrgebiets.

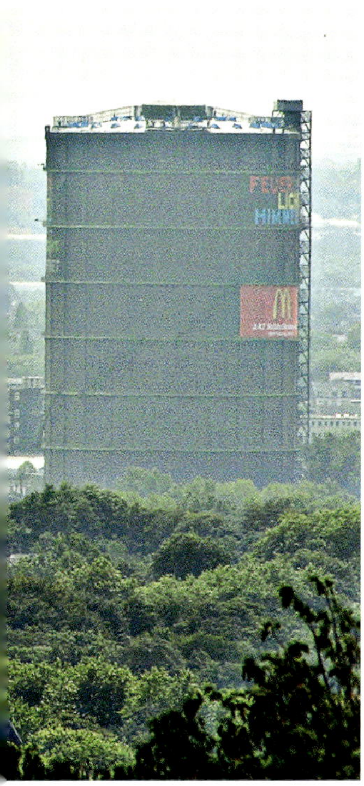

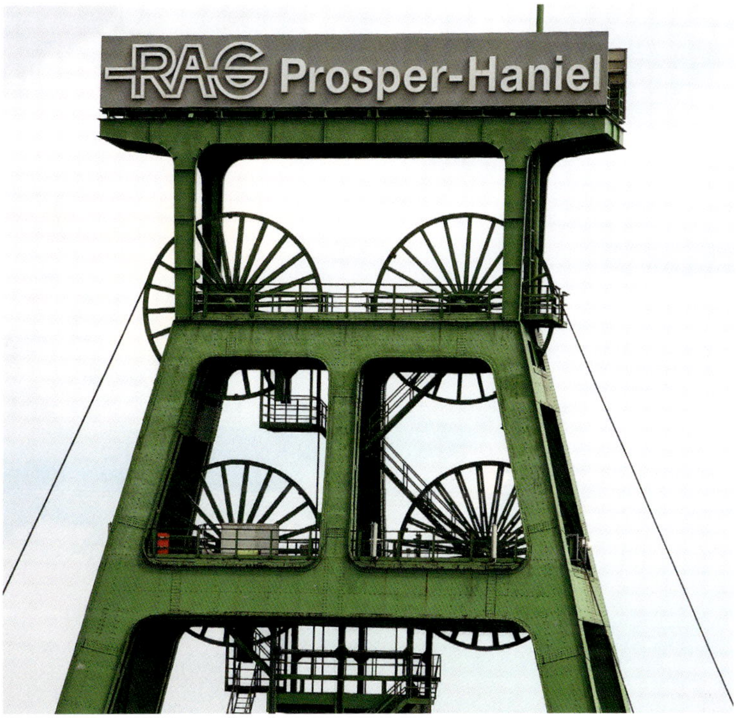

geradeaus weiterzieht. Wir nehmen quasi halb rechts einen unmarkierten Fußweg am Grund der Halde entlang und sehen gleich zu Beginn rechter Hand einen malerischen kleinen See. Die Westseite der Halde, an der wir uns befinden, gehört hier schon zu Oberhausen.

Bald beginnt auch (Nähe Parkplatz Kirchhellener Straße) der Aufstieg über die angelegten Wanderwege der im südlichen Teil überwiegend begrünten Erhebung. So geht es in Kehren nicht zu steil hinauf. Auf dem Plateau der ❷ **Halde Haniel** angekommen, bewegen wir uns auf unbewachsenem Abraum, der daran erinnert, dass der Ursprung der künstlich angelegten Landmarke auch aus dem Erdinneren stammt. Die Aussicht vom Gipfel ist wirklich faszinierend, und wer noch nie auf einer solch großen Halde stand, wird sich kaum vorstellen können, welche Dimensionen sich eröffnen – sowohl in der Höhe als auch in der Ausdehnung der Erhebung. Weit schweift von dort oben der Blick über die unendlich wirkenden grünen Wälder der Kirchheller Heide und über das bäuerliche Land im Norden, während im Gegensatz dazu im Süden dichte Besiedelung und Industrie das Bild prägen. Auch die ehemalige Schachtanlage Prosper-Haniel am Fuß der Halde – als letzte im Ruhrgebiet war sie noch bis Ende 2018 in Betrieb – und die enorme Aufschüttung der Bergehalde zeigen uns, dass wir uns an einem Ort befinden, der die vergangene Epoche des Steinkohlebergbaus im Revier symbolisiert und in Erinnerung hält.

Berührende Eindrücke Auf dem Kamm der Halde hat der baskische Künstler Agostin Ibarrola eine beeindruckende Kunstinstallation eingerichtet: Früher einfache Bahnschwellen, ragen diese jetzt aufgereiht als farbig gestaltete Totems aus dem unwirklich erscheinenden Untergrund in die Höhe. Und in einer speziell angelegten Senke findet man das Bergtheater,

Abstecher in die Kirchheller Heide

In der nahen Kirchheller Heide durchziehen Wander-, Rad- und Reitwege die lichten Wälder, die im Südwesten des Naturparks Hohe Mark den Übergang ins Münsterland markieren und mit dem Schwarz- und dem Rotbach sowie dem Heide- und dem Heidhofsee besonders malerische Natureindrücke zu bieten haben. Vormals auch Quarzsand-Abbaugebiet, stehen hier heute überwiegend Erholung und Naturschutz im Vordergrund.

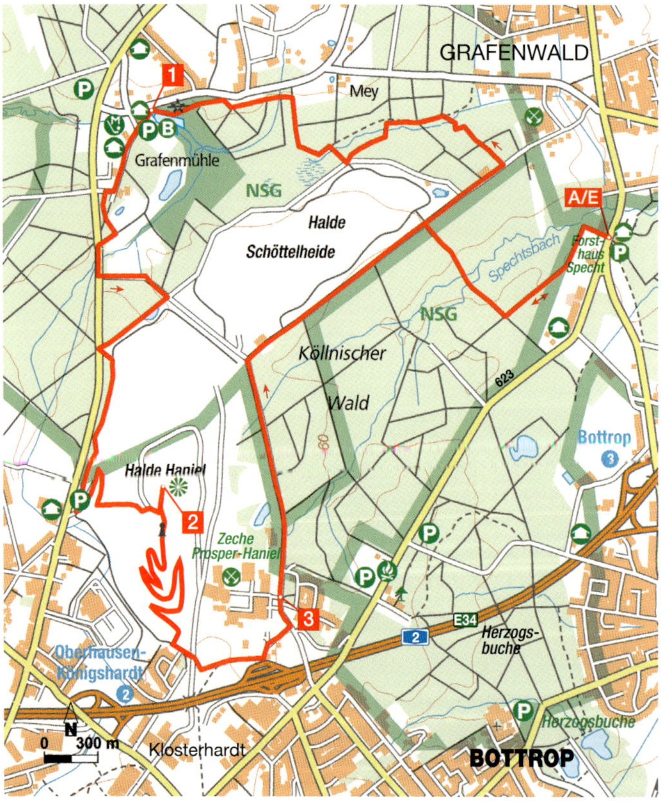

das bei Aufführungen Platz für mehrere Hundert Zuschauer bietet. Wir steuern nun das große, aus Spurlatten gefertigte Kreuz an, das in Erinnerung an den Besuch des Papstes 1987 aufgestellt und von Johannes Paul II. geweiht wurde. Auf breitem Weg geht es von dort dem Kreuzweg in umgekehrter Richtung nach, also von oben nach unten. Dabei passieren wir den Altar auf dem Plateau und finden anschließend an den insgesamt 15 Kreuzwegstationen Kupferstiche, die das Leiden Christi darstellen – gefertigt von der Künstlerin und Ordensfrau Tisa von der Schulenburg. Auch der Künstler Adolf Radecki und ehemalige Auszubildende des Bergwerks wirkten an der Gestaltung des Kreuzwegs mit, und so wird jede Station durch symbolhafte Objekte des Bergbaus ergänzt. Tausende Gläubige zieht es seit der Einweihung 1995 speziell am Karfreitag hierher.

Zurück zum Forsthaus Am Fuß der im südlichen Bereich grünen Halde angekommen, geht es über die Brücke für Fußgänger und Radfahrer weiter zur Fernewaldstraße, die heute zumeist ein breiter fein geschotterter Weg ist. Wir biegen dort links ein und wandern zuerst am stillgelegten ❸ **Bergwerk Prosper-Haniel** mit seinem unübersehbaren Fördergerüst vorbei. Dann leitet der schnurgerade Weg (Fernewaldstraße) zwischen dem ausgedehnten Köllnischen Wald zur Rechten und der großen Halde zur Linken weiter.
Wo die Halde Haniel an einer Wegverzweigung endet, knickt unsere Route nach rechts ab und leitet nun nochmals entlang der Halde Schöttelheide, die wir schon

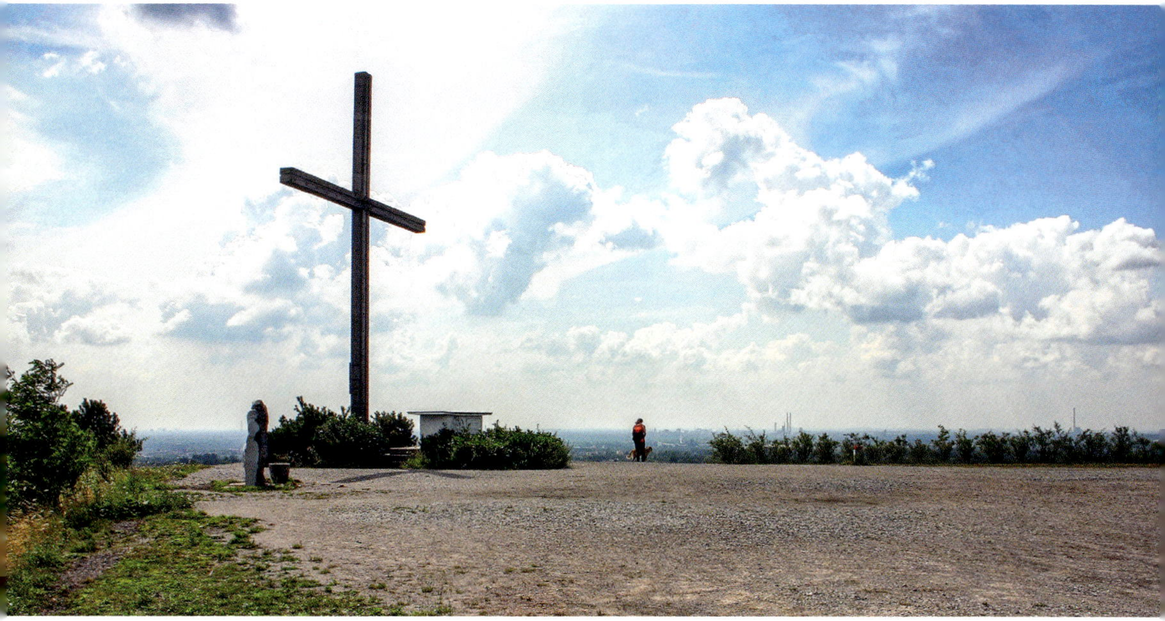

kennengelernt haben. Bald erscheint auf der rechten Seite das uns bekannte Wanderzeichen »X22«, dem wir nun für den Rückweg rechts in den Wald hineinfolgen. Es bringt uns (entsprechend dem Hinweg) schließlich wieder zurück zum Ⓔ **Forsthaus Specht**.

Das vom Papst geweihte Gipfelkreuz

9

Deich-Blicke bei Voerde

Durch die Rheinauen zum Haus Voerde

mittel | 18,1 km | 20 Hm | 4.30 Std.

Tourencharakter
Unschwierige Wanderung ohne Steigungen auf bzw. hinter dem Rheindeich, zumeist auf kleinen Straßen. Fast immer unmarkiert, ist der Wegverlauf der Rundwanderung aber gut nachvollziehbar.

Ausgangs-/Endpunkt
Götterswickerhamm, Rheinpromenade (24 m)

Höchster Punkt
Spellen (28 m)

Anfahrt
Auto: A 3 bis AS 7 Hünxe und in die Weseler Straße. GPS Dammstraße, Parkplatz Rheinpromenade: N 51.579443, O 6.664903
Bus & Bahn: Voerde-Bhf., dann entweder 1,5 km Fußweg zum Haus Voerde und dort starten oder mit Bus 81 zum Ausgangspunkt

Gehzeiten
Rheinpromenade – Mehrum 0.55 Std. – Aussichtspunkt 0.45 Std. – Spellen 0.35 Std. – Haus Voerde 1.40 Std. – Rheinpromenade 0.35 Std.

Einkehr
Am Ausgangspunkt das Café-Restaurant Zur Arche; in Spellen und im Haus Voerde

Karte
Kompass Wanderkarte 1:50000, Nr. 821 Ruhrgebiet, Karte 1

Information
Bürgerbüro Stadt Voerde, Tel. 02855/80269, www.voerde.de

Hinweis
Für einen längeren Aufenthalt am Rheinufer sollte etwas Zeit eingeplant werden.

Viel Niederrhein-Atmosphäre mit weitläufigen Auen empfängt uns im nordwestlichen Ruhrgebiet bei Voerde, wo sich der Rhein breit und beeindruckend zeigt. Und der Blick vom Hochwasserschutzdeich ist einfach fantastisch.

Mit Rheinblick Am Ausgangspunkt an der **A Rheinpromenade** erwartet uns sogleich ein schöner Blick über den Rheinbogen. Hier, im Dorf Götterswickerhamm, leitet uns das Wanderzeichen »X21«. Es führt uns auf den Deich und gleich zur nächsten tollen Aussichtsstelle. In Götterswickerhamm steht auch die alte (flügellose) Windmühle, von der nur mehr der Turm mit seinem achteckigen, weit überstehenden Aussichtsraum steht. Er war früher einmal ein Aussichtsturm und bis in die 1960er-Jahre hinein Standort des beliebten Ausflugslokals Haus Storchennest. Heute jedoch ist das »Storchennest« in Privatbesitz und nicht mehr zugänglich.

Wir bleiben auf dem Deichweg – auf dem auch einige Radwege verlaufen – und sehen rechter Hand zwei Baggerseen, von denen es wegen des

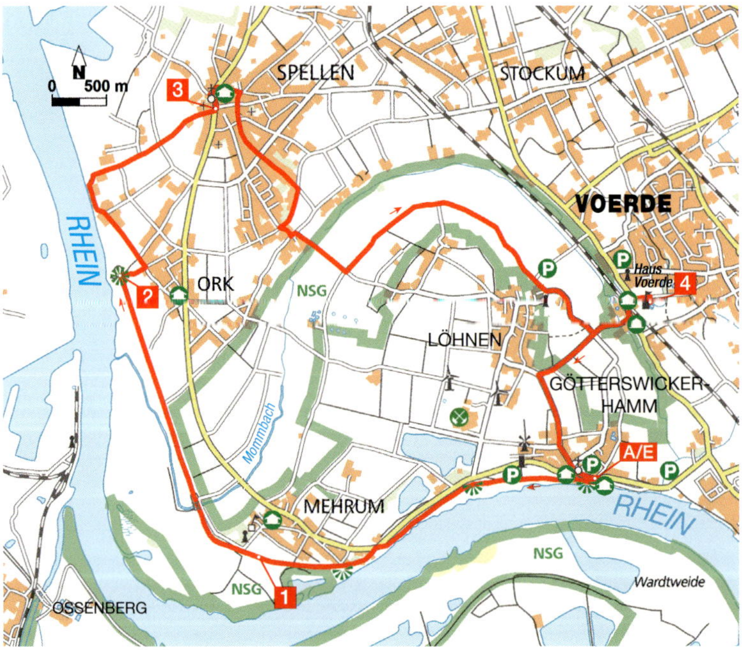

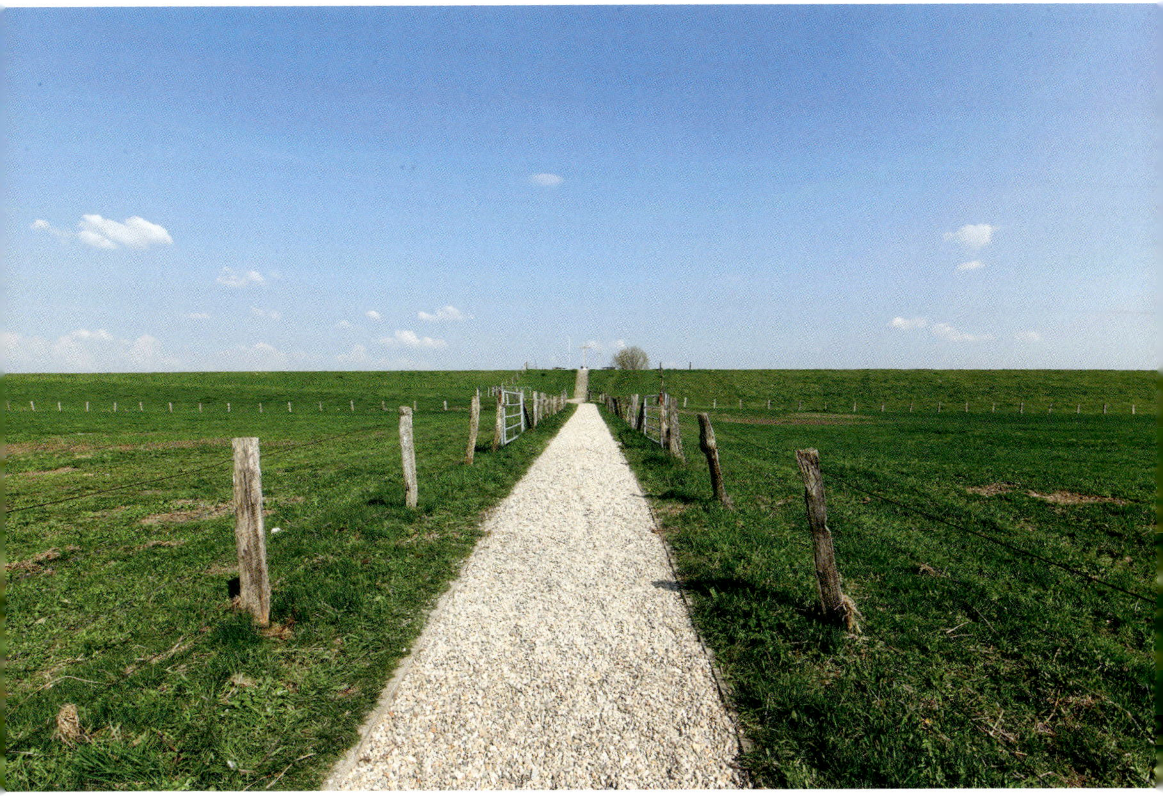

Sand- und Kiesabbaus am Niederrhein sehr viele gibt. Besonders beeindruckend ist natürlich der Blick nach links zum »Vater Rhein«. Kurz bevor wir die Häuser von **1 Mehrum** passieren, trennen sich Straße und Damm. Wir bleiben auf dem Damm, der sich jetzt etwas vom Fluss entfernt. Vom alten Haus Mehrum, das direkt hinterm Deich lag und im Krieg bombardiert wurde, gibt es heute leider nur noch ein paar Mauerreste. Die Uferzonen hier, das sogenannte Rheinvorland bei Mehrum, stehen unter Naturschutz.

Der Rheindeich bietet besondere Sichterlebnisse.

Naturschutzgebiet ist auch ein Teil der als Lange Ward bezeichneten Landschaft mit dem kleinen Mommbach, der auf seinem Weg zum Rhein unseren Damm kreuzt (hier zieht auch »X21« nach rechts weg). Wir bleiben aber noch eine ganze Weile auf dem Deich und kommen zu einem prächtigen **2 Aussichtspunkt** mit direktem Zugang zum Rheinufer. Stufen leiten uns danach einmal vom Damm hinab, den wir wenig später wieder ersteigen. Ein Stück weiter verabschieden wir uns von Fluss und Damm und schwenken nach einem Hof (zusammen mit den Radwegmarkierungen) nach rechts ab. Jetzt geht's geradewegs Richtung Spellen, aber die Radwege verlassen uns schon vorher.

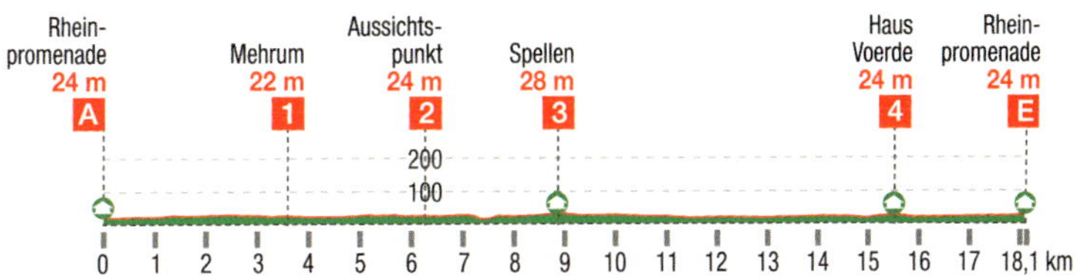

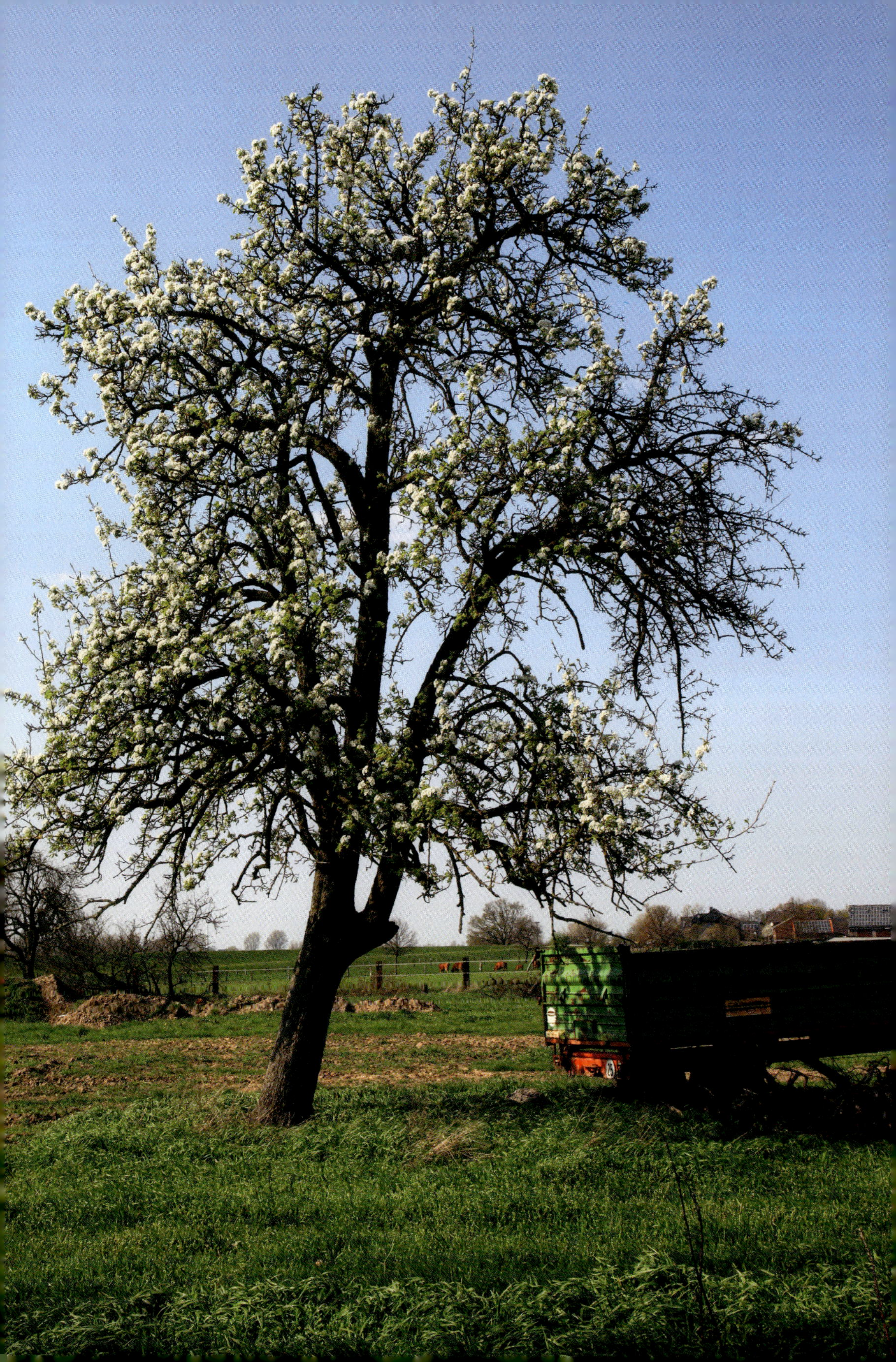

Zum Haus Voerde In ❸ **Spellen** orientieren wir uns an den Straßennamen. Wir biegen links in die Mehrumer Straße ein und laufen vorbei an der St.-Peter-Kirche (dabei wird die Mehrumer zur Weseler Straße). Bald geht's rechts in die Elisabeth- und gleich wieder rechts in die Schweizer Straße. Wir passieren nun auch die Evangelische Kirche Spellen und folgen der Schweizer Straße durch die Bebauung und aus ihr heraus bis zur Kreuzung mit der Straße Mühlenberg, wo wir uns erneut rechts halten. Vor dem Sportplatz an den Sportanlagen biegen wir nach links (Müssenweg) und laufen danach weiter über das Sträßchen Hükelenbrink, das uns über den Mommbach zurück in die offene Wiesenlandschaft bringt. An der nächsten Wegkreuzung links (In den Schlägen) haltend, wandern wir jetzt im großen Bogen durch das Naturschutzgebiet.

Schließlich kommen wir automatisch in die Lübdingstraße, und weil wir ins nahe Voerde wollen, biegen wir links in die Straße Breiter Deich, kreuzen die Bahngleise und kommen gleich zum alten ❹ **Haus Voerde**. Das schlossartige Herrenhaus geht zurück auf eine mittelalterliche Wasserburg, die wohl schon vor 1200 erbaut wurde. Und wie die Jahreszahl am Mauerwerk bezeugt, kam 1668 noch ein Turm dazu. Mehrfach umgebaut, hat sich Haus Voerde seinen besonderen Charme bewahrt und punktet zudem mit einem schönen Park, der dem alten Wasserschloss mit Schlossteich den passenden Rahmen verleiht. Seit 1950 ist es in Besitz der Stadt Voerde, die das Haus als Standesamt und Kulturzentrum nutzt. Theater, Lesungen, Ausstellungen und im Sommer Open-Air-Bühnenaufführungen im Park sind nur ein Teil des Angebots. Und im Keller ist heute ein Restaurant ansässig, das für seine exklusive Küche bekannt ist.

Haus Storchennest

Die ehemalige Windmühle hinter dem Rheindeich in Götterswickerhamm ist mit einer traurigen Geschichte verbunden. 1849 ging sie in Betrieb, brannte aber schon 1853 teilweise aus. Nur ein Jahr später starb der Müller, Heinrich Wellmann, der sich für den Bau hoch verschuldet hatte, und kurz darauf verstarb auch seine Frau. Die beiden hinterließen sechs kleine Kinder. Noch bis um 1900 betrieb man die Mühle. Nach einem Umbau zum Aussichtsturm und zum Restaurant wird der Mühlenturm heute privat genutzt.

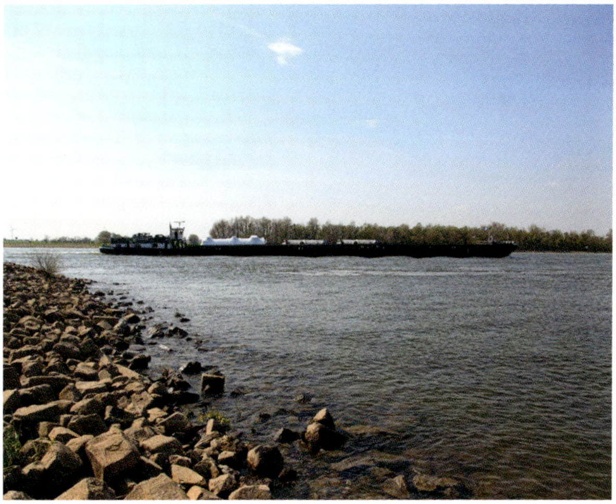

Am Rheinufer gibt es viel zu sehen.

Linke Seite: Streuobstwiesen prägen die Landschaft hinter dem Deich.

Nach Götterswickerhamm Auf dem Rückweg schlagen wir vom Haus Voerde zunächst wieder denselben Weg ein, gehen jetzt aber vom Breiten Deich geradeaus weiter (Rügerstraße), um danach ohne vom Weg abzuzweigen erneut durch einen Teil des Naturschutzgebiets zu wandern. Kurz vor Löhnen, das sehr schön umgeben von Streuobstwiesen liegt, treffen wir auf den Löhnener Kirchweg. Wir biegen links ein und können noch an einem Teil dieser Wiesen entlangwandern, bevor wir schon bald zurück in Götterswickerhamm und an der Ⓔ **Rheinpromenade** sind.

10

Auf die Moerser Berge

»Halden-Hopping« am Niederrhein

mittel | 20,6 km | 150 Hm | 5.30 Std.

Tourencharakter
Rundwanderung im Westen des Ruhrgebiets durch einen von Bergbau und Kiesgewinnung geprägten Landstrich. Aufstieg auf zwei begrünte Aussichtshalden, dazu Wegpassagen über Straßen in städtischer Bebauung sowie lauschige Abschnitte am Bach

Ausgangs-/Endpunkt
Moers, Parkplatz an der Pattbergstraße (23 m)

Höchster Punkt
Halde Rheinpreußen (103 m)

Anfahrt
Auto: A 57 bis AS 8 Kamp-Lintfort und weiter nach Moers. GPS Pattbergstraße: N 51.496487, O 6.589994
Bus & Bahn: Moers-Hülsdonk-Bhf., dann ca. 600 m Fußweg zur Route beim Eurotec-Park und dort starten

Gehzeiten
Pattbergstraße – Moersbach 0.45 Std. – Eurotec-Ring 0.45 Std. – Halde Rheinpreußen 1.15 Std. – Jungbornpark 1.20 Std. – Halde Pattberg 1.10 Std. – Pattbergstraße 0.15 Std.

Einkehr
Unterwegs im Stadtgebiet von Moers

Karte
Kompass Wanderkarte 1:50000, Nr. 821 Ruhrgebiet, Karte 1

Information
Stadtinformation Moers, Tel. 02841/882260, www.moers-stadtportal.de

Hinweise
Für ein dreifaches »Halden-Hopping« kann man bei Rheinpreußen auch noch die Halde Lohmannsheide besteigen.

Auf einer Runde mit Bergbauflair besteigen wir westlich des Rheins gleich zwei begrünte Halden. Wenn auch nicht jeder Wegabschnitt das Wandererherz höher schlagen lässt, so doch ganz bestimmt die Prachtaussichten der Halden Pattberg und Rheinpreußen.

Zum Moersbach Startpunkt ist der Parkplatz an der Ⓐ **Pattbergstraße** am Fuß der grünen Halde Pattberg bei Moers-Rheinkamp. Wir folgen hier zu Beginn der Pattbergstraße Richtung Autobahn 42, die unseren Weg kreuzt. Dabei lassen wir uns vom Wanderzeichen »Schlägel & Eisen« führen, mit dem im Ruhrgebiet jeweils die Bergbau-Wanderwege gekennzeichnet sind. Die Markierungen leiten uns durch den Stadtteil Rheinkamp hinüber zum kleinen Grüngürtel. An der Straße Am Jungbornpark haben wir auch den gleichnamigen Park erreicht. Hier wandert es sich jetzt nett, denn es geht entlang des Parks bis zur nächsten querenden Straße (Im Meerfeld) und an dieser links ein Stückchen entlang zum ❶ **Moersbach**.

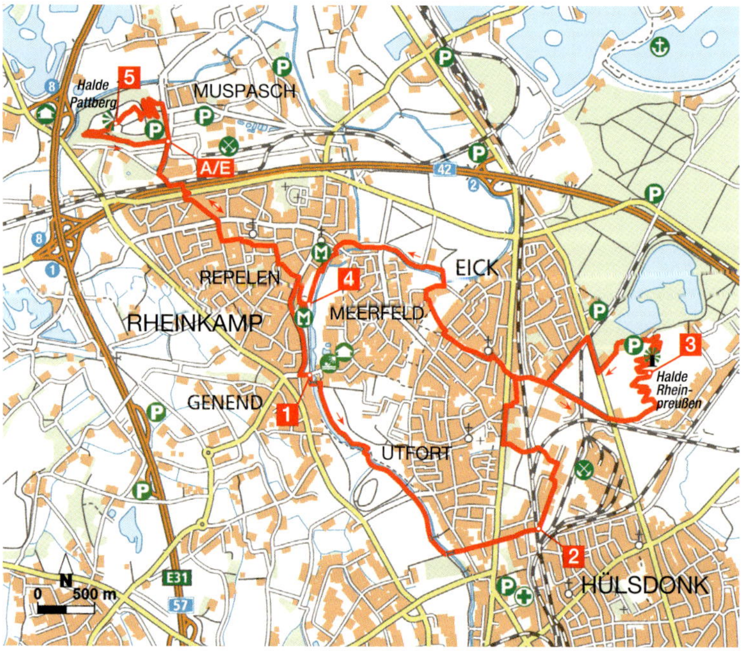

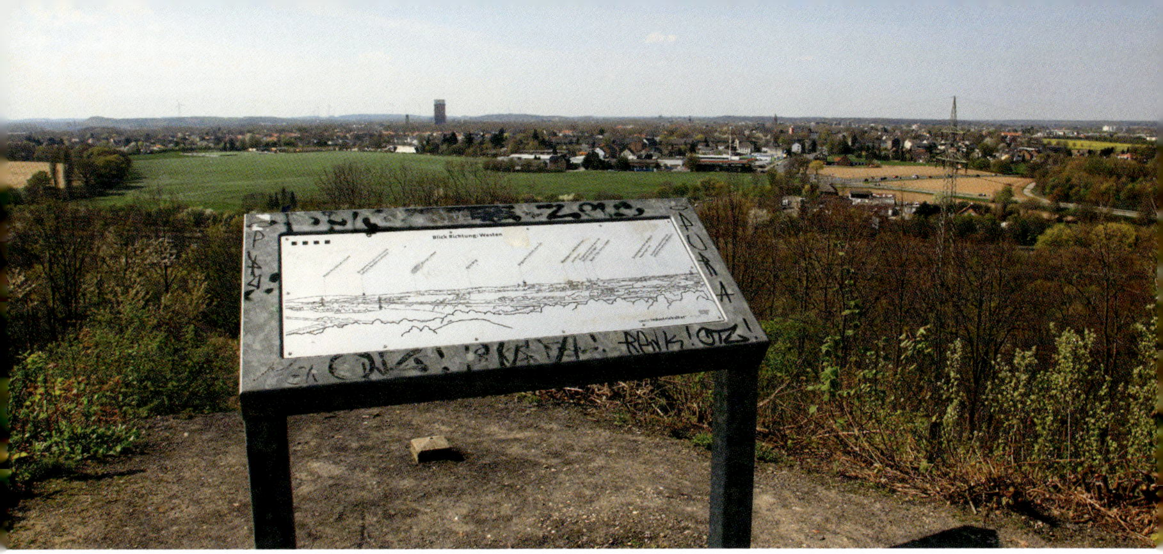

Auf dem Gipfel von Halde Pattberg

Dieser beschert uns wenig später einen lauschigen Wegabschnitt. Noch ein paar Häuser, dann queren wir auch schon den Bach, der sich etwas verbreitert hat und an dieser Stelle das sogenannte Repelener Meer – bei den Ortsteilen Repelen und Meerfeld – bildet. Auf dem Uferweg wandern wir entlang des Flüsschens, wechseln dabei einmal auf die andere Seite. Vor einem kleinen Waldgebiet (Tervoorter Wald) quert der Tervoorter Waldweg unseren Pfad: hier mit den Wanderzeichen links einbiegen. So kommen wir über die Tervoort- und die Bergwerkstraße zur Bahnstrecke Der Niederrheiner, die wir unterqueren, um danach zur Straße ❷ **Eurotec-Ring** zu gelangen.

Zeugen des Bergbaus Es geht vorbei an einem Teil des Geländes der ehemaligen Zeche Rheinpreußen, wo jetzt u. a. ein Technologiepark angesiedelt ist. Klar, dass uns der Bergbau-Wanderweg dort entlangführt, denn hier war einmal Schacht 9 der Zeche, die wie die meisten Bergwerke mehrere Schächte betrieb. Den Wanderzeichen folgend, kommen wir über Konrad-Zuse- und Steigerstraße, die größere Rheinberger Straße, Am Anger und Mollbergstraße – und unterwegs noch zweimal die Bahnlinie kreuzend – zum Kreisverkehr. Nun der Zufahrtsstraße nach hinüber zur Halde Nummer zwei unserer »Halden-Hopping«-Wandertour: Vom Parkplatz mit dem Serpentinenweg (es geht aber auch gemütlicher) hinauf zum Gipfel der ❸ **Halde Rheinpreußen** (103 m). Anders als die Halde Pattberg ist Rheinpreußen vornehmlich mit Gras bewachsen, und so eröffnen sich schon unterwegs schöne Nah- und Fernblicke.

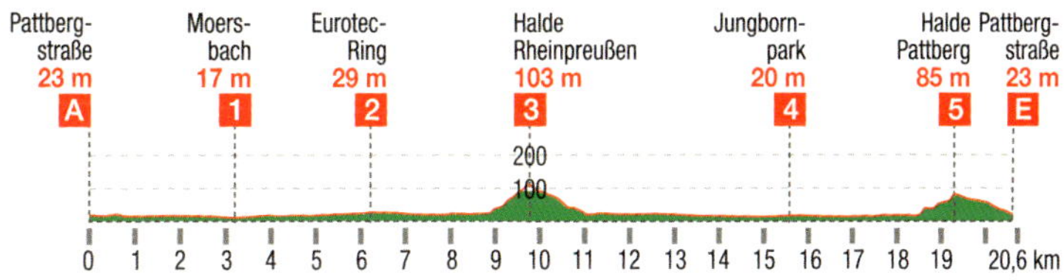

Wer nach dem kleinen Aufstieg noch etwas höher hinaus will, der wagt sich auf dem Gipfel dann auch in die begehbare »Grubenlampe«, die den Haldengipfel unverwechselbar macht. Das 30 Meter hohe und 90 Tonnen schwere Kunstobjekt »Ge-

Rechte Seite: Direktanstieg zum Gipfel der Halde Pattberg

leucht« des Künstlers Otto Piene ist bei Dunkelheit illuminiert. Noch einmal erfreuen wir uns an der einzigartigen Aussicht über das westliche Ruhrgebiet und den Rhein. Wäre da nicht die nahe Autobahn, könnte die Halde mit einer richtig schönen Umgebung punkten, denn direkt an ihrem Fuß beginnt gen Norden das Erholungsgebiet Baerler Busch mit idyllischen Baggerseen und ausgedehnten Waldzonen.

Wieder zum Moersbach Wir überqueren das Gipfelplateau, und gen Norden erfolgt nun der Abstieg. Die Wanderzeichen »Schlägel & Eisen« führen uns dabei in Serpentinen abwärts. Anschließend wechseln wir gleich zur Markierung »NW« des Niederrhein-Wanderwegs und zum »X« des Wanderwegs »X12«. Beide Markierungen leiten uns auf dem folgenden Abschnitt. Zunächst erreichen wir die Römerstraße, die am Fuß der Halde verläuft, biegen rechts ein und folgen ihr gut 300 Meter. Danach geht's links in die Orsoyer Allee.

So kommen wir bald zu einer kurzen Passage, auf der wir bereits beim Hinweg waren. Doch gleich hinter der nochmals kreuzenden Niederrheiner-Bahntrasse betreten wir Neuland. Jetzt geht's über die nächste große Straße (Rheinberger Straße) hinweg, dann leiten uns die Wanderzeichen u. a. vorbei an der Kirche und an einer Schule im Ortsteil Eick-West, bevor es gemütlich durch eine Kleingartenanlage geht und wir kurz darauf an der Eicker Wiese erneut an den Moersbach kommen – jedoch an anderer Stelle. Über eine Brücke geht es hinüber und etwas außerhalb des Ortsteils am Nordufer des Bachs entlang. Bald verläuft unsere Wanderroute mehr oder weniger am Rand der Bebauung von Rheinkamp und zugleich entlang des Grüngürtels zurück in den Ort. Noch vor den Gebäuden einer weiteren Schule stoßen wir rechts abermals auf den kleinen ❹ **Jungbornpark**, den wir nun schnell durchqueren.

Haus des Bergmanns

Im benachbarten Kamp-Lintfort kann man in der Zechenkolonie Friedrich Heinrich das »Haus des Bergmanns« besichtigen. In der 1907–1930 entstandenen Siedlung wurde ein Zwei-Familien-Wohnhaus in allen Details wiederhergestellt und als Museum zugänglich gemacht. Die eine Haushälfte zeigt eine Bergarbeiterwohnung um 1910, während die andere Hälfte über die Arbeit unter Tage informiert (Ebertstr. 88, Tel. 02842/41784, www.bergmannstradition.de).

Auf die Halde Pattberg So kommen wir wieder zur Straße Am Jungbornpark und folgen ab hier noch einmal dem Wanderzeichen »Schlägel & Eisen« durch Rheinkamp, nur in umgekehrter Richtung, bis wir zurück an der Halde sind. Am Parkplatz vorbei, können wir auf halbem Weg entlang der Halde dann auch hier einen Serpentinenweg hinauf nutzen, umgeben von Büschen und Bäumen. Zugegeben, schön gelegen ist die Halde Pattberg im Winkel zwischen den Autobahnen am Kreuz Kamp-Lintfort nicht, auch wenn es Richtung Norden schon bald ländlich wird und man den einen oder anderen Baggersee ausmachen kann. Trotzdem lohnt eine Besteigung der künstlichen Erhebung unbedingt, die sich im flachen Umland als echte Landmarke zeigt. Und wie es sich für einen Berg zumeist gehört, hat die ❺ **Halde Pattberg** auch ein Gipfelkreuz.

Wir genießen den Blick, besonders gen Osten über den Rhein, steigen dann auf der anderen Seite auf angenehmen Wegen durch die Begrünung wieder von der Halde ab und folgen dem breiten Weg zurück zum Parkplatz in der Ⓔ **Pattbergstraße**.

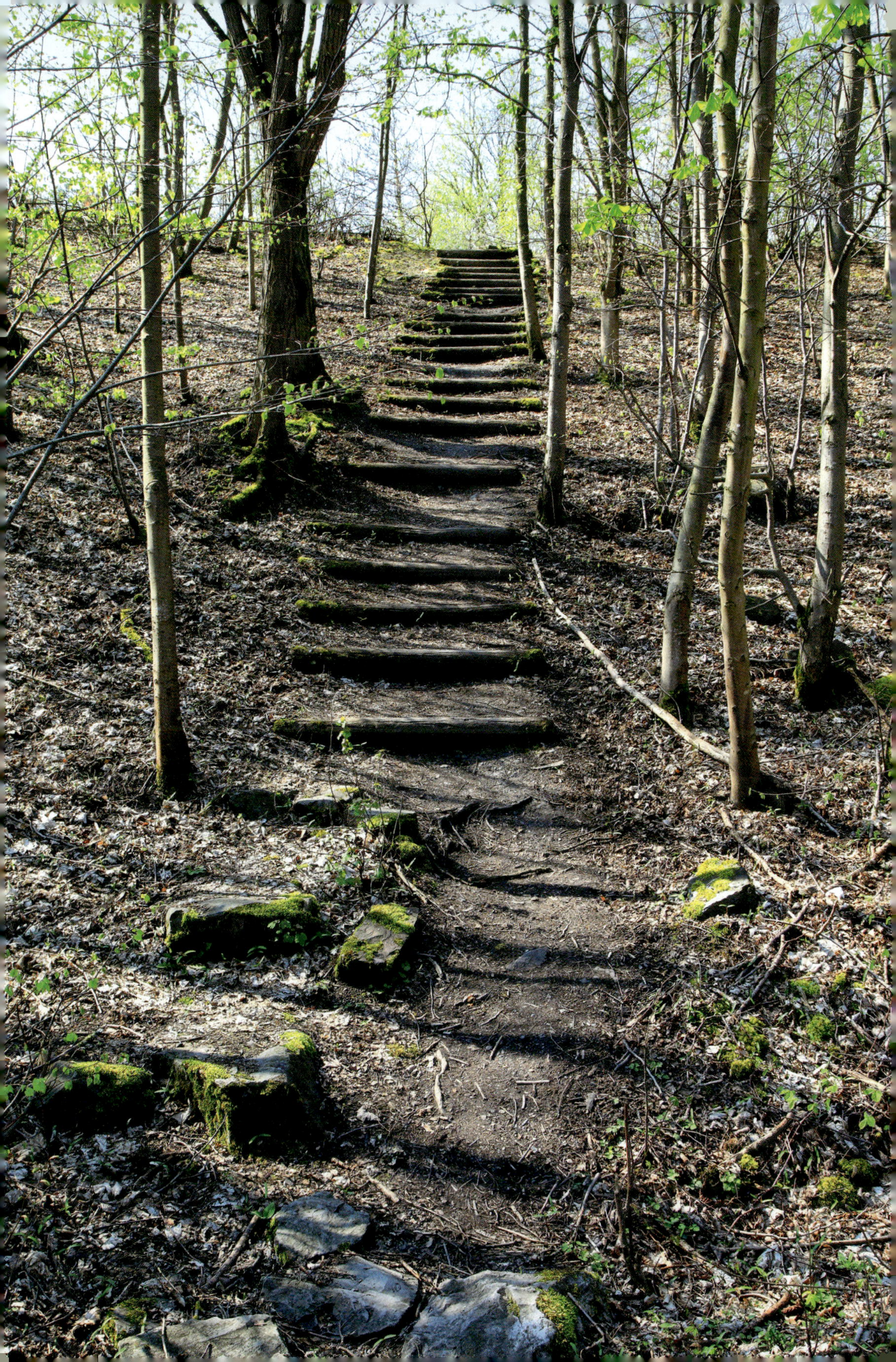

11

Am WestfalenWander-Weg

Zwischen Schwerte und Fröndenberg

schwer | 22,9 km | 200/140 Hm | 5.50 Std.

Tourencharakter
Lange, aber unkomplizierte Streckenwanderung auf einem Teilstück des beliebten Westfalen-WanderWegs. Gut beschildert, folgt er mit wenigen Steigungen kleinen Straßen und Wanderwegen und führt durch einige Ortschaften.

Ausgangspunkt
Schwerte, Gaststätte Freischütz (205 m)

Endpunkt
Fröndenberg, Henrichsknübel

Höchster Punkt
Henrichsknübel (245 m)

Anfahrt
Auto: A 1 bis AS 85 Schwerte.
GPS Gaststätte Freischütz:
N 51.464195, O 7.558165
Bus & Bahn: Schwerte-Bhf., dann Bus 430 bis Gaststätte Freischütz.
Rückweg: Im Ortsteil Hohenheide besteht eine Busverbindung zum Bahnhof Fröndenberg.

Gehzeiten
Freischütz – A 1 1.15 Std. – Haus Opherdicke 1 Std. – Bismarckturm 1.15 Std. – Frömern 0.35 Std. – Henrichsknübel 1.10 Std.

Einkehr
Gaststätte Freischütz; in Opherdicke, Wilhelmshöhe, in Frömern und Fröndenberg

Karte
Publicpress 1:35 000, Wanderkarte WestfalenWanderWeg

Information
Geschäftsstelle der AG Westfalen-WanderWeg, Tel. 02303/27-1361, www.westfalenwanderweg.de

»Immer gen Osten« lautet das Motto des Westfalen-WanderWegs, der uns vom Schwerter Wald über die Höhen von Ardeygebirge und Haarstrang durch typisch westfälische Landschaften mit weiten Ausblicken bis hinüber nach Fröndenberg leitet.

Freischütz und Schwerter Wald Unser von vielen Aussichten verwöhnter Abschnitt des WestfalenWanderWegs beginnt im Schwerter Wald an der traditionsreichen Gaststätte Freischütz. Diese wurde 1843 als Forsthaus erbaut, erhielt 1861 die Erlaubnis zum Alkoholausschank und wurde bald danach zu einem begehrten Ausflugsziel. Als 1899 eine Straßenbahnlinie eröffnet wurde, die bis 1971 bestand, zog es noch mehr Ausflügler dorthin. Beliebt ist der »Freischütz« heute immer noch, und so bevölkern bei schönem Wetter zahlreiche Gäste die Sonnenterrassen.
Der Schwerter Wald, zwischen Schwerte im Süden und Dortmund im Norden gelegen, liegt südlich von Aplerbeck auf einem Rücken des

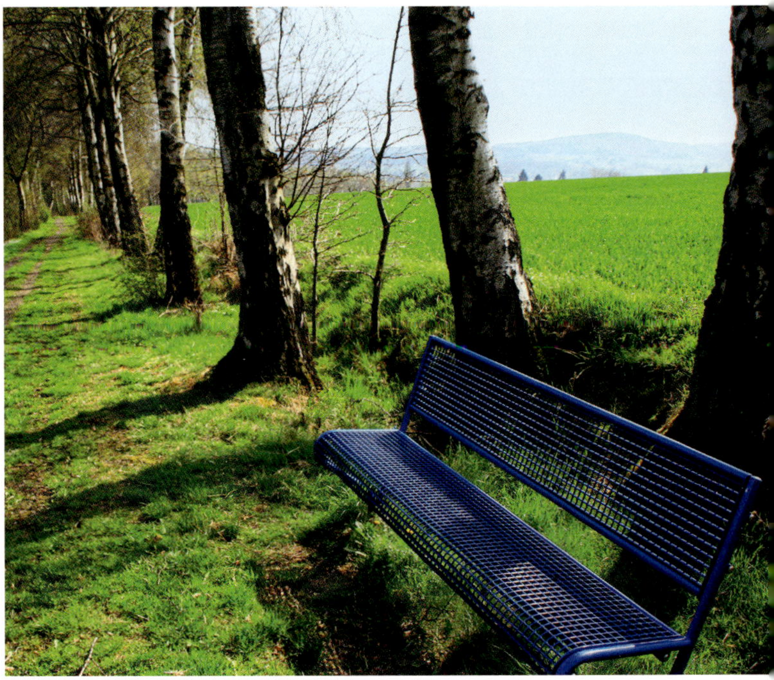

Schwerdeykamms. Von der die beiden Städte verbindenden Bundesstraße 236 durchzogen, gehört er zu den nicht nur bei Wanderern beliebtesten Waldgebieten im Ruhrgebiet. Zusammen mit dem Aplerbecker Wald bildet auch der Schwerter Wald eine der wenigen noch verbliebenen Waldflächen des bis vor 150 Jahren beinahe

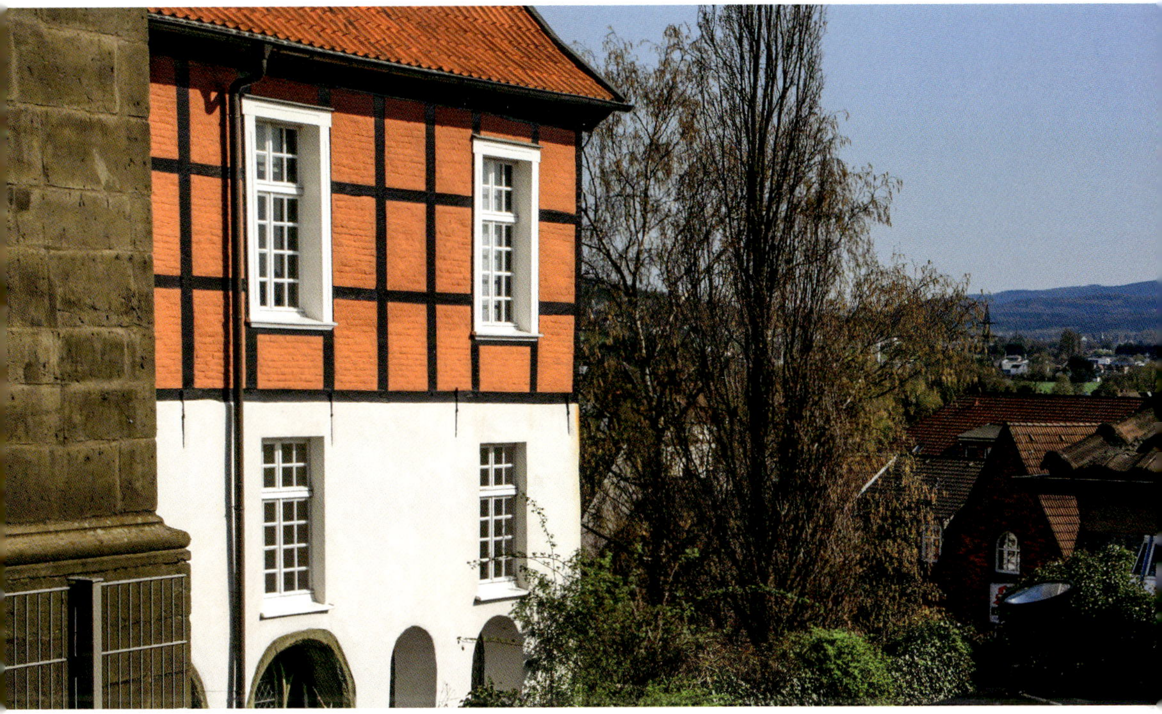

vollständig bewaldeten Ardeygebirges, das sich nördlich der Ruhr von West nach Ost erstreckt, um bei Schwerte und Holzwickede in den Haarstrang überzugehen.

Im hübschen Fröndenberg

Linke Seite: Hübsche Bänke mit schöner Aussicht laden zum Verweilen ein.

Auf dem Ardeykamm Wir können uns an der Ⓐ **Gaststätte Freischütz** und auf der gesamten Wegstrecke am Wanderzeichen »X« mit einem untergestellten »w« orientieren. So überqueren wir gleich auf einer kleinen Brücke die Bundesstraße und kommen wieder in den Schwerter Wald. An seinem östlichen Ende, wo wir ein kleines Stück steil hinaufmüssen, tritt rechter Hand unterhalb die Bahnlinie Schwerte–Dortmund in einen langen Tunnel ein, der erst vor Aplerbeck endet. Wir dagegen erreichen kurz darauf offene, bäuerlich geprägte Landschaft, die sich wie auf einem Hochplateau oberhalb des Ruhrtals bei Schwerte ausbreitet, und betreten dabei Dortmunder Stadtgebiet. Hier wandern wir erst einmal kurz gen Norden Richtung Aplerbecker Wald, um dann rechts haltend Gut Ostberge

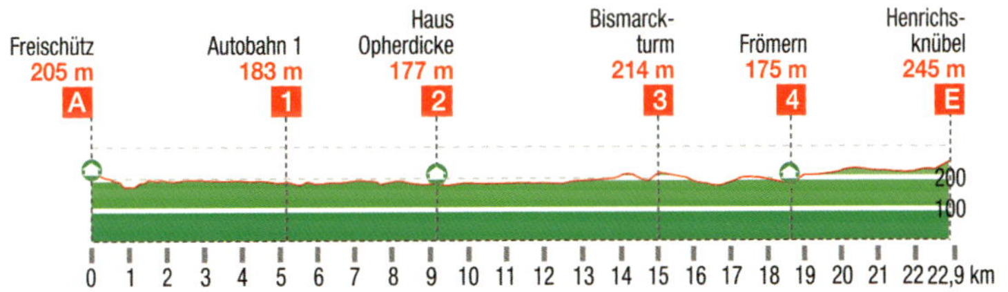

zu passieren. Nicht vergessen, die Aussicht von diesem Kamm des Ardeygebirges nach Nordosten, aber auch über das Ruhrtal hinweg Richtung Sauerland zu genießen! Unsere Route verläuft wenig später am Rand von Lichtendorf entlang. Anschließend wird auf einer Brücke die ❶ **Autobahn 1** überquert. Doch gleich darauf ist es wieder richtig ländlich. Schnell ist auch der kleine Holzwickeder Ort Hengsen erreicht. Nebenbei befinden wir uns nun auf der Nordseite des Höhenzugs, der bei Holzwickede vom Ardeygebirge in den größtenteils von Feldflur geprägten Haarstrang übergeht.

Auf dem Haarstrang Jetzt kann man zumeist weit gen Norden über flaches Land blicken. Wir wandern überwiegend am Ortsrand von Hengsen entlang und kommen danach in das fast nahtlos anschließende Opherdicke. Dort biegt der WestfalenWanderWeg gegen Ortsende nach einem Waldstück mit kleinem See – entstanden durch den Bergbau und Station eines Bergbau-Rundwegs – rechts in die Schlossallee, die uns geradewegs zum ❷ **Haus Opherdicke** führt. Der ehemalige mittelalterliche Adelssitz mit Schlosspark und Heimatstube ist architektonisch sehr gefällig. Neben kulturellen Veranstaltungen gibt es für uns Rastende auch ein Café und von seiner erhöhten Lage aus nochmals schöne Aussichten Richtung Sauerland.
Danach können wir dem Wanderzeichen »Xw« weiter über den Kamm des Haarstrangs folgen. Gleich nach den paar Häusern des nahen Ostendorfs ist die Landschaft wieder bäuerlich geprägt. Es geht nahezu geradeaus weiter, bis wir auf der Höhe von Billmerich zunächst rechts, dann links abbiegen, um etwas abseits der größeren Straße zu wandern. Ganz entspannt wird – inklusive schöner Blicke – bald die Wilhelmshöhe erreicht. Dort kreuzen wir die B 233 und die Stadtgrenze zu Fröndenberg. Nun könnte man es sich zur Rast in einem Gasthaus mit Biergarten gemütlich machen. Hier befindet sich auch eine Bushaltestelle Richtung Unna bzw. Fröndenberg-Langschede.
Wir unternehmen aber auf jeden Fall einen kleinen Abstecher hinüber zum gut 19 Meter hohen ❸ **Bismarckturm**, der uns auf der mit 214 Metern höchsten Stelle der Wilhelmshöhe einen wunderbaren Panoramablick in die Landschaft ermöglicht.

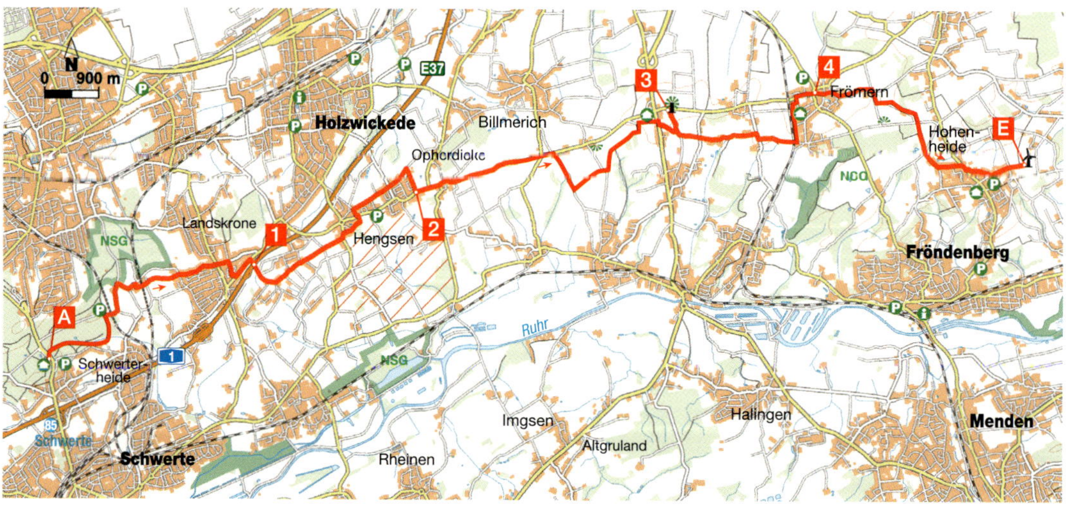

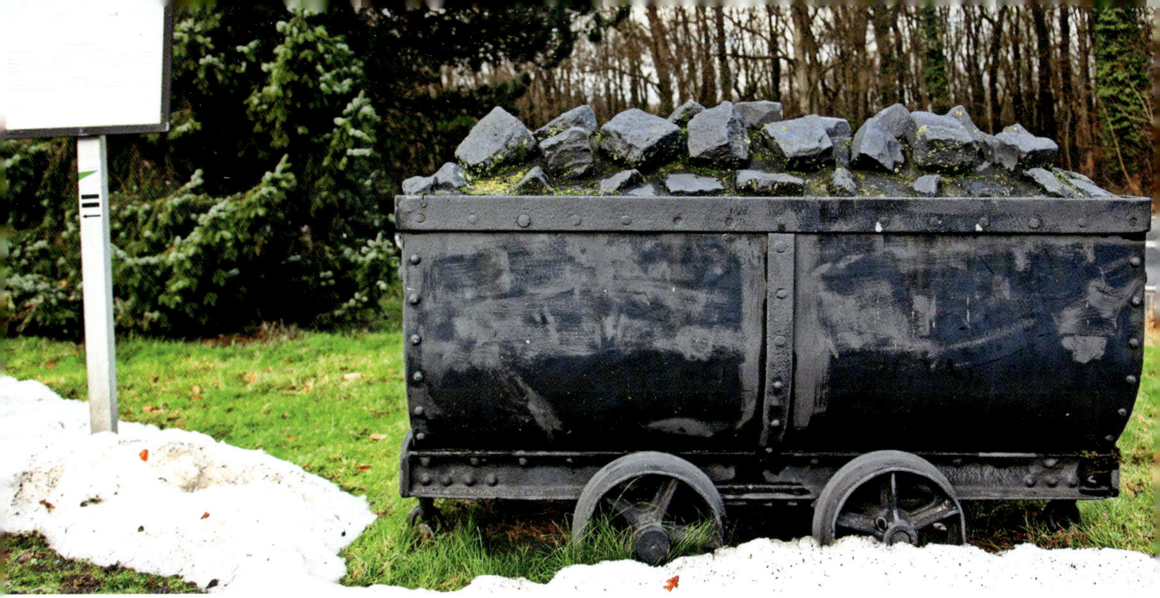

Erinnerungen an den Bergbau am Start der Tour

Anschließend nehmen wir den nach Süden führenden Weg zurück zum WestfalenWanderWeg.

Auf den Henrichsknübel Gen Osten wandernd, gelangen wir mit nur wenigen kleinen Richtungsänderungen und zuletzt nach Überqueren der Hönnetal-Bahnlinie zum Dörfchen ❹ **Frömern**. Hier bestünde die Möglichkeit, die Tour auf gut 16 Kilometer abzukürzen und den Zug Richtung Unna oder Fröndenberg für die Heimfahrt zu nutzen. Und auch Gelegenheit zur Einkehr fände sich nun noch einmal.

Wir durchwandern den sehenswerten Ortsteil von Fröndenberg mit der Johanniskirche und der Fachwerkschmiede. Richtung Osten verlassen wir Frömern und kommen bald zurück ins Grüne. Bald wechselt der WestfalenWanderWeg erneut seine Richtung, da wir an der nächsten größeren Kreuzung rechts abbiegen. Immer wieder bieten sich uns weite Blicke in die umgebende Landschaft. Wir kreuzen den Haarweg und gehen auf den nächsten Ortsteil von Fröndenberg zu, bleiben aber am nördlichen Rand von Hohenheide.

Westfalen erwandern

Der 216 km lange WestfalenWanderWeg, der in Hattingen an der Ruhr startet und gen Osten verlaufend nach Altenbeken führt, leitet abwechslungsreich durch Westfalens schöne Landschaften: Vom Mittleren Ruhrtal über die Höhenzüge von Ardeygebirge und Haarstrang, durch die Talauen von Möhne und Alme im Paderborner Land mit der gewaltigen Wewelsburg geht es bis hinüber zum Eggegebirge.

Bei schönster Aussicht wandern wir das letzte Stück hinüber zum 245 Meter hohen Ⓔ **Henrichsknübel**, der höchsten Erhebung Fröndenbergs, mit einem Windrad auf seinem Gipfel. Auch hier lohnt sich ein Verweilen, denn der Ausblick tief hinein ins Sauerland ist wirklich fantastisch.

Dann aber geht es zurück nach Hohenheide, und dazu können wir am Windrad dem Wanderzeichen »A6« bis in den Ortskern folgen. Dort gibt es neben einer weiteren Einkehrmöglichkeit auch eine Busverbindung hinunter nach Fröndenberg, wo uns die Obere Ruhrtal-Bahn (RE 17, RE 57) zurück nach Schwerte bringt.

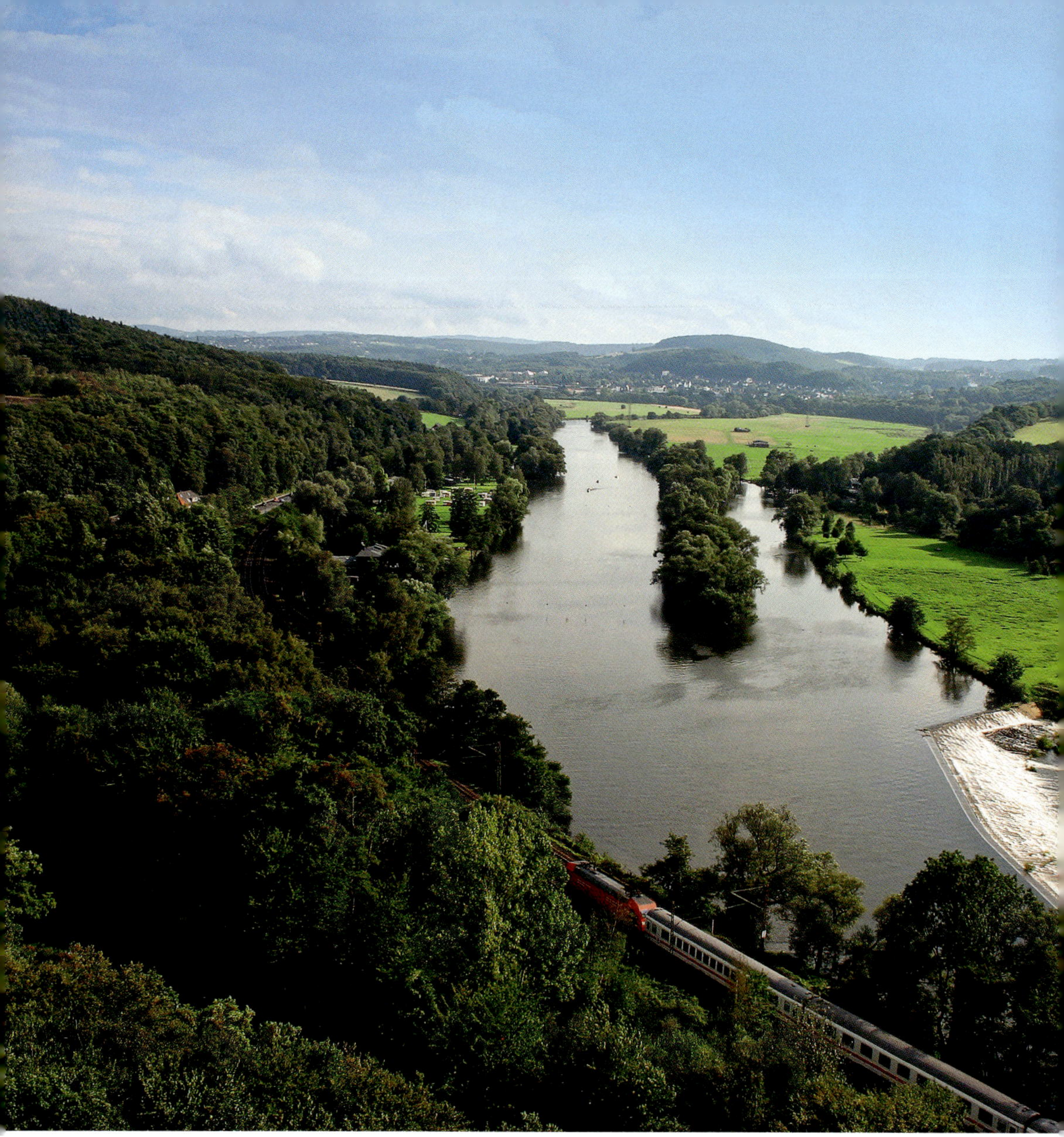

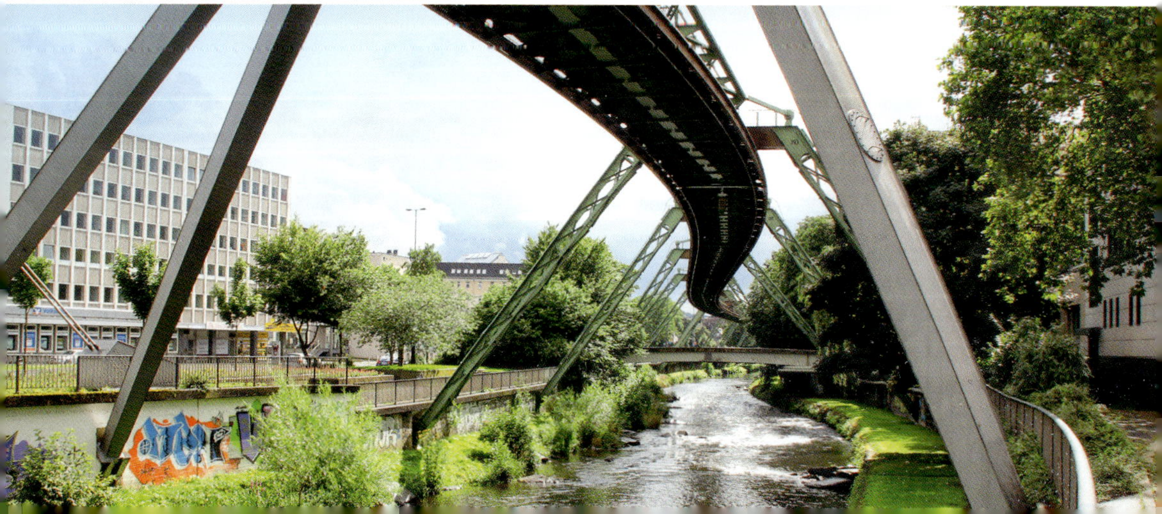

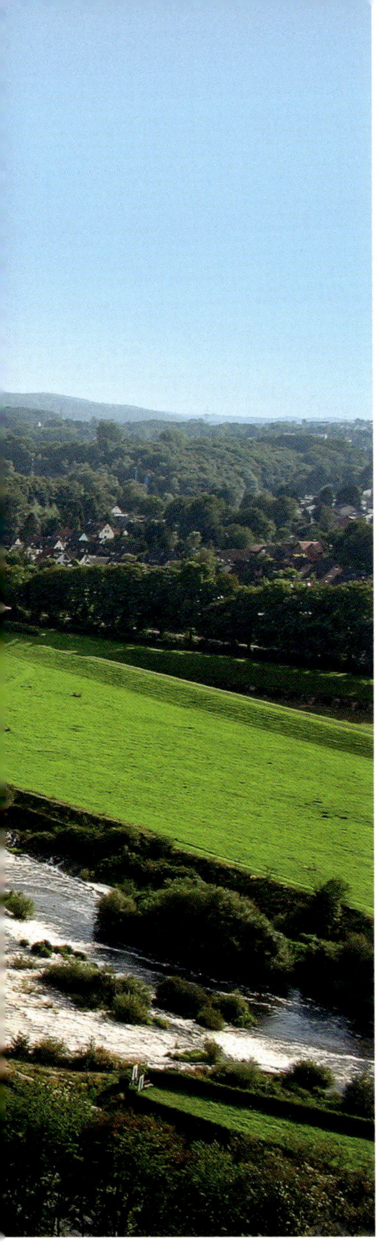

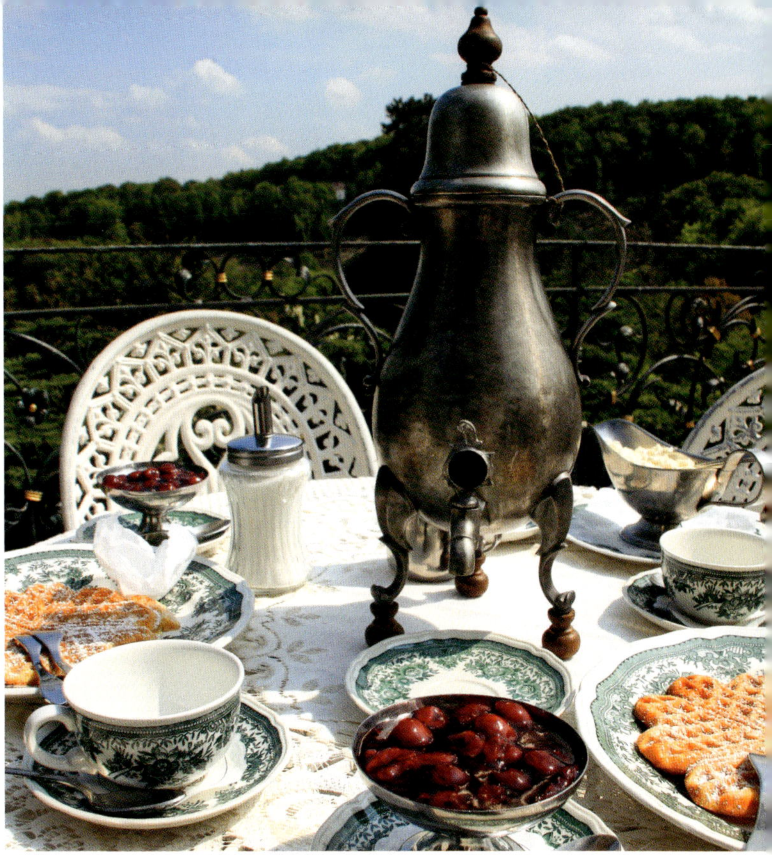

Im südlichen Ruhrgebiet

Weit geht der Blick vom Ardeykamm über die Ruhr ins nahe Sauerland (o. li.). Bei den Touren Richtung Bergisches Land locken besondere Köstlichkeiten (o. re.), hübsches Fachwerkflair, wie hier in Langenberg (u. re.), und die Schwebebahn in Wuppertal (u. li.).

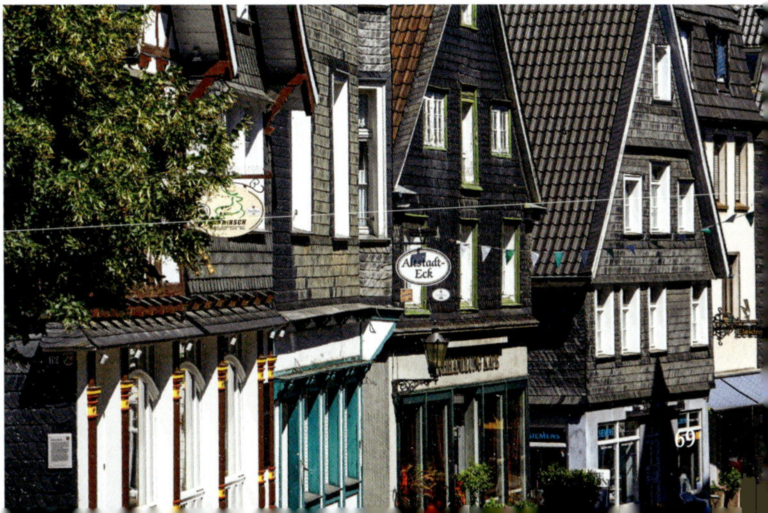

12

Zur Hohensyburg

Prächtige Aussicht am Hengsteysee

mittel | 10,8 km | 150 Hm | 3.10 Std.

Tourencharakter
Kontrastreiche Wanderung über bequeme Promenadenwege am See im Gegensatz zu steindurchsetzten Pfaden auf die Höhe mit Aussichts-Highlights. Neben viel Natur auch etliche Freizeitangebote, an schönen Wochenenden stellenweise sehr beliebt

Ausgangs-/Endpunkt
Hagen, Familienbad Hengstey (100 m)

Höchster Punkt
Ruine Hohensyburg (240 m)

Anfahrt
Auto: A 1 bis AS 87 Hagen-Nord. GPS Familienbad: N 51.403924, O 7.455983
Bus & Bahn: Von Hagen mit dem Bus 515 bis Haltestelle Familienbad Hengstey

Gehzeiten
Freibad – Ruine Hohensyburg 1.20 Std. – Aussichtskanzel Klusenberg 0.35 Std. – Hengsteysee 0.25 Std. – Freibad 0.50 Std.

Einkehr
Am Ausgangspunkt, an der Hohensyburg und am Hengsteysee

Karte
Kompass Wanderkarte 1:50000, Nr. 754 Dortmund und Umgebung

Information
Dortmund Tourismus, Tel. 0231/189990, www.dortmund-tourismus.de

Hinweis
Die Uferwege werden auch von Radfahrern genutzt – so gilt es, aufeinander zu achten.

Es sind klassische Ausflugsziele: Hengsteysee und Hohensyburg. Von der Burgruine bietet sich ein ebenso atemberaubender wie kontrastreicher Ausblick. Alte Ruhrwälder und ein Wegabschnitt am See lassen uns Ruhrgebietskultur hautnah erleben.

Auf dem Uferweg Am Ⓐ **Familienbad Hengstey** leitet uns zu Beginn ein breiter, bequemer Weg am Ufer des Sees entlang. Gleich eröffnen sich linker Hand über den Hengsteysee hinweg schöne Blicke auf die jenseitigen Waldhänge. Deutlich auszumachen ist auch das Pumpspeicherkraftwerk bzw. sein Vorgänger, das historische Koepchen-Kraftwerk, mit einem Speicherbecken hoch oben auf dem Kamm. Nach und nach nähern wir uns der großen Straßenbrücke, die den See überquert. Auch unser Etappenziel rückt immer deutlicher in den Blick, denn gegenüber brechen mehrere markante Felsen aus dem Hang hervor. Noch weiter oberhalb stehen die Ruine der Hohensyburg und das monumentale Kaiser-Wilhelm-Denkmal.

Kurz vor der Brücke hat sich an einer Imbissbude ein Motorradtreff etabliert: Die serpentinenreiche Straße, die jenseits der Brücke hoch nach Syburg leitet, gehört zu den besonders beliebten Fahrstrecken hier im Umkreis. Wir nehmen nun mit Blick auf die Felsen unterhalb der Hohensyburg die Brücke über den See, dessen flacher Bereich zur Rechten sehr gern von verschiedenen Wasservögeln als Rast- und Futterrevier aufgesucht wird, so wie der gesamte Hengsteysee speziell im Winterhalbjahr eine feste Größe für die hier überwinternden Wasservogelarten ist. Verschiedene Standorte bieten sich an den Ufern zu einer lohnenden Beobachtung an.

Gegen Ende der Brücke liegt unterhalb eine kleine Landzunge, die den Zufluss von Lenne und Ruhr in den See markiert. Dort gibt es beispielsweise einen Ruderbootverleih und eine Anlegestelle der Ausflugsschifffahrt. Geradeaus im Blick ist die gewaltige Bruchsteinmauer, errichtet an der ersten ausgeprägten Kurve der Hengsteystraße, bevor sie steil und in Serpentinen weiter aufwärtszieht.

Am steilen Hang Hinter der Brücke – wir wandern inzwischen auf Dortmunder Stadtgebiet – direkt rechts abbiegen und am kleinen Parkplatz vorbei mit der Infotafel zu den Wanderwegen. Gleich darauf steigen wir

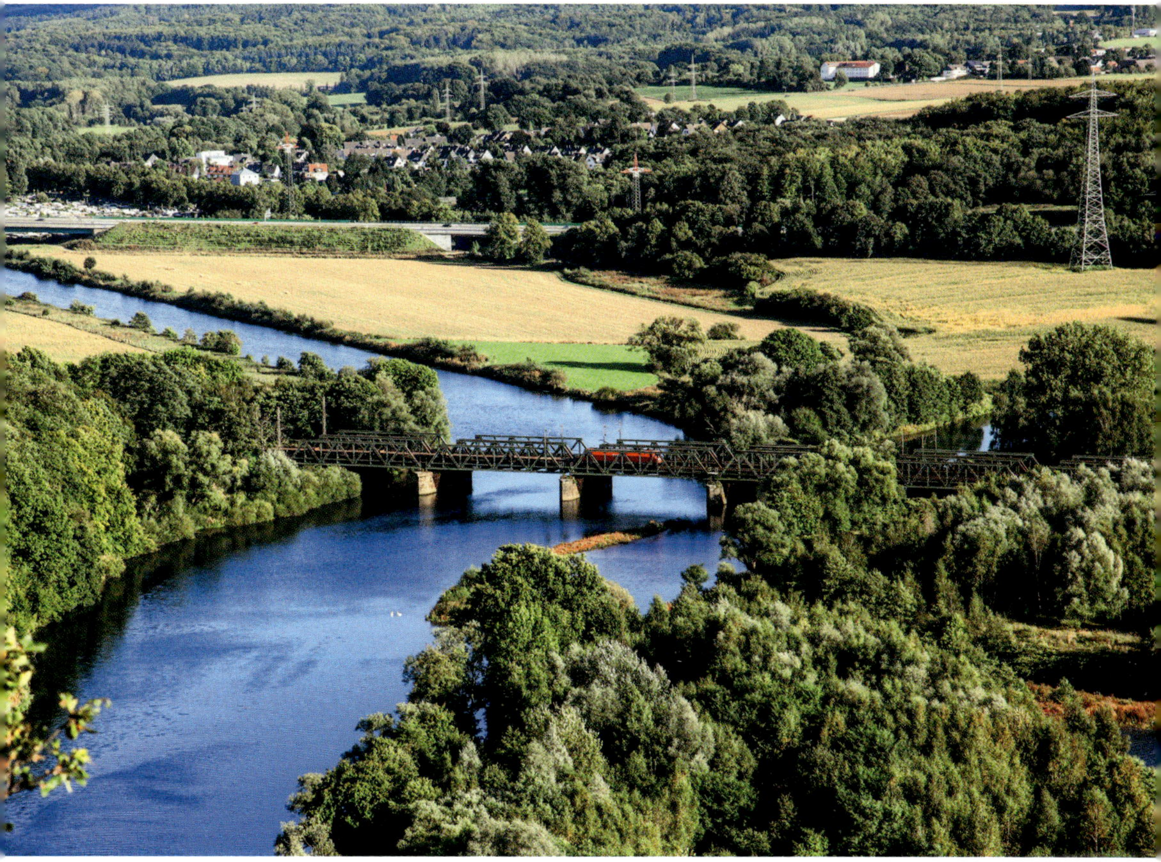

(markiert mit dem »XW« des WestfalenWanderWegs) links aufwärts in den Wald. Ein schmaler, gestufter Pfad führt recht steil bergan. Rasch gelangt man höher, dabei wird der Weg etwas breiter, bleibt aber steindurchsetzt und führt am abschüssigen Hang entlang.

Die Ruhr im Bereich der Lennemündung unterhalb von Hohensyburg

So erreichen wir eine erste Felskanzel, die durch ein Geländer gesichert unvermittelt einen herrlichen Blick beschert und zudem eine Verschnaufpause ermöglicht. Am Hang führt der Weg weiter, lässt uns bereits das mächtige Kaiser-Wilhelm-Denkmal ausmachen. Wenig später erreichen wir das parkartige Plateau oberhalb des Sees, das zu den beliebten Ausflugszielen des Reviers gehört – und das seit Generationen.

An der Hohensyburg Hier sehen wir aus der Nähe das 1902 errichtete und 1936 umgestaltete Kaiser-Wilhelm-Denkmal – das 500 000 Goldmark teure Prestigeobjekt der heimischen Großindustrie entstand nicht zuletzt aus Rivalität zum an der Porta West-

Am ältesten Ruhrstausee

Der Hengsteysee, Ende der 1920er-Jahre angelegt, wird von einem großen Walzenwehr gestaut. Er regelt den Wasserstand und dient u. a. als Wasserreservoir für das Pumpspeicherkraftwerk. Das alte Koepchenwerk, benannt nach seinem Planer Prof. Dr. Arthur Koepchen, war weltweit das erste Kraftwerk seiner Art und steht heute unter Denkmalschutz. Das historische Laufwasser-Kraftwerk Hengstey am Walzenwehr mit seinen drei Turbinen liefert nach wie vor Strom.

falica erbauten gleichnamigen Denkmal. Achteckig gestaltet, wurde 1857 der 35 Meter hohe Vincketurm zu Ehren von Ludwig Freiherr von Vincke eröffnet, dem ersten Oberpräsidenten der Provinz Westfalen, und als Aussichtsturm genutzt.

Und von der malerischen ❶ **Ruine Hohensyburg**, wo der Ardeykamm steil zum Hengsteysee abfällt, bietet sich eine tolle Aussicht weit über den See hinaus nach Hagen oder halb links (südöstlich) zur Mündung der Lenne in die Ruhr bis zu den Wäldern des Sauerlands. Nicht weit weg ist auch die Spielbank, das Casino Hohensyburg.

Noch vor der Burgruine queren wir die Parkanlage Hohensyburg Richtung Hohensyburgstraße und schließen uns dem Wanderzeichen »XR« der beliebten Ruhrhöhenweg-Wanderroute an. Sie leitet uns vom Plateau abwärts Richtung Wohnbebauung von Syburg bis zur Hauptstraße (Westhofener bzw. Hohensyburgstraße), in die wir links einbiegen.

Seerundfahrten

Personenschifffahrt Hengsteysee, »MS Freiherr vom Stein«, Ruder- und Tretbootverleih, Am Zickenkamp 11, 58313 Herdecke, Tel. 02330/72981 oder 0171/2163784, www.personenschifffahrt-hengsteysee.de

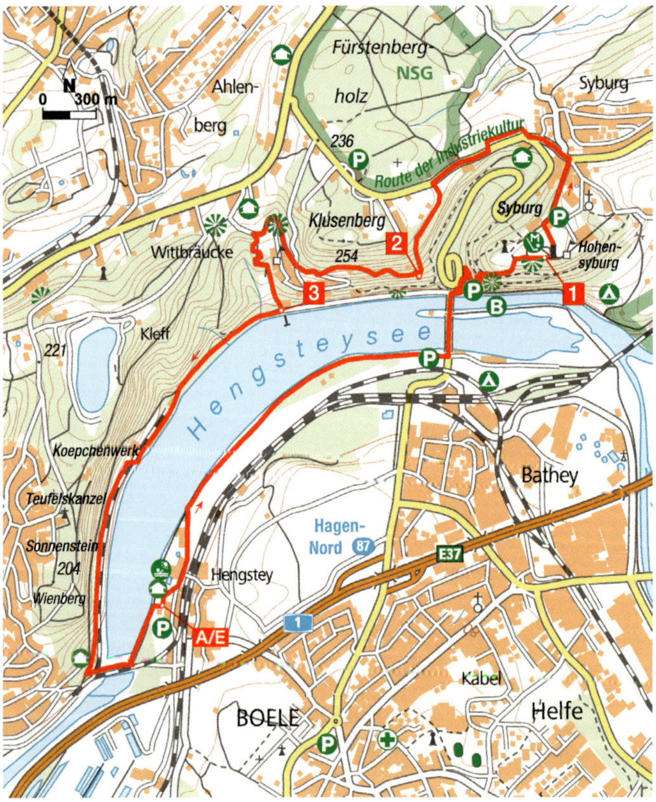

Abstieg zum See An der Bushaltestelle Ruhrhöhenweg überqueren wir die Straße und gelangen gegenüber in einen Weg (»XR«). Er bringt uns abwärts in den Wald am Klusenberg, der mit 254 Metern höchsten Erhebung Dortmunds. Die Route zieht oberhalb des Sees durch schönen alten Laubwald am Hang entlang und führt uns zu weiteren von Geländern gesicherten ❷ **Aussichtskanzeln** am Klusenberg, angelegt auf hervortretenden Ruhrsandsteinfelsen.

Nach einer kleinen Ansiedlung (Am Klusenberg) verläuft der Weg (mit »XR«) wieder breit am Hang und in Schleifen bis zu einer Weggabelung: Hier scharf links, jetzt mit den Markierungen »A3« und »A4« (während »XR« geradeaus wegzieht). So steigen wir durch den Wald hinab zum ❸ **Hengsteysee** und erreichen den Promenadenweg am Ufer. In der hübschen, Ende des 19. Jahrhunderts erbauten Villa des damaligen Schraubenfabrikanten Funke – dem Seeschlösschen – befand sich zeitweise ein Restaurant mit Biergarten, aber leider besteht hier keine Möglichkeit zur Einkehr mehr.

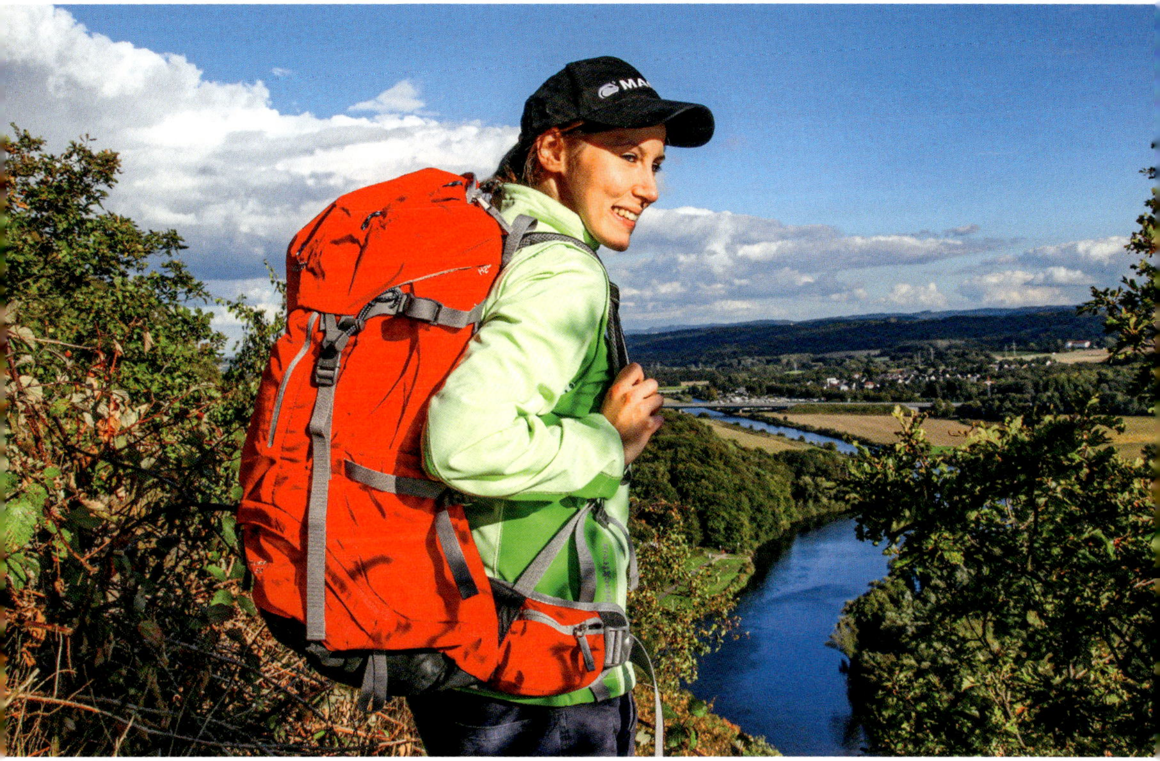

Auf den Ruhrbergen bei Dortmund

Energiereicher Rückweg Am See wenden wir uns nach rechts und spazieren etwas oberhalb des Wasserspiegels auf dem asphaltierten Fuß- und Radweg weiter. Besonders schön zeigt sich der Abschnitt, wo die Promenade dann direkt am Ufer verläuft, ja sogar leicht über das Wasser gebaut ist und rückwärtig den Blick bis hinauf zur Hohensyburg freigibt.

Anschließend gelangen wir in den Bereich des Pumpspeicherkraftwerks; hier gibt der Energiewirtschaftliche Wanderweg Herdecke mit seinen Schautafeln interessante Erläuterungen zum Koepchen-Kraftwerk. Immer am See entlang, auf dem neben vielen kleinen Booten auch die »MS Freiherr vom Stein« unterwegs ist und zu einer beschaulichen Rundfahrt einlädt, bleiben wir auf der angenehmen Uferpromenade, stets begleitet vom steilen Hang hinauf nach Herdecke. Vorbei an der Gaststätte, ist das Wehr mit einer weiteren Anlegestelle erreicht. Wir wechseln nun direkt am Laufwasserkraftwerk Hengstey wieder hinüber nach Hagen auf die andere Seeseite und kommen links haltend zurück zum E **Freibad Hengstey**, das ebenso als Haltepunkt von der »MS Freiherr vom Stein« angesteuert wird (s. Tippkasten).

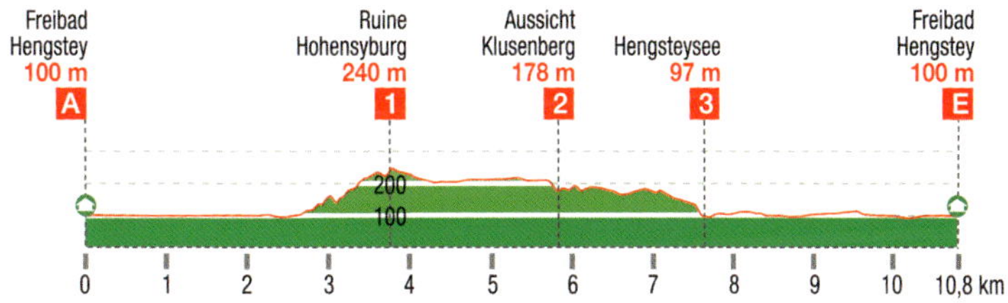

13

Über den Ardeykamm

Durch stille Wälder zum Berger-Denkmal

mittel | 12 km | 340/330 Hm | 3.30 Std.

Tourencharakter
Etwas Kondition erfordernde Streckenwanderung durch viel Wald, dazu ein als Park angelegtes Naherholungsgebiet mit Aussichtsbalkon und Teich. Selten schmale, steile Wegabschnitte; leicht nachvollziehbar; ganz zuletzt innenstädtisch

Ausgangspunkt
Wetter (Ruhr), Bahnhof (89 m)

Endpunkt
Witten, Hauptbahnhof (91 m)

Höchster Punkt
228 m, beim Wartenberg

Anfahrt
Auto: A 1 bis AS 88 Hagen-West, dann Richtung Witten/Wetter. GPS Bahnhof Wetter (Ruhr): N 51.386854, O 7.386042
Bus & Bahn: z. B. vom Bahnhof Hagen zum Bahnhof Wetter. Rückfahrt: Von Witten-Hbf. per S-Bahn oder Zug

Gehzeiten
Bahnhof Wetter – Gederbach 1.35 Std. – Kohlensiepen 0.50 Std. – Berger-Denkmal 0.20 Std. – Stadtpark 0.15 Std. – Witten-Hbf. 0.30 Std.

Karte
Kompass Wanderkarte 1:50 000, Nr. 754 Dortmund und Umgebung

Information
Stadtmarketing Witten, Tel. 02302/19433, www.stadtmarketing-witten.de; Stadtmarketing Wetter, Tel. 02335/840188, www.stadtmarketing-wetter.de

Hinweis
In Witten und Wetter gibt es schöne Einkehrmöglichkeiten.

Hoch über der Ruhr lädt der Ardeykamm zu einer wahrlich »gebirgigen« Wandertour von Wetter zum Wittener Hohenstein ein. Dort wartet mit dem Berger-Denkmal über dem Ruhrtal ein Aussichtspunkt, der zu den schönsten weit und breit gehört.

Vorbei am Gut Schede Los geht es am Ⓐ **Bahnhof Wetter**, der unten im Ruhrtal bei Wetter liegt. Dort halten wir uns an die Bahnhofstraße, die hinüber zur stärker befahrenen Kaiserstraße führt. Wir biegen rechts ein, gehen ein kurzes Stück und überqueren dann die Kaiserstraße, um gegenüber in die kleine Zufahrtsstraße Schede zu gelangen. Das Sträßchen zieht gleich links in den Wald und über die Stadtgrenze nach Herdecke. Ruhrhöhenweg heißt die Wanderroute, die uns ab Haus Schede mit ihrer Markierung »XR« bzw. »X« von Haus Schede bis auf den Hohenstein leiten wird.

So geht es u. a. mit der Markierung W im Kreis auf dem Sträßchen Schede sofort leicht bis mäßig aufwärts. Durch den Wald erreichen wir nach kurzer Zeit die große Lichtung am Haus Schede. Es ist das Herrenhaus einer nahezu vollständig erhaltenen historischen Gutshofanlage, die zu den ältesten Ansiedlungen Herdeckes zählt. Haus Schede ist in Privatbesitz und wurde 1803 fertiggestellt, erbaut aus Ruhrsandstein im Stil der Renaissance mit einem auffälligen Glockenturm-Dachreiter. Ältester Teil des Guts ist wohl das zweigeschossige Vierständer-Fachwerkhaus aus der zweiten Hälfte des 17. Jahrhunderts. Die Anlage ist Station der »Route der Industriekultur« (eine Infotafel vermittelt Wissenswertes hierzu) und ab hier leitet uns nun der traditionsreiche Ruhrhöhenweg.

Auf den Ardeykamm Bald nach Gut Schede gabelt sich der Weg: Das Sträßchen führt links weiter, während wir rechts mit dem Wanderzeichen durch den Wald und bergab ins Ender Tal gelangen, dort vorsichtig die stark befahrene Talstraße überqueren und der Kurve nach ein Stück an der Straße entlanglaufen. Dann biegen wir links ab und steigen auf schmalem Weg kurz einmal steil aufwärts durch den Wald. Anschließend geht's links dem Waldweg nach.

Wir kommen in ein kleines Bachtal, folgen dort den Biegungen des Wegs und erreichen durch den schönen Laubwald an einer ausgeprägten Rechtskurve Obergedern und zugleich Wittener Stadtgebiet. Durch die

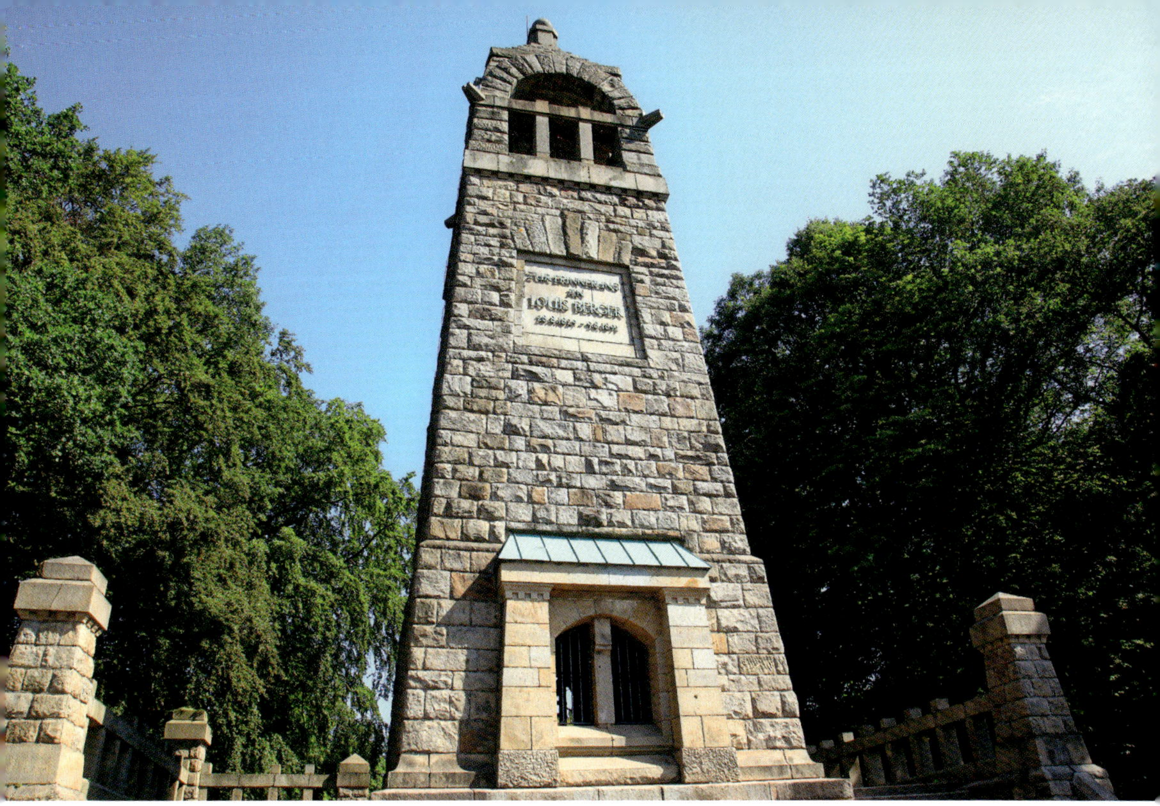

Bäume kann man linker Hand einige Gewächshäuser auf dem Gelände des Guts Obergedern (Stadtgärtnerei) ausmachen.

Vom Berger-Denkmal auf dem Hohenstein bietet sich eine tolle Aussicht.

Zum Hohenstein Weiter durch Wald, steigen wir dann noch einmal hinab und durch eine Wiese zum ❶ **Gederbach**, den wir auf einer kleinen Holzbrücke überqueren. Ein paar Treppenstufen führen anschließend hinauf zur Straße (Gederbachweg), der es rechts ca. 200 Meter zu folgen gilt, um danach links aufwärts zurück in den Wald zu kommen.

Der recht lang gezogene Anstieg über einen Forstweg endet als Kammweg verlaufend an einer kleinen Querstraße (Wartenbergweg). Hier biegen wir links ein, haben mit rund 228 Metern die höchste Stelle der Wanderroute erreicht und folgen nun der Straße abwärts durch den Wald am 246 Meter hohen Wartenberg. Danach vorbei an vereinzelten Häusern, treffen wir am Ende auf die Straße ❷ **Kohlensiepen**, die wir überqueren, um links entlang zum gleichnamigen Wanderparkplatz zu gelangen.

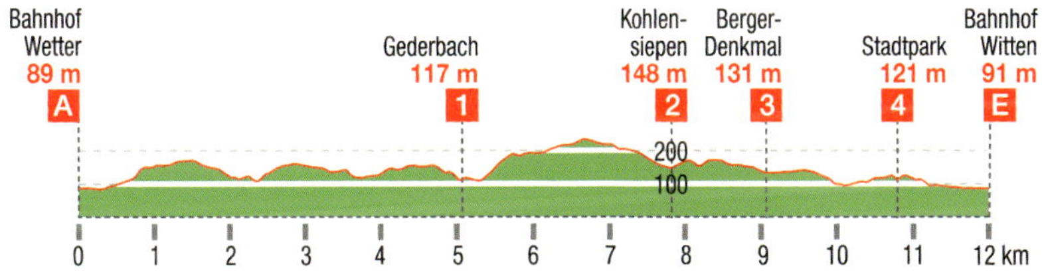

Am Berger-Denkmal Am Wanderparkplatz leitet uns die Markierung »XR« sofort wieder in einen Wald, der bereits Teil des Naherholungsgebiets Hohenstein ist. Es geht noch einmal abwärts, bevor wir bergauf, dann links haltend am Lehrbienenstand vorbei zuletzt das Freizeitgelände Hohenstein erreichen.

Vor der großen Spielwiese wenden wir uns am Waldrand wiederum nach links und sind kurz darauf an unserem Aussichtsziel angekommen, dem ❸ **Berger-Denkmal**. Es liegt hoch über dem Ruhrtal als prächtig ausgebaute Kanzel und erfreut sofort mit einem herrlichen Blick über den Fluss – und den kann man sogar noch übertreffen, wenn man das Denkmal besteigt. Der große ummauerte Platz vor dem 20 Meter hohen Bauwerk, das 1902 zu Ehren des Wittener Industriepioniers Louis Berger auf dem Hohenstein errichtet wurde, gehört sicher zu den beeindruckendsten Aussichtsstellen im Ruhrtal (Berger war während der beginnenden Industrialisierung ein bedeutender Gussstahlfabrikant im Ruhrgebiet und später auch politisch aktiv).

Flussaufwärts schaut man Richtung Wetter über grüne Flussauen hinein in die südlichen Ruhrberge – und mancher mag vielleicht doch ein wenig überrascht sein von so viel Natur. Paddler und Ruderer tummeln sich auf dem Gewässer, und der nahe Campingplatz ist unter Bäumen kaum auszumachen.

Direkt unterhalb werden hier der Fluss und fast das gesamte Ruhrtal von der alten Eisenbahnbrücke, dem Ruhr-Viadukt mit seinen 20 Bögen, überwunden, das 1916 fertiggestellt wurde. Ja, und selbst der Blick nach Witten-Bommern gegenüber ist idyllisch und grün. Dort breitet sich gleich angrenzend das schöne Muttental aus, das mit speziellem Wanderweg und Industriemuseum Zeche Nachtigall sowohl bergbaugeschichtlich interessant als auch landschaftlich wirklich besonders malerisch ist.

Alt-Wetter

Die historische Freiheit Alt-Wetters mit der Burgruine und den malerischen Fachwerkhäusern oberhalb des Harkortsees ist ein beliebtes Ausflugsziel. Bereits 1355 erhielt man die Freiheitsprivilegien. Ganz wichtig für Wetter war der Industriepionier Friedrich Harkort. Er kaufte 1819 das Burggelände für seine Mechanischen Werkstätten Harkort & Co. und wurde durch seine Dampfmaschinen-Fabrikation zum Mitbegründer der Epoche der Industrialisierung Westfalens und des Ruhrgebiets.

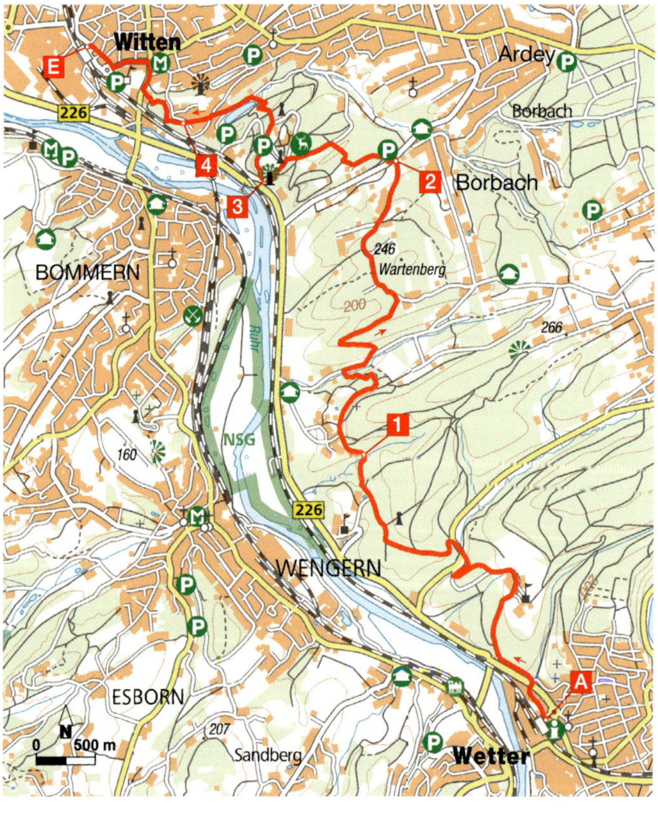

Über den Hohenstein Am Hohenstein gibt es viel zu entdecken. Das beliebte Erholungsgebiet rund um das hübsche, gut 100-jährige Haus Hohenstein hält verschiedenste Angebote gerade auch für Kinder bereit. Wer also Zeit hat, kann noch einiges ansehen. Wir folgen »XR« vom Berger-Denkmal erst einmal noch ein Stück und spazieren auf dem Hohenstein auf der anderen Seite der großen Wiese entlang bis zur kleinen Zufahrtsstraße. Jetzt kurz einmal ohne Wanderzeichen die Straße überqueren und an den Parkplätzen vorbei. Nach gut 100 Metern treffen wir bereits auf die Markierung »X20« bzw. »X«, der wir uns bis zum Ende der Tour anschließen. So biegen wir links ab und wandern im Bogen hinunter ins Tal zum kleinen, in den Wald eingebetteten Hammerteich, der schon 1722 angelegt wurde. Dort geht es über den Borbach hinweg und gemütlich am Teich entlang.

Zuletzt kommen wir mit dem Parkweg, wie dann auch das Stückchen Straße heißt, aus dem Bereich Hohenstein heraus und gleich hinüber zum 4 **Stadtpark**. Hier spazieren wir hindurch bis zur großen Ruhrstraße. Linker Hand steht dort das alte Haus Witten, in dem heute Musik- und Volkshochschule zu finden sind. Rechts der Straße nach geht's zur Kreuzung. Wer sich für die Region interessiert: Gleich rechts findet man erst das Heimatmuseum und um die Ecke das größere Märkische Museum. Dagegen biegen wir links mit »X20« in die Bergerstraße ein, kommen vorbei am Saalbau – der städtischen Veranstaltungshalle – und über die Lessingstraße zum E **Hauptbahnhof**. Von hier kann man bequem mit der S-Bahn zurück nach Wetter fahren und dort dann noch die hübsche Altstadt erkunden.

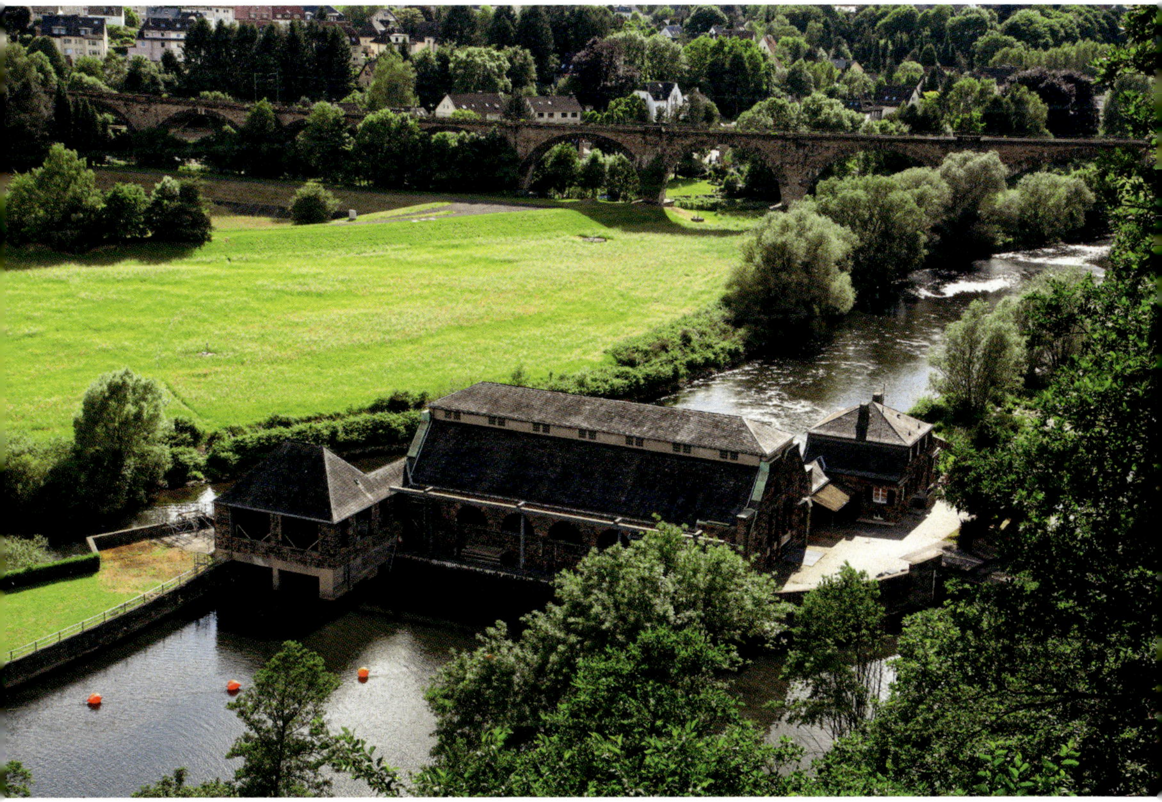

Das historische Wasserkraftwerk und das Ruhr-Viadukt sind besondere Schaustücke bei Witten.

14

Runde am Kemnader See

Viel Abwechslung im Bochumer Süden

leicht | 5,7 km | 110 Hm | 1.30 Std.

Tourencharakter
Sehr kurzweilige kleine Runde mit Bergbaurelikten, Wald und Wiesen, Aussichtsstellen, Hochplateau und See. Sowohl stille als auch sehr beliebte Abschnitte, viele Freizeitmöglichkeiten zum Abschluss – von Pfad bis zu Asphalt ist alles dabei.

Ausgangs-/Endpunkt
Parkplatz am Kemnader See, Hevener Straße (76 m)

Höchster Punkt
Am Kalwes (141 m)

Anfahrt
Auto: A 43 bis AS 20 Witten-Heven. GPS Kemnader See, Hevener Straße: N 51.437985, O 7.279537
Bus & Bahn: Bochum-Hbf., dann U 35 bis Ruhr-Universität und weiter mit Bus Nr. 339 bis Kemnader See

Gehzeiten
Parkplatz Kemnader See – Kalwes, höchster Punkt 0.35 Std. – Zeche Klosterbusch 0.20 Std. – Blumenau (Infotafel) 0.15 Std. – Parkplatz Kemnader See 0.20 Std.

Einkehr
Am Kemnader See

Karten
Freizeitkarte 1:15 000, Kemnader See; Kompass Wanderkarte 1:50 000, Nr. 821 Ruhrgebiet, Karte 2

Information
Bochum Marketing GmbH, Tel. 0234/96 30 20, www.bochum-tourismus.de

Hinweis
Auch das Freizeitbad Heveney liegt ganz in der Nähe des Startpunkts.

Tolle Tour im Bochumer Süden: Stationen sind der Kemnader See und das Oelbachtal, der Klosterbusch und das Lottental, bevor wir durch aussichtsreiche Feldfluren und über einen Kammweg oberhalb des Sees zurück zum Ufer am Hafen Heveney gelangen.

Am Oelbach Unweit der Hevener Straße findet man den großen Ⓐ **Parkplatz am Kemnader See** bei Heveney. Von dort geht es gleich hinüber zum Uferweg, den wir nicht weit entfernt vom kleinen Hafen Heveney erreichen. Wir wenden uns auf dem Fußweg mit den Wanderzeichen »B im Kreis« und »W im Kreis« nach links. Erst spazieren wir ein kleines Stück am Wasser entlang, bevor wir noch vor dem Zufluss des Oelbachs links abbiegen und den Kemnader See hinter uns lassen. Kurz darauf überqueren wir die Hevener Straße und folgen nun dem kleinen Oelbach. So wird wenig später auch die Straße Auf dem Kalwes gekreuzt. Gegenüber zieht ein geteerter Fuß- und Radweg nahe der Oelbachteiche durch das Tal.

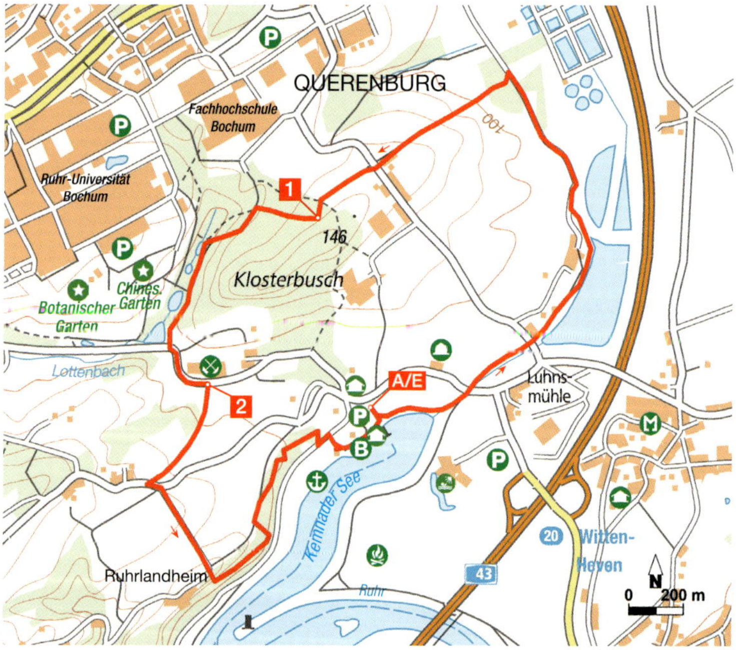

Die Teiche bilden die letzte Stauanlage vor dem Kemnader See und klären den Bach und den Ablauf des Klärwerks Bochum, das aber etwas weiter weg errichtet wurde. 1978 hatte man die Teiche wegen des damals erst im Bau befindlichen Kemnader Sees um ein Stück verlegt. Dabei dachte man auch an die Belange des Naturschutzes, sodass die Oelbachteiche heute ein Paradies für Wasservögel sind. Und gemeinsam mit dem Kemnader See stellen sie mittlerweile eines der wichtigsten Überwin-

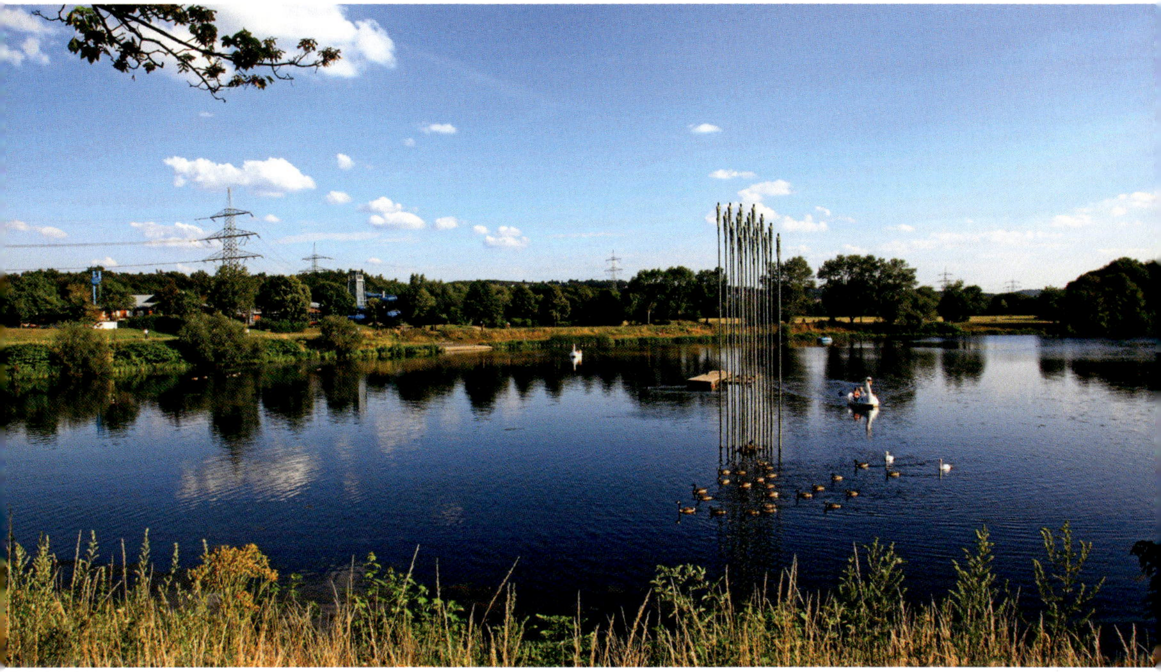

Am Kemnader Stausee – im Hintergrund das Freizeitbad

terungsquartiere von ganz NRW dar. So kann man speziell im Winter – auch weil dann die Büsche weniger die Sicht behindern – wunderbar die Vogelwelt beobachten.

Zum Klosterbusch Bald beginnt die Route als kleiner Fahrweg anzusteigen und zieht einmal durch offene Wiesen hinauf, mit schönem rückwärtigem Blick auf Witten, Bochum-Langendreer und Umgebung. Zum Schluss wird es recht steil. Dabei erreichen wir ein kleines Waldstück, in dem wir direkt wieder bergab wandern. Noch im Wald heißt es links abbiegen auf den Pfad; dabei wechseln wir zum Wanderzeichen »Kreis«, das gleich darauf aus den Bäumen hinausführt. Danach geht's über einen Trampelpfad ein kurzes Stück ansteigend durch Büsche aufgelockertes Wiesengelände. Anschließend können wir in den Wiesen beim Blick zurück die schöne Aussicht Richtung Bochum-Werne und -Langendreer genießen. Hier oben kreuzen wir nochmals das Sträßchen Auf dem Kalwes und wandern nun mit weiten Ausblicken zum bewaldeten Klosterbusch am Berg

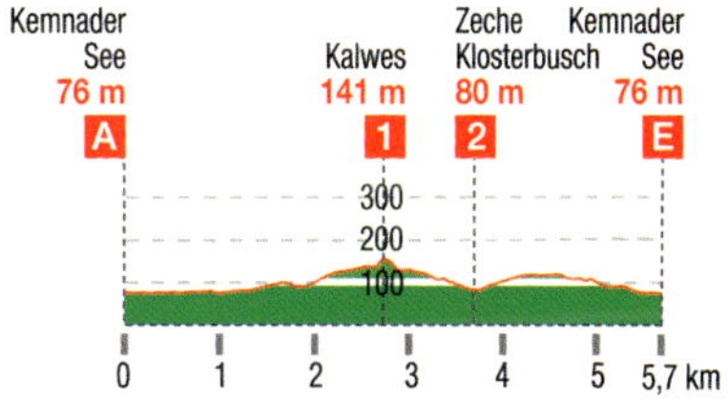

❶ **Kalwes** (159 m). Dort erreichen wir mit 141 Metern die höchste Stelle der Wanderroute. Dann folgen wir der Markierung »Kreis« weiter hinein in den Klosterbusch. Dabei kommen wir etwas später an einigen kleinen Teichen vorbei. Linker Hand zieht hier der Waldhang in die Höhe. Zugleich gibt es in diesem Bereich auch Zugänge zum Botanischen Garten der Ruhr-Uni Bochum.

Ins Lottental Errichtet wurde der Botanische Garten 1969 zum Forschen und Lehren. Inzwischen kann er sich über mehrere Hunderttausend Besucher pro Jahr freuen. Sicher besonders interessant ist der Chinesische Garten Tao Quian, der in Zusammenarbeit mit Fachleuten der Universität Shanghai gestaltet wurde und der der einzige Hausgarten in original südchinesischem Stil in Deutschland ist. Doch auch vieles andere wie das Alpinum, das Sukkulenten- oder das Tropenhaus sind überaus sehenswert.

Nun kommen wir hinunter zur Straße Im Lottental. Wir wechseln hier erneut das Wanderzeichen und folgen jetzt einem »umgedrehten T« und dem »schwarzen Doppelbalken« links ins Lottental und der Straße entlang. So gehen wir in der Nähe des Steinbruchs am Gelände der früheren 2 **Zeche Klosterbusch** vorbei, die 1918 am Fuß des Kalwes in Betrieb ging und Anfang der 1960er-Jahre stillgelegt wurde. Zu Zeiten des Bergbaus wurde die Kohle von der Zeche Klosterbusch per Seilbahn bis hinüber nach Witten-Herbede zur Weiterverarbeitung verbracht. Mittlerweile ist der Steinbruch ein ökologisches Idyll und mit seiner speziellen Pflanzen- und Tierwelt von Bedeutung. Am größten geologischen Aufschluss Bochums – heute ein Naturdenkmal – liegen uralte Schichtungen und Kohleflöze frei. Geologen und auch Biologen der Uni forschen hier. Auf eigene Faust darf man aber nicht auf das Gelände.

Auf die Höhe Rechter Hand stehen an der Straße noch einige frühere Bergarbeiterwohnhäuser. Dort wenden wir uns mit den Wanderzeichen nach rechts. Durch ein

Rechts: Abendstimmung am Kemnader See

Unterwegs auf den Feldwegen am Kalwes

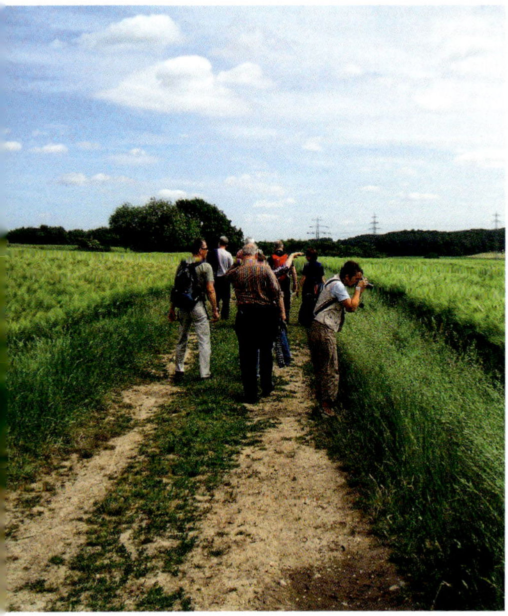

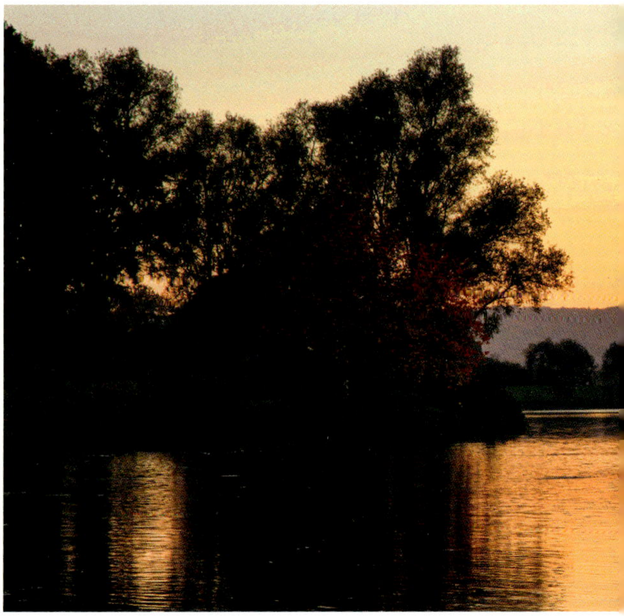

kleines Waldstück geht es hinauf bis zur Hevener Straße. Wir biegen links ein und spazieren an der hier unbebauten Straße nur kurz entlang, dann geht's rechts ins Sträßchen Blumenau, das von Bäumen gesäumt wird. Beim Blick nach links über das Feld kann man recht gut die Fundamente der früheren Seilbahn ausmachen, die, wie erwähnt, zum Transport der Kohle diente. Beim Blick nach vorn sehen wir halb rechts das ehemalige Ruhrlandheim, das heute eine Wohnstätte für Behinderte ist. Und auch der Blick zurück ist beeindruckend, denn dort eröffnet sich eine tolle Aussicht auf die markanten Gebäude der Ruhr-Uni.

Wo unser beinahe schnurgerader Wegabschnitt durch die Felder endet, steht an der Blumenau eine Infotafel mit Wissenswertem zu Zeche und Seilbahn. Hier folgen wir der Markierung »Doppelbalken« nach links. Gleich kommen wir in den Wald, wo ein lauschiger Wanderweg oberhalb des steil abfallenden Hangs verläuft. So kann man durch die Bäume auch schon mal einen schönen Blick hinunter zum See genießen.

Und dann heißt es für uns: die Höhe verlassen und den Hang hinabsteigen. Zuletzt recht steil und mit ein paar Stufen gelangen wir etwa im Bereich des Hafens Heveney hinunter zum See. Hier können wir nun links direkt hinüber zum E **Parkplatz** schlendern oder natürlich noch etwas Zeit am einladenden Kemnader See verbringen.

Am Kemnader See

Der jüngste der Stauseen an der Ruhr ist bei Wasser- und Freizeitsportlern wie bei Erholung Suchenden und Familien gleichermaßen beliebt. Mit den Freizeitschwerpunkten Hafen Heveney, Herbede und Oveney ergeben sich zahlreiche Möglichkeiten, am und auf dem Kemnader See aktiv zu werden. In Heveney mit dem Jachthafen kann man vom Segel- bis zum Elektroboot alles mieten. Hier legt auch die »MS Kemnade« zu Seerundfahrten und die »MS Schwalbe« zu Fahrten die Ruhr aufwärts nach Witten an.

Leuchtende Rapsfelder entlang des Wegs

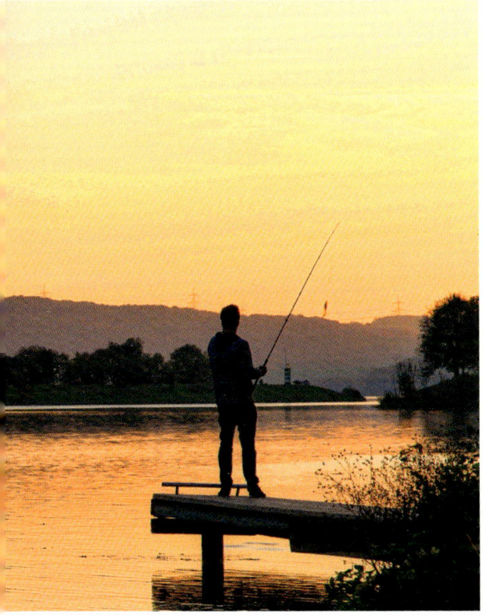

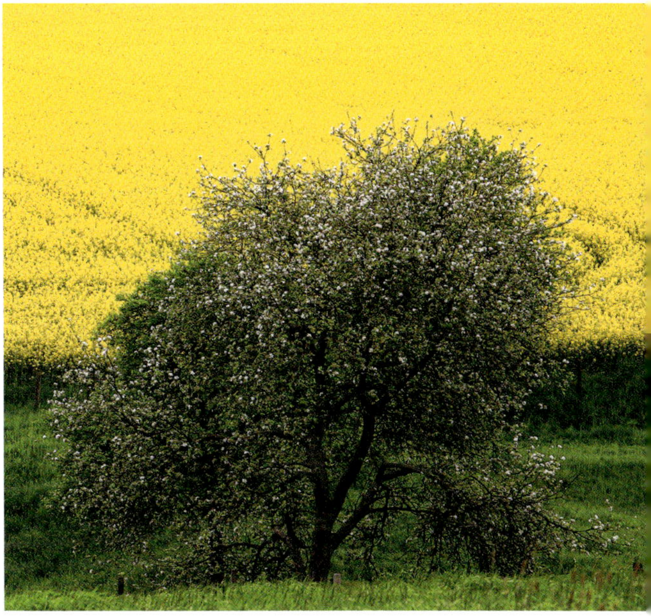

15 Burg Blankenstein

Hoch über der Ruhr bei Hattingen

leicht | 6,3 km | 130 Hm | 1.50 Std.

Tourencharakter
Kleine, abwechslungsreiche Wanderung durch teils steil abfallende Waldhänge zur Burgruine – Vorsicht mit Kindern! Ein deutlicher Anstieg; meist Waldwege und Straßen

Ausgangs-/Endpunkt
Hattingen, Ruhr-Hotel An der Kost (75 m)

Höchster Punkt
Burg Blankenstein (130 m)

Anfahrt
Auto: A 43 bis AS 21 Witten-Herbede, weiter über Kemnader Straße, Brockhauser Straße und Kosterbrücke. GPS An der Kost: N 51.416780, O 7.206913
Bus & Bahn: Bus SB 37 z. B. ab Bochum Hauptbahnhof bis Haltestelle Brockhauser Straße, dann über die große Ruhrbrücke (ca. 1,5 km Fußweg zum Startpunkt)

Gehzeiten
Ruhr-Hotel – Burg Blankenstein 1 Std. – Freibad Welper 0.30 Std. – Ruhr-Hotel 0.20 Std.

Einkehr
Am Ausgangspunkt das Café-Restaurant Teatriz; in Blankenstein

Karten
Freizeitkarte 1:15 000, Kemnader See; Kompass Wanderkarte 1:50000, Nr. 821 Ruhrgebiet, Karte 2

Information
Stadtmarketing Hattingen, Tel. 02324/951395, www.hattingen.de

Hinweis
Mögliche Wegsperrung am Anfang der Tour. Dann bitte die Ausweichroute nehmen, beginnend mit dem Fußweg über die Gleise.

Eine spannende Wanderung hinauf zum historischen Ortskern von Hattingen-Blankenstein! Etwas Besonderes ist gleich schon das Ruhr-Hotel An der Kost und Höhepunkt die beeindruckende Aussicht vom Turm der Burg Blankenstein über das reizvolle Ruhrtal.

Haus mit Tradition Wir beginnen diese kurzweilige Runde am traditionsreichen **Ⓐ Ruhr-Hotel An der Kost**, das 1909/10 in unmittelbarer Nähe des Flusses errichtet wurde und heute ein Baudenkmal ist. Es markiert mit seinem Standort die früher einmal wichtigste Übergangsstelle an der Ruhr bei Hattingen. Seinerzeit befand sich hier einer der drei großen Domänenhöfe von Welper, die direkt dem Landesherrn unterstanden und ausgestattet waren mit Fährkonzession und Brennereirecht. Schon im Mittelalter gab es diese Fährverbindung, die erst 1910 mit dem Bau einer Brücke eingestellt wurde (die heutige Kosterbrücke entstand dann 1980). Damals eröffnete der Hofbesitzer den Gasthof mit Remise und Hotel. Wir machen uns nun zunächst auf den Weg nach Blanken-

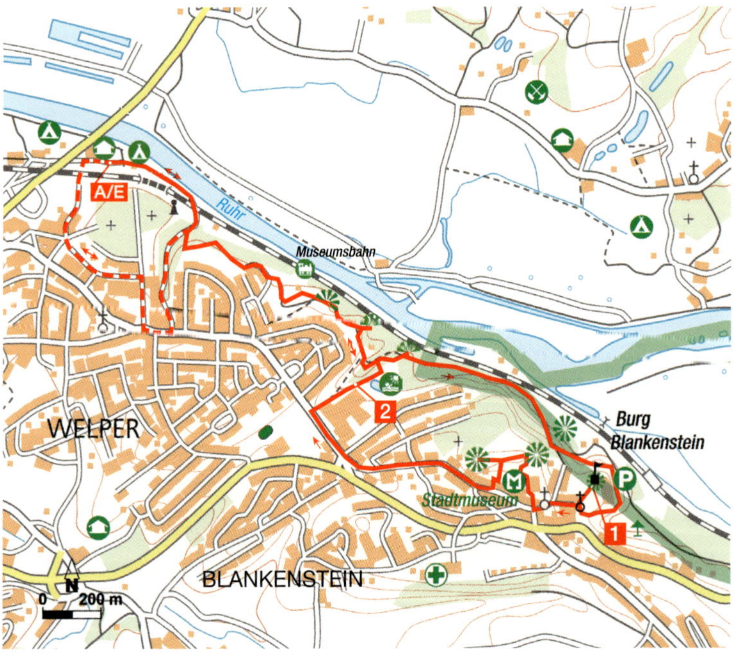

stein und könnten zum Abschluss der Wanderung auf den Terrassen des Café-Restaurants die Runde ausklingen lassen.

Hangweg mit Aussicht So nehmen wir den Weg entlang des schmalen Campingplatzes und schließen uns dabei dem Wanderzeichen »H im Kreis« an, das uns erst einmal zum Gebäude der DLRG bringt. Früher war dieser Uferabschnitt mit den in

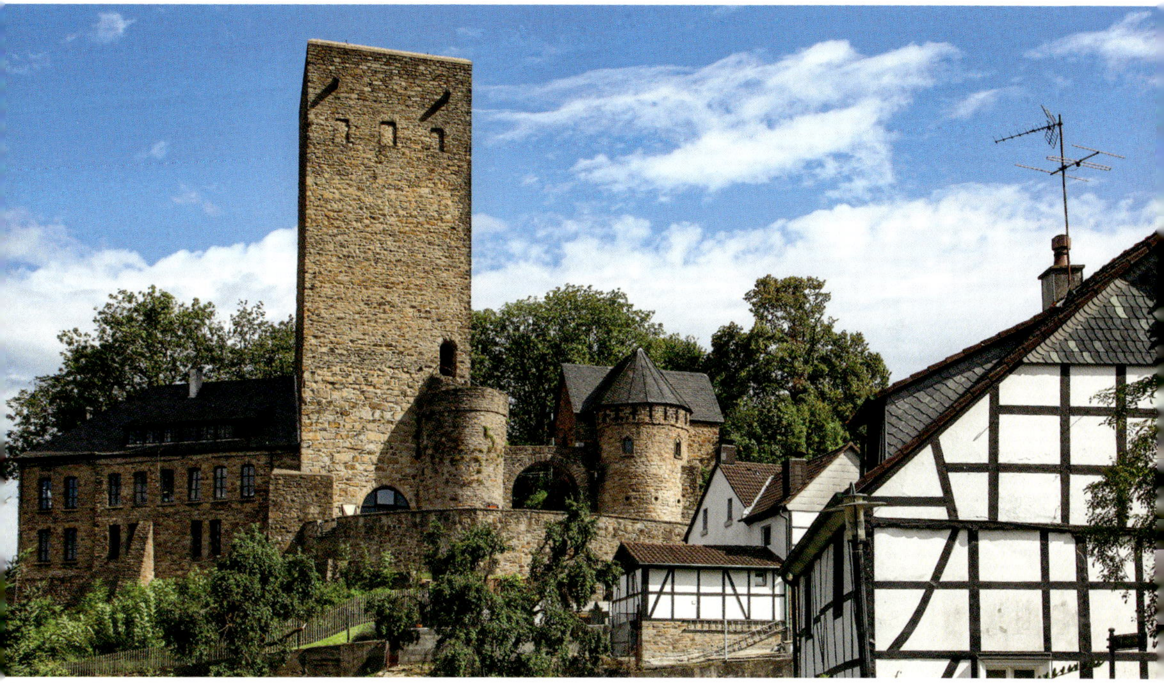

das Wasser reichenden Buhnen ein beliebter Badeplatz, doch inzwischen ist das Gelände fast komplett zugewachsen. Am Rettungsposten vorbei, schwenkt der Weg bald nach rechts, führt unter einer kleinen Eisenbahnbrücke hindurch (die Museumsbahn Ruhrtal verläuft hier) und bringt uns in einen lauschigen Laubwald. Gleich beginnt auch schon der recht steile Aufstieg hinauf auf die Hänge bei Welper. Mal steil, mal etwas flacher, auch mal ein paar Meter wieder hinunter führt uns der Weg weiter Richtung Anhöhe, während direkt neben uns das Gelände manchmal richtig abschüssig ist – Vorsicht mit kleinen Kindern!

Burg Blankenstein thront hoch über der Ruhr.

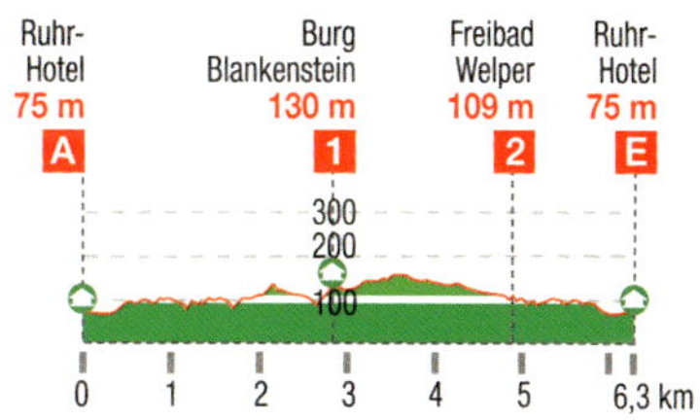

Wir wandern quasi am Rand von Welper entlang, passieren einige wenige Häuser, und auf der Höhe angekommen, bieten sich an einigen Felskanzeln herrliche Aussichten weit über die Ruhr und die Ruhrwiesen hinweg Richtung Bochum-Stiepel und hinunter zur alten Schleuse Blankenstein am Leinpfad. Die Ruhr hatte zur Schiffbarmachung für den Transport von Gütern und speziell der gewonnenen Kohle bis 1782 insgesamt 15 Schleusen von Witten bis zur Mündung in den Rhein erhalten. Mit etwas Glück dampft vielleicht gerade tief unter uns einer der histori-

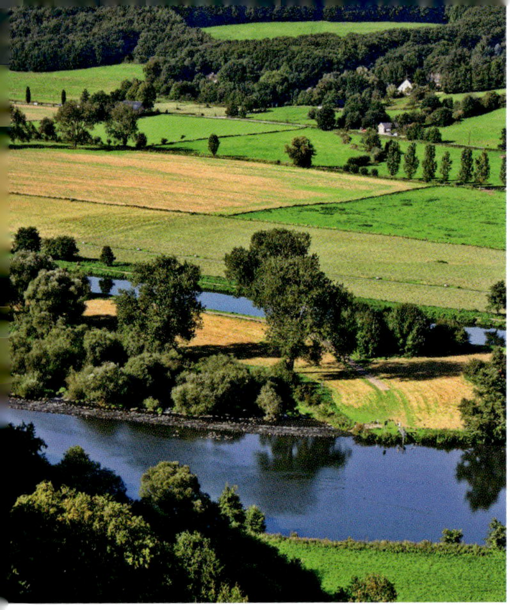

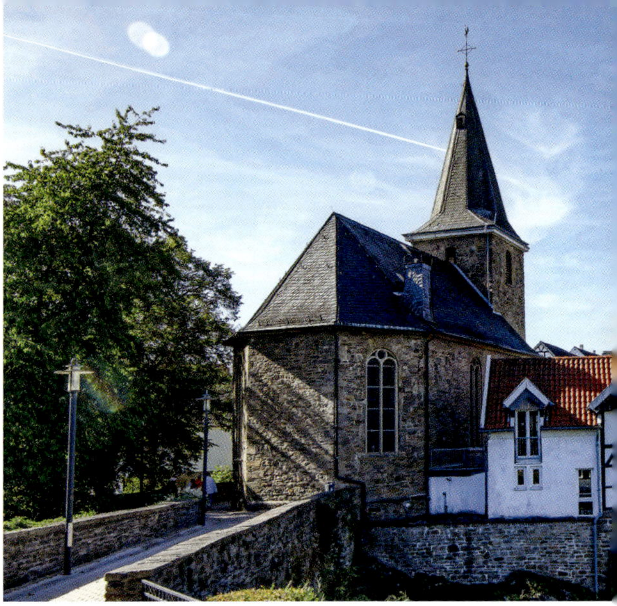

Tiefblick vom Burgturm auf die Ruhr und den alten Schleusenkanal

Rechts: Hattingen-Blankenstein lädt zu einer Extrarunde ein.

schen Züge des Eisenbahnmuseums Bochum-Dahlhausen vorbei, der auf der Museumsstrecke der Ruhrtalbahn dem Fluss bis nach Hagen folgt.

Auf Burg Blankenstein Unser Weg führt am Hang direkt unterhalb der Burg Blankenstein entlang, dann geht es gleich rechts hinein in den malerischen Ortskern von Hattingen-Blankenstein mit seinen vielen reizvollen Fachwerkhäusern, den schmalen Gassen und dem einladenden Marktplatz an der katholischen Kirche. Die 1 **Burg Blankenstein** mit ihrem viereckigen kompakten Turm aus Sandstein ist auch ohne das Wanderzeichen nicht zu verfehlen. 1228 ließ Graf Adolf I. sie zum Schutz seines Territoriums auf dem Felsplateau oberhalb der Ruhr auf dem »blanken Stein« errichten. Blankenstein war neben Wetter, Altena und Volmarstein eine der vier Hauptburgen der Grafen von der Mark, doch schon im 16. Jahrhundert begann ihr Verfall. Johann Georg von Syberg siedelte 1647 von der Burg Blankenstein hinüber in sein Erbgut Haus Kemnade. Einige Jahre später konnte die Familie den Abbruch Burg Blankensteins durchsetzen. Die Steine wurden zum Wiederaufbau von Haus Kemnade nach einem schlimmen Brand benötigt. Von der Burg blieb aber u. a. der 26 Meter hohe Wehrturm erhalten, der 80 Meter über der Ruhr tolle Aussicht ermöglicht. Er ist zudem wichtige Station der Bochumer Stadtgeschichte, denn dort bekam man 1321 die Stadtrechte verliehen.

Fluss mit Geschichte Bevor wir uns eine Rast im Restaurant oder Biergarten direkt an der Burg gönnen, sollten wir die herrliche Aussicht ins Ruhrtal genießen, auch hinüber zur uralten Stiepeler Dorfkirche auf der gegenüberliegenden Talseite. Gräfin Imma von Stiepel ließ einst auf ihrem Hof zu Ehren der Jungfrau Maria ein Gotteshaus errichten. Zum 1000-jährigen Bestehen 2008 erhielt die vormals katholische Wallfahrtskirche mit bedeutenden Fresken im Kirchenraum eine eigene Briefmarke. Beim Blick nach rechts sieht man den Kemnader See, der als jüngster der Ruhrstauseen erst 1979 eingeweiht wurde. Über den Leinpfad am Fluss stapften in früherer Zeit die mächtigen Kaltblüter, die die Schiffe gegen die Strömung zogen, nachdem

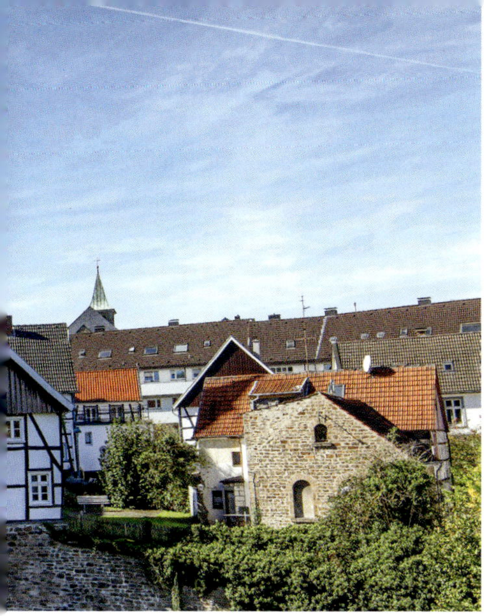

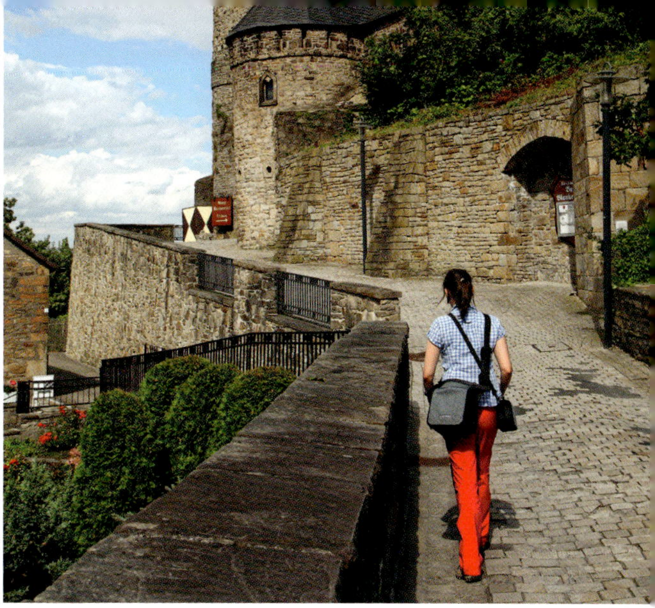

Dicke Mauern umgeben die Burganlage.

diese ihre Last – meist transportierte man die begehrte Kohle – flussabwärts gebracht hatten. Die sogenannten Ruhraaken (im Industriemuseum Zeche Nachtigall in Witten zu besichtigen) konnten ca. 150–175 Tonnen laden und zeichneten sich durch geringen Tiefgang aus. In der Folge entwickelte sich die Ruhr zur meistbefahrenen Wasserstraße Deutschlands. Doch auf Dauer konnte man mit der Eisenbahn (1847 entstand bereits der erste Gleisabschnitt Überruhr–Steele) und der Kanalschifffahrt nicht mithalten. Nach ihrer Hochblüte um 1850 ging die Ruhrschifffahrt allmählich zurück und wurde 1892 oberhalb von Mülheim eingestellt. An Wochenenden kann man dagegen heutzutage bei gutem Wetter am anderen Ufer mitunter große Gruppen Radfahrer sehen, die den beliebten Ruhrtalradweg entlangradeln.

Haus Kemnade

Sie gehört ganz sicher zu den schönsten Wasserburgen Westfalens! Zu Entstehungszeiten noch auf der rechten Ruhrseite gelegen, verlagerte der Fluss 1486 nach einem schweren Hochwasser seinen Lauf. Haus Kemnade beherbergt verschiedene Sammlungen (u. a. eine Instrumentensammlung) sowie ein Restaurant mit Biergarten im Burghof. Teil des Museums ist auch die ehemalige Meierei des Dorfes Stiepel, die bäuerliches Gerät und Möbel aus Westfalen zeigt.

Von Blankenstein zurück Ein kleiner Rundgang durch Blankenstein ist noch einmal ein Muss. Dabei kann man auch das Hattinger Stadtmuseum (Markt 1–3) besuchen. Danach geht's vom Marktplatz über die Straße Am Stadtmuseum zu Gethmanns Garten. Hier können wir beim Spaziergang durch die Grünanlage zwei weitere Aussichtsstellen entdecken, bevor wir durch die Häuser hindurch zur Hauptstraße kommen (wer den Park auslassen möchte, geht vom Marktplatz direkt geradeaus zur Hauptstraße).

Der Hauptstraße nach laufen wir zur Kreuzung, biegen dort in die Marxstraße und gehen weiter zum 2 Freibad Welper. Jetzt ist es nicht mehr weit, und wir sind wieder auf dem Hangweg, den wir schon vom Hinweg kennen. So biegen wir links ein und kehren mit »H im Kreis« abwärts durch den Wald zum E Ruhr-Hotel An der Kost zurück.

16

Am Baldeneysteig

Toller Höhenweg im Essener Süden

schwer | 26,8 km | 560 Hm | 8 Std.

Tourencharakter
Lange, abwechslungsreiche Seeumrundung, im waldreichen Nordteil bergiger mit vielen Hangwegen und Auf- und Abstiegen, südlich dagegen hochplateauartige Feldfluren

Ausgangs-/Endpunkt
Alter Bahnhof Kupferdreh (53 m)

Höchster Punkt
Baldeneyer Berg (165 m)

Anfahrt
Auto: A 44 bis AS Essen-Kupferdreh. GPS Alter Bahnhof: N 51.392686, O 7.077132
Bus & Bahn: S-Bahnhof Essen-Kupferdreh

Gehzeiten
Alter Bahnhof – Schwarze Lene 1.40 Std. – Baldeneyer Berg 0.30 Std. – Siedlung Brandenbusch 1 Std. – Wildgatter 1.15 Std. – Wehr 0.35 Std. – Haus Scheppen 1.20 Std. – Alter Bahnhof 1.40 Std.

Einkehr
Am Start- bzw. Endpunkt, etliche Möglichkeiten auf der Nordseite, Haus Scheppen am Südufer

Karten
Kompass Wanderkarte 1:50 000, Nr. 821 Ruhrgebiet, Karte 2; eine kostenlose Wanderkarte ist an vielen Stellen in Essen zu bekommen.

Information
Essen Marketing GmbH, Tel. 0201/88-72041 bis -72043, www.essen-tourismus.de

Hinweise
Es empfiehlt sich, den Steig nicht unbedingt im Sonntagsgetümmel anzugehen, schon wegen der dann entspannteren Parkplatzsituation.

Der neue Baldeneysteig eröffnet rund um den See herrliche Aussichten. Mal steil, mal gemütlich, mit viel Natur, Kultur und bäuerlichem Land, aber auch mit Reminiszenzen an Bergbau und Industrie, erlebt man viele interessante Facetten des Ruhrgebiets.

Auch in Häppchen Eines vorweg: Es gibt etliche Möglichkeiten, die Route zu verkürzen oder sich von vornherein für einen der bequemeren Abschnitte zu entscheiden. Bringt man ausreichend Zeit mit, ist aber auch die große Runde mit ein wenig Kondition gut zu schaffen.

Wir starten am Ⓐ **Alten Bahnhof Kupferdreh** mit dem Restaurant Lukas. Der 1898 eröffnete stilvolle Backsteinbau ist schon von außen reizvoll und wartet darüber hinaus mit einem sehenswerten stuckverzierten Wartesaal auf. Heute ist er Ausgangspunkt der 3,5 Kilometer langen Museumsbahnlinie der Hespertalbahn, die vom Bahnhof Kupferdreh zur einstigen Zeche Pörtingsiepen führt. Auf lauschiger Strecke pendelt die Bahn unweit des Baldeneysees zum alten Haus Scheppen und zurück.

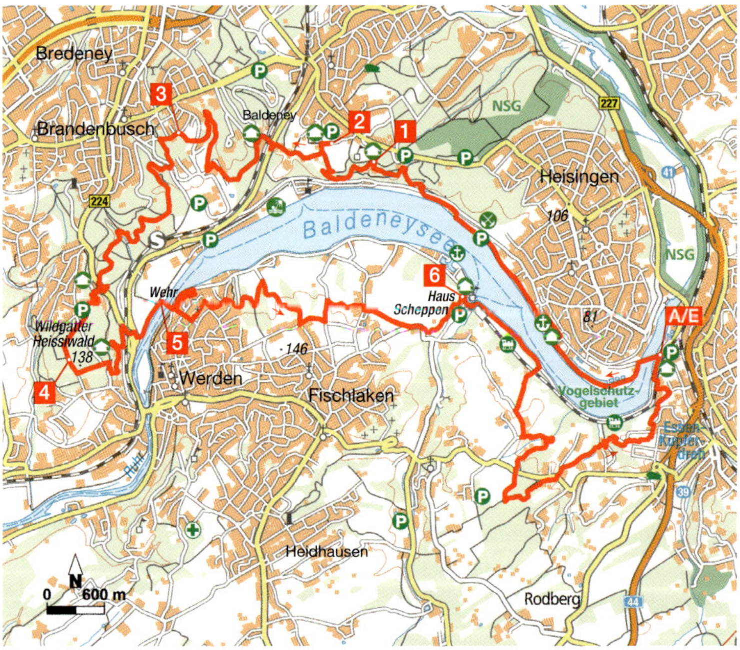

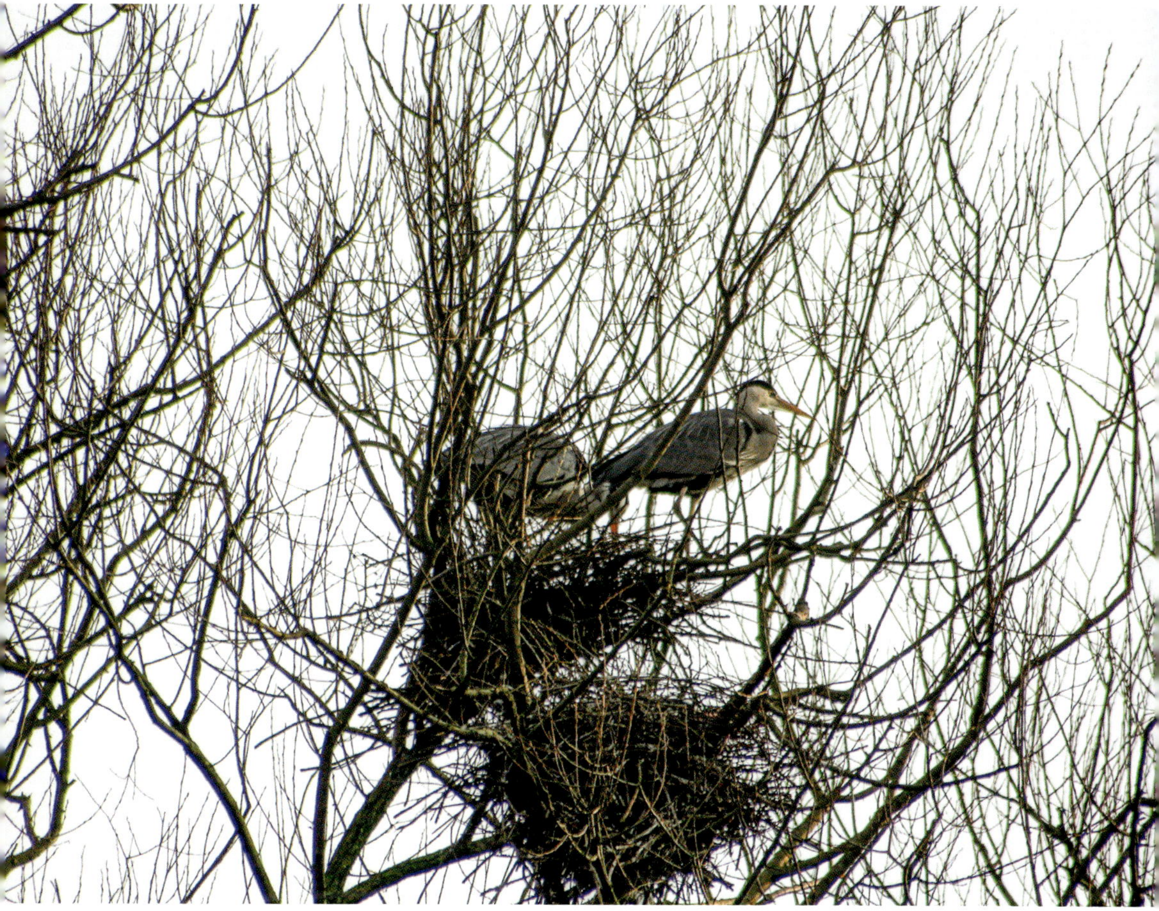

Reiherkolonie im Vogelschutzgebiet am Baldeneysee

Zum Heisinger Bogen Der gut markierte Baldeneysteig – das Wanderzeichen symbolisiert natürlich den blauen See mit den ihn umgebenden grünen Hügeln – lässt bei der Wegfindung keine Probleme aufkommen. Wir gehen die Rundtour gegen den Uhrzeigersinn. So steuern wir die Rad- und Fußgängerbrücke an, um auf die andere Seite zu wechseln. Sofort eröffnen sich schöne Blicke auf den See. Unterhalb von Heisingen zieht unser Weg hinunter zum Uferweg und am See entlang. Ein kleiner Höhepunkt wird gleich schon erreicht: das Vogelschutzgebiet Heisinger Bogen, das ein wichtiger Überwinterungs- und Rastplatz für die Zugvögel ist und noch alten Auwald aufweist. Fischreiher und viele weitere Wasservögel lassen sich im Frühjahr bei der Aufzucht ihrer Jungen sehr gut beobachten. Nicht nur der hungrige Nachwuchs verbreitet einen ganz schönen Lärm. Das Schutzgebiet entstand übrigens schon beim Bau des Sees.

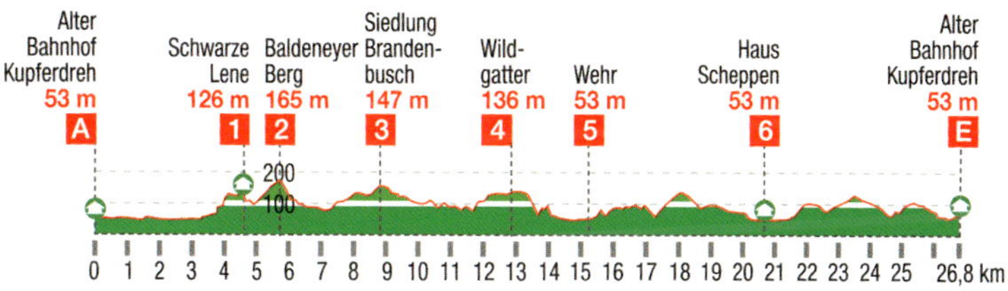

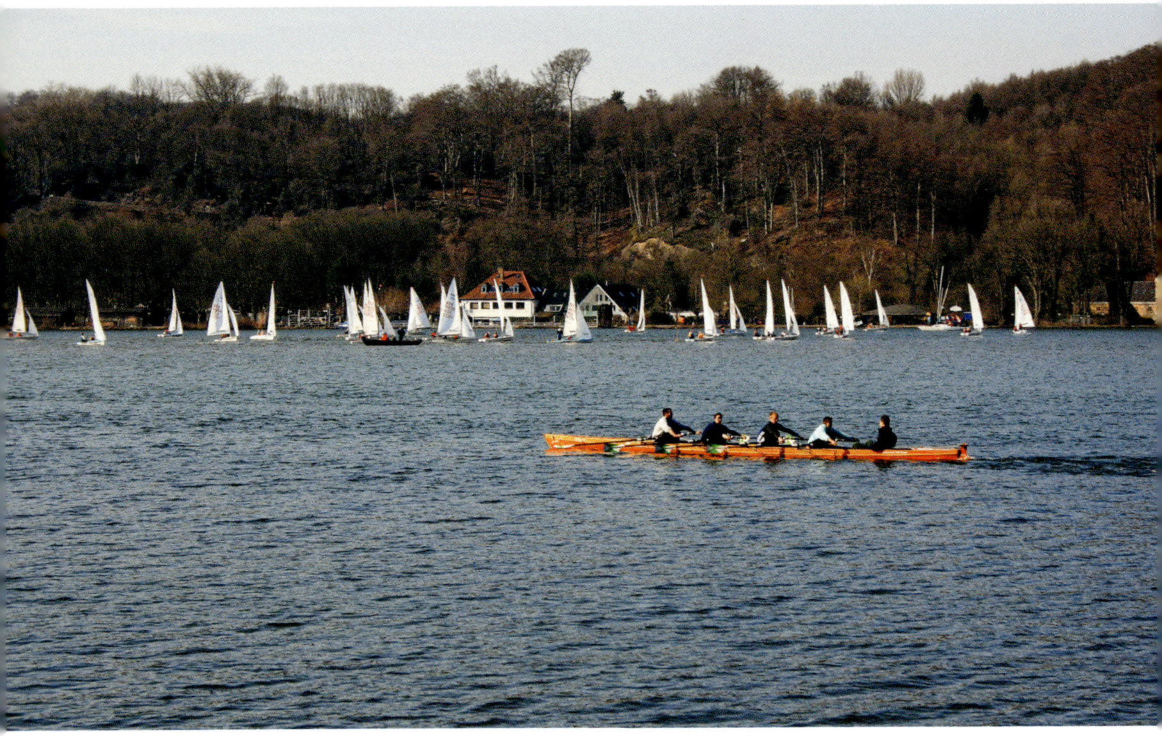

Der See ist ein beliebtes Wassersportrevier.

Vorbei an »Carl Funke« Am Campingplatz vorbei, passieren wir kurz darauf auch schon einen Gastronomiebetrieb direkt am Seeufer, dem sich der Sporthafen Heisingen anschließt. Nur ein Stück hinter der DLRG-Station ist dann die Anlegestelle Heisingen der Weißen Flotte Baldeney, deren Ausflugsschiffe von Frühjahr bis Herbst zu einer etwa zweistündigen Seerundfahrt einladen. Man kann aber auch einfach nur ein oder zwei Stationen mitfahren, um bequem zur anderen Seeseite zu gelangen, etwa zum alten Haus Scheppen mit den kleinen benachbarten Häfen.
So spazieren wir mit schönem Blick dort hinüber am Promenadenweg entlang. Unübersehbar ist hier am größten Ruhrstausee alles auf Wassersport eingestellt. Trotzdem, der Anfang der 1930er-Jahre angelegte Baldeneysee hat ein besonderes Flair, wirkt nicht wie ein Freizeitpark, sondern altehrwürdig. Dazu tragen auch die Überreste der historischen Zechenanlage Carl Funke mit dem Förderturm bei, die bis 1973 betrieben wurde – ein beeindruckendes Denkmal der Industriegeschichte im Essener Ruhrtal, das man hier entdecken kann.

Es geht aufwärts Kurz danach müssen wir uns dann an den Aufstieg machen, der es ganz schön in sich hat: Wie auf einem Bergweg steigen wir im Zickzack mit einigen großen Stufen aus Bruchstein durch alten Ruhrwald hinauf und gewinnen schnell an Höhe. Auf unbefestigtem Untergrund muss man schon mal etwas aufpassen. Doch die kleine Mühe lohnt sich, denn wir erreichen einen ersten tollen Aussichtspunkt mit wunderbarem Seeblick.
Nun geht's weiter durch den Wald, vorbei am Gasthaus Jagdhaus Schellenberg, das in früherer Zeit einmal als Wohnhaus für die Waldarbeiter der Waldbesitzerfamilie Vittinghoff-Schell genutzt wurde. Von dort führt einer der vier »Seitenblicke« des

Baldeneysteigs zu einem besonders beliebten Aussichtspunkt: der Korte-Klippe. Ihr Name erinnert an den verdienstvollen einstigen Essener Gartenbaudirektor Rudolf Korte. Wer sowieso nur ein Teilstück des Steigs geht, sollte diesen Abstecher (700 m) auf jeden Fall machen!

Richtung Baldeneyer Berg Wir wandern hoch über dem See am Hang entlang und kommen mit nochmals beeindruckender Aussicht durch den Wald zur ❶ **»Schwarzen Lene«**, einer weiteren traditionsreichen Gaststätte, die inzwischen in Restaurant Chicago umbenannt wurde. Dahinter könnte man, an der Zufahrt angelangt, einen zweiten »Seitenblick« (500 m) riskieren, denn ganz in der Nähe liegt die Ruine Neu-Isenburg. Um 1240 erbaut, fiel die Burg des Grafen Dietrich von Altena-Isenberg keine 50 Jahre später kämpferischen Auseinandersetzungen zum Opfer.
Nächste Station unserer Passage durch den bewaldeten Hang ist das Gasthaus Heimliche Liebe am ❷ **Baldeneyer Berg** (165 m). Anschließend geht es bergab. Ein paar im Wald verstreute Fachwerkhäuser – das sogenannte Walddorf Baldeney – gehörten auch einmal den Vittinghoff-Schells.

Im Kruppwald Bergab laufend, kommen wir zur Unterführung der Landstraße und der benachbarten S-Bahnlinie, hinter der gleich die uralte Klusenkapelle St. Aegidius steht, aber auch ein schönes Fachwerkhaus mit der Gaststätte Zur Kluse. An der Kapelle vorbei, verlassen wir bald das Sträßchen und betreten den Wald, der die imposante Villa Hügel und den Hügelpark umgibt. Es geht im großen Bogen hinüber bis zum Rand des Parks.
Hier könnte man einen Abstecher machen und den Hügelpark mit dem Kleinen Haus, das über die Familien- und Unternehmensgeschichte der Krupps und die Arbeit der Krupp-Stiftung informiert, besuchen bzw. die 1873 erbaute Villa aus der Nähe ansehen. Bis 1945 war sie der herrschaftliche Wohn- und Repräsentationssitz der für das Ruhrgebiet so prägenden Unternehmerdynastie. Die Villa beherbergt schon lange die Kulturstiftung Ruhr, die zu bedeutenden Ausstellungen verschiedenster Themenkreise aus Kunst und Kultur einlädt. Außerdem wäre von dort sehr schnell die S-Bahnstation Essen-Hügel erreicht.
Weiter dem Baldeneysteig nach, wandern wir durch den Wald, kreuzen später die Haraldstraße und steuern nun auf die im Stil einer Gartenstadt errichtete Siedlung Brandenbusch zu. Dort waren einst die zahlreichen Bediensteten der Villa Hügel zu Hause – quasi in Rufweite zur Herrschaft. Nur kurz wird die ❸ **Siedlung Brandenbusch** gestreift, dann kommen wir wieder im Wald noch einmal zum Rand des Hügelparks – diesmal auf der anderen Seite und mit schönem Blick Richtung See. Von dort geht's weiter zumeist am Hang entlang durch den Kruppwald.

Am Baldeneysee

Mit dem Ziel, die Wasserqualität der Ruhr zu gewährleisten, wurden zu Beginn der 1930er-Jahre die Pläne eines Stausees verwirklicht. Als Arbeitsbeschaffungsmaßnahme schufteten Tausende Arbeitslose, teilweise nur mit Schaufel und Spaten ausgerüstet, um den größten der fünf Ruhrstauseen anzulegen. Gut 8 km lang, ist er heute unverzichtbares Naherholungsgebiet mit vielen Wassersportmöglichkeiten, auch für den ambitionierten Sportler – u. a. findet hier jedes Jahr mit der »Essener Woche« die größte deutsche Binnenseeregatta der Segler statt. Und inzwischen darf man im See auch wieder baden!

Heissiwald und Wehr Der Weg zieht weiter bis zur Bredeneyer Straße (B 224), der wir links ein Stück nachgehen. Von dort geht es jetzt im Heissiwald aufwärts zum **4 Wildgatter Heissiwald**, einem sechs Hektar großen Areal für Rotwild und Wildschweine. Danach bringt uns die Route über den Weg zur Platte zu einem nächsten Gasthaus, der Villa Vue samt Aussichtsstelle. Folgte man dem Sträßchen dann bis hinunter nach Werden, käme man fast schon an der S-Bahnstation Essen-Werden heraus.

Wir aber biegen vorher links ab in den Wald und passieren gleich wieder eine Gaststätte mit Prachtblick: das Wirtshaus Zum Purzel, das wie die Villa Vue direkt oberhalb der liebevoll gestalteten Brehminsel bei Werden liegt. Erst am Hang wandernd, geht es dann direkt hinunter zur Bredeneyer Straße, die uns auch über die Bahntrasse bringt. Kurz darauf ist der Uferweg entlang der Ruhr erreicht, und wir spazieren Richtung **5 Wehr** von 1933, das seither auch mit zwei Turbinen Strom produziert und hinüber nach Werden führt.

Hespertalbahn und Weiße Flotte Baldeney

Infos zur Hespertalbahn findet man unter www.hespertalbahn.de; mehr zur Weißen Flotte Baldeney gibt's unter www.baldeneysee.com.

Durch Alt-Fischlaken Unterhalb von Werden erreichen wir die andere Seeseite. Dort folgen wir erst dem Hardenbergufer, wie der Promenadenweg am See hier heißt, dann geht es kurz in Serpentinen hinauf nach Werden und über den Friedhof zu einer weiteren schönen Aussicht. Anschließend führt der Steig im Süden des sehr ländlichen Stadtteils Fischlaken in leichtem Auf und Ab durch die bäuerliche Landschaft. Vorbei an nur wenigen verstreut liegenden Häusern, wandern wir mal durch kleine Waldstücke, mal durch Felder und Wiesen, dabei auch über kleine Straßenabschnitte, wie z. B. an der Zimmermannstraße, die mit weitem Blick über den See und die Umgebung erfreut. Man sieht das Krupp-Denkmal, die Korte-Klippe und auch den Förderturm der ehemaligen Zeche Carl Funke.

An der Kreuzung (mit Bank) mit dem Wirtschaftsweg Am Schmalscheid wenden wir uns abwärts Richtung See, nehmen aber bereits nach 200 Metern den Abzweig nach rechts. Im weiteren Verlauf sehen wir etwas abseits einen Hinweis zu Relikten der ehemaligen Zeche Pörtingsiepen. Im leichten Bergab stoßen wir danach an einem Hof mit einem alten Bruchsteinhaus auf den Wirtschaftsweg Fischlaker Höfe. Hier, in der Bauerschaft Alt-Fischlaken, gibt es noch eine alte bäuerliche Ansiedlung mit einigen Vollerwerbs-Landwirten. Nahe der Reitanlage am Maashof stoßen wir auf ein weiteres Sträßchen, biegen links ein und verlassen es wenig später nach links. Jetzt zieht der Weg gemächlich Richtung See.

Alte Zeche Pörtingsiepen Bei **6 Haus Scheppen** sind wir zurück am Baldeneysee. Das einstige adelige Lehnsgut der Abtei Werden wurde im Zweiten Weltkrieg zerstört und ist seither eine Ruine. Wegen der schönen Lage direkt am Wasser und dank der Gastronomie ist es aber seit Langem ein beliebter Anziehungspunkt und als Motorradtreff bekannt. Am Hafen vorbei, gelangen wir über den Zufluss des Hesperbachs hinweg gleich darauf zur Endstation der Hespertalbahn. Auch im Hespertal wurde einst das »schwarze Gold«, die Steinkohle, gefördert und dann per Bahn abtransportiert. Ein kleiner Fußweg, der heute die einstige Bahntrasse am Bergwerk markiert, führt bei einem kurzen Abstecher zur großen Seilscheibe mit Infotafel, die unübersehbar an die alte Zeche Pörtingsiepen erinnert.

Über die Höhen zurück Wir bleiben am Hardenbergufer und wandern unterhalb des kleinen grünen Walls weiter. Gleich danach schwenkt der Baldeneysteig noch einmal nach rechts in die Hügel südlich des Sees (man könnte aber auch am Hardenbergufer bleiben, wenn man den Weg verkürzen möchte). Durch ein kleines Waldstück kommen wir zu einem Feldsträßchen, biegen links ein und genießen wieder weite Blicke. Danach folgen wir dem Baldeneysteig nach links durch Wald und Feld. Wir erreichen die etwas größere Hammer Straße und nehmen gegenüber den Weg am Waldrand entlang. Im Linksbogen führt uns die Route anschließend zurück zur Hammer Straße. Haben wir diese überquert, gehen wir an ihr 200 Meter rechts entlang und biegen dann links in den Augustaweg, von dem wir weiter absteigend ins kleine, stille Moosbachtal kommen. Von dort geht es aber wieder hinauf und über das kleine Hochplateau mit der Siedlung Dilldorfer Höhe bei Kupferdreh. Dort spazieren wir durch einen Park, hinter dem wir nun endgültig abwärts Richtung Tal gehen.

Kurz ein Gewerbegebiet streifend, kreuzt noch einmal die Hespertal-Bahnstrecke den Weg. Wir überqueren sie an der Mündung des Deilbachs, um zurück ans Seeufer zu gelangen. Nach wunderbaren 26 Kilometern in den Beinen ist es jetzt nur noch ein Klacks bis zum E Alten Bahnhof Kupferdreh.

Über das Wehr wird die andere Uferseite erreicht.

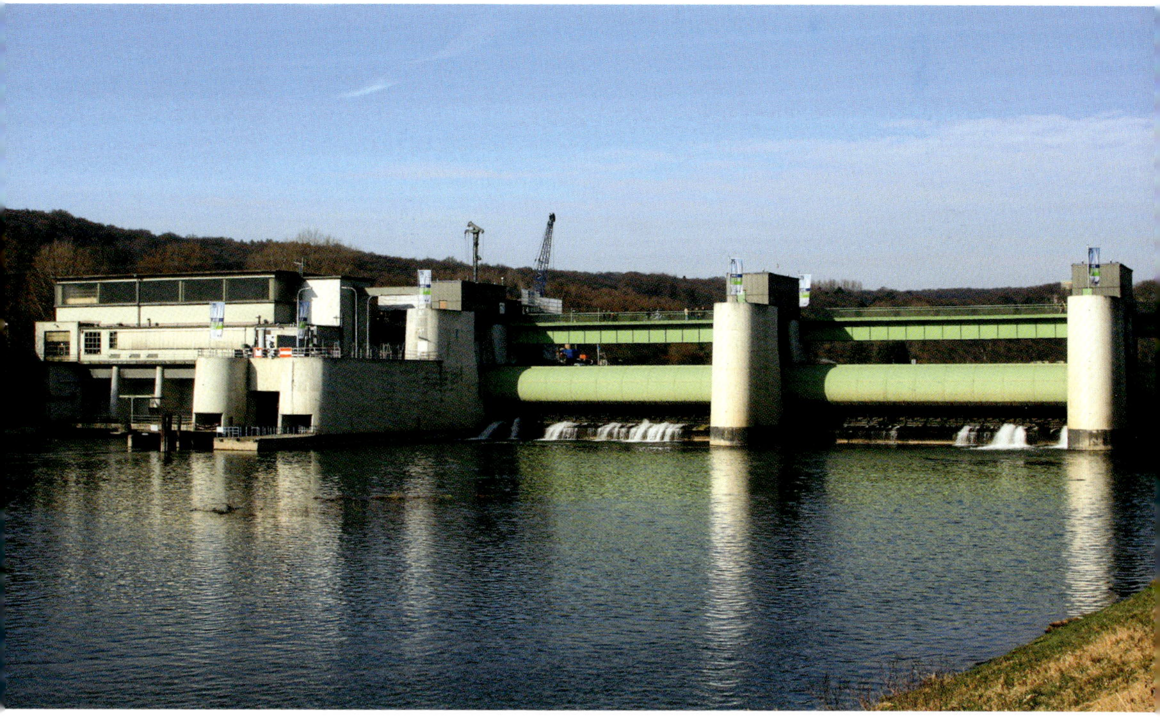

17 Von Mintard nach Saarn

Mülheimer Berge und Ruhrauen

mittel | 16,3 km | 140 Hm | 4.15 Std.

Tourencharakter
Vielgestaltige Rundwanderung, geprägt durch zwei markante Anstiege und ein längeres Spazierstück im Tal. In der Regel befestigte Wege, wechselnde Markierungen erfordern aber schon mal Aufmerksamkeit.

Ausgangs-/Endpunkt
Mülheim-Mintard, Dorfstraße, Kirche St. Laurentius (42 m)

Höchster Punkt
Am Mintarder Berg (116 m)

Anfahrt
Auto: A 52 bis AS 25 Breitscheid, dann B 1 Richtung Mülheim und über Kahlenbergsweg und Am Stoot. GPS Kirche: N 51.371978, O 6.903582
Bus & Bahn: S-Bahnhof Essen-Kettwig Stausee (S 6), dann mit Bus 762 bis Am Stoot, anschließend ca. 450 m Fußweg zum Startpunkt

Gehzeiten
Kirche – am Mintarder Berg 0.40 Std. – B 1 0.35 Std. – Ruhrtalradweg 0.55 Std. – Ruhr 0.30 Std. – Auberg 1 Std. – Kirche 0.35 Std.

Einkehr
In Mintard, Fahrenkamp und Saarn

Karte
Kompass Wanderkarte 1:50 000, Nr. 821 Ruhrgebiet, Karte 2

Information
Mülheim-Tourismus, Tel. 0208/96 09 60, www.muelheim-tourismus.de

Hinweis
Am Kreuzungspunkt von Hin- und Rückweg könnte die Wanderung auf knapp 10 km abgekürzt werden.

Im Mülheimer Süden ersteigen wir Mintarder Berg und Auberg, wandern durch die Ruhrauen und kommen unterwegs zum alten Kloster Saarn und zur gewaltigen Mintarder Brücke. Zurück in Mintard könnte man noch einen Ausflug ins nahe Kettwig machen.

Auf den Mintarder Berg Los geht es im ländlich-dörflichen Mintard an der Ⓐ **kath. Pfarrkirche St. Laurentius**, die aus dem 9. Jahrhundert stammt und Mülheims älteste Kirche ist. Hier, im Süden der Stadt, schließen wir uns im Tal der Ruhr gleich den beiden Wanderzeichen »weißes Quadrat« und »weißer Doppelbalken« an. So gehen wir nach einem kurzen Stück Straße Richtung steilem bewaldetem Hang am Mintarder Berg und hinaus aus der Bebauung.

Der Weg zieht durch den Wald in die Höhe, führt uns zu einer ersten schönen Aussichtsstelle und anschließend über den ① **Mintarder Berg** hinweg, auf dem wir den höchsten Punkt der gesamten Route überschreiten. Zahlreiche Wanderwege überziehen die Anhöhe, die seit 2005 zum Naturschutzgebiet Mintarder Ruhrtalhang und Mintarder Berg gehört. Wir bleiben auf den Höhen, wandern jetzt Richtung Autobahn, überqueren kurz darauf auf einer kleinen Brücke die A 52 und orientieren uns ab hier nur noch am »weißen Quadrat«. Die imposante Ruhrtalbrücke an der A 52, auch Mintarder Brücke genannt, die wir schon im Tal bewundern konnten, ist vielen wahrscheinlich bekannt; wir kommen ihr später noch einmal sehr viel näher.

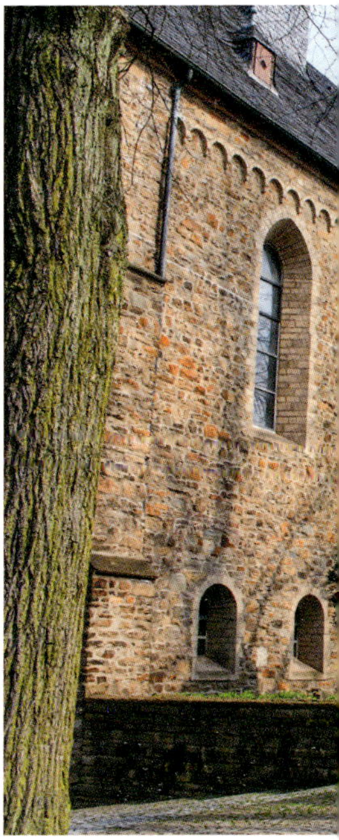

Durch offene Feldfluren mit verstreut liegenden einzelnen Höfen und Reiterhöfen wandern wir nun leicht abfallend über eine kleine Straße (Heidendoren) hinüber zur ② **Bundesstraße 1**, die hier Kölner Straße heißt. Nun ohne Wanderzeichen kurz rechts an ihr entlang (gut 200 m), dann biegen wir links in den Schmielenweg ein und schlagen einen kleinen Bogen, weg von der Bundesstraße und wieder zurück: Dafür zweimal rechts halten, dann queren wir erneut die B 1. Dabei kommen die Markierungen »Raute 2« und noch einmal »weißer Doppelbalken« hinzu. So geht es hinter der Bundesstraße nach einem offenen Wegabschnitt auf lauschigem Pfad durch ein Waldstück. Das Gelände neigt sich dann wieder etwas, und bald treffen wir in Friedhofsnähe an einer Kreuzung auf die querende Voßbeckstraße. Hier könnte man rechts einbiegen und die Runde deutlich verkürzen (s. »Hinweis«).

Durch die Ruhrauen Wir folgen unseren beiden Wanderzeichen über die Kreuzung hinweg und am Friedhof vorbei nochmals kurz durch ein Wäldchen und hinunter ins Ruhrtal. Dort treffen wir auf den Ruhrauenweg und auf den beliebten 3 **Ruhrtalradweg**.

Wir verlassen jetzt beide Markierungen, denn wir biegen links in den Weg durch die Auen ein. Das Tal präsentiert sich hier weit und offen, und Fluss und Mintarder Straße sind ein gutes Stück entfernt. Wir halten uns an die Wandermarkierung »schwarzer Doppelbalken« und bleiben so die nächsten drei Kilometer gemütlich im Tal. Bis zur Ruhrbrücke an der B 1, der Mendener Brücke, leitet uns das Wanderzeichen, zieht dort aber über den Fluss weg.

Für uns geht es weiter durch die Saarn-Mendener Ruhrauen, und ca. 300 Meter hinter der Brücke bekommen wir mit »A8« ein neues Wanderzeichen. So laufen wir

Kloster Saarn

Die ehemalige Klosteranlage der Zisterzienserinnen mit Gebäudeteilen aus dem 13.–19. Jh. ist wegen ihrer barocken Elemente hoch angesehen. Zeitweise ein Damenstift, ist sie heute Bürgerbegegnungsstätte mit Klostercafé. Umgeben von einem schönen Park, finden in der Klosterkirche gehobene geistliche Konzerte statt. Eine große Pfarrbibliothek und die interessante Ausstellung im Kreuzgang sind außerdem zu besichtigen (www.kloster-saarn.com).

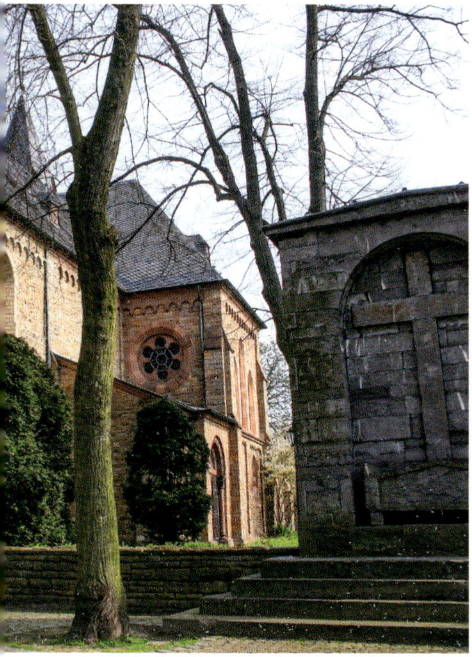

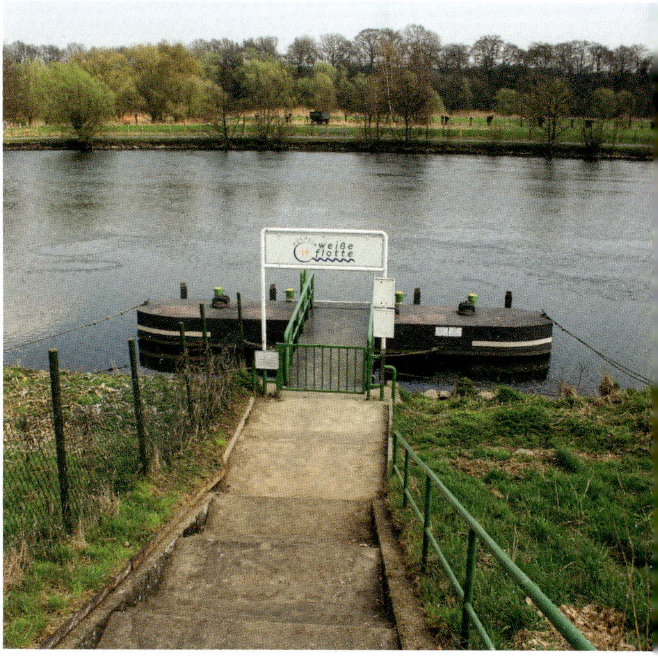

Links: Das ehemalige Kloster Saarn

Anlegestelle der Weißen Flotte

hinüber zur ❹ **Ruhr** und auf dem Leinpfad ein kleines Stück an ihr entlang, während jenseits des Flusses die Jugendherberge Kahlenberg oberhalb der Bruchsteinmauer und noch weiter oben auf dem Kamm der Bismarckturm zu sehen sind. Links haltend geht es hier bereits wieder durch die Auen und vom Fluss weg. Wir überqueren den Mühlenbach und nähern uns dabei dem Gelände am früheren Saarner Kirmesplatz. Hier stand auch ein paar Jahre lang der Storchenturm GEORCH, ein 17 Meter hoher Aussichtsturm und Objekt des Künstlers Peter-T. Schulz.

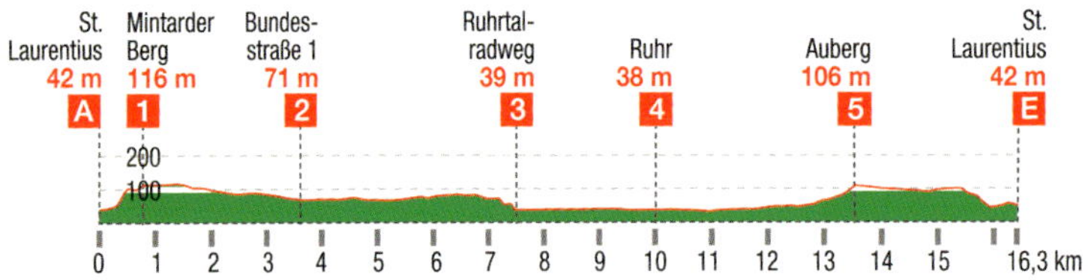

Auf den Auberg Anschließend beginnt der Rückweg, und dafür nutzen wir das Wanderzeichen »weißer Winkel auf schwarzem Grund«. Dabei geht es bald unweit des parallel verlaufenden Saarner Damms weiter, einem Fuß- und Radweg auf der früheren Trasse der Ruhrtalbahn, und mit besonderem Ruhrauenblick (Landschaftsinszenierung Auenblick) zur Mendener Brücke. Danach laufen wir am ehemaligen Kloster Saarn vorbei, das zu einem kleinen Abstecher in den Park einlädt. Wir kommen anschließend in die Landsberger Straße, die im weiteren Verlauf geradeaus in die Voßbeckstraße übergeht. Vorbei an den letzten Häusern Saarns,

Am Mintarder Berg – im Hintergrund die große Ruhrtalbrücke

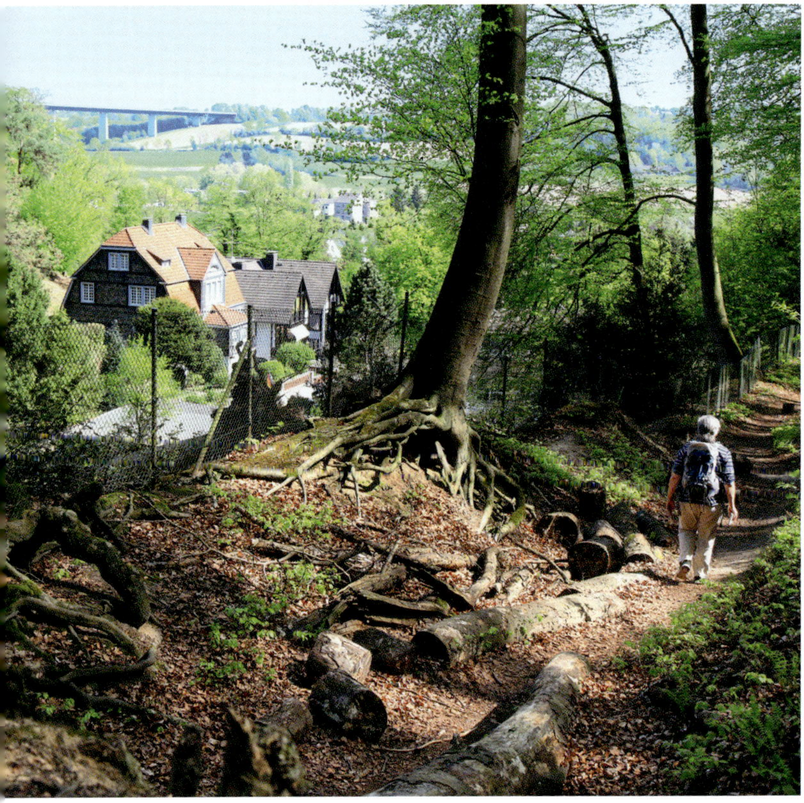

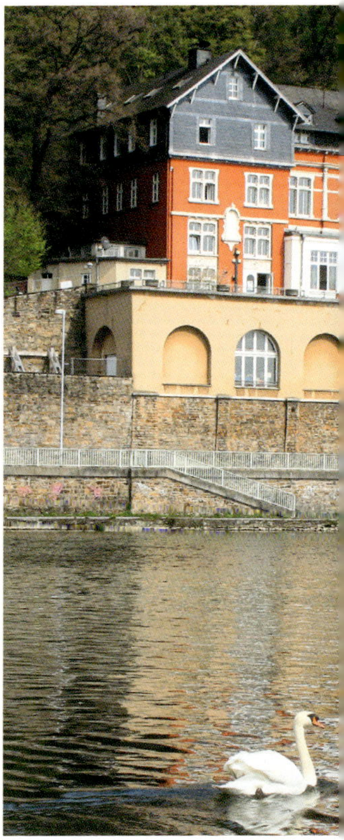

steigt der Weg jetzt immer mehr an. Dabei geht es direkt auf den Wald zu und zur Kreuzung am Friedhof, die wir schon vom Hinweg kennen: hier geradeaus weiter der Voßbeckstraße nach. Am Friedhof vorbei, umkreisen wir nun mit dem »weißen Winkel« die höchste Erhebung des **5** **Aubergs**. Der 106 Meter hohe Höhenzug zwischen Selbeck und Saarn gehört zu den letzten Ausläufern des Bergischen Landes, die hier das Obere Ruhrtal begrenzen. Und der Auberg als beliebtes Ausflugsziel ermöglicht vor allem auch eine herrliche Aussicht über Mintard und das Ruhrtal.

Zurück nach Mintard Anschließend geht es geradewegs zurück nach Mintard, Mülheims ländlichstem Stadtteil überhaupt. Offene Wiesenlandschaft mit nur wenigen Höfen und kleinen Waldstücken umgibt uns erneut. Dabei können wir uns schon kurz hinter dem Auberg und bis zu unserem Ziel nach dem Wanderzeichen »XR« bzw. dem »X« des Ruhrhöhenwegs richten.

Zuletzt steigen wir am bewaldeten Hang abwärts und unterqueren die gewaltige, doch elegant wirkende Mintarder Brücke. Bis zu 60 Meter hoch, überspannt die Ruhrtalbrücke mit rund 1800 Meter Länge das gesamte Tal. Jetzt noch ein Stück der Mintarder Dorfstraße nach, und schon ist die **E** **Pfarrkirche St. Laurentius** wieder erreicht.

Wer jetzt noch Zeit und Lust hat, könnte im nahen Kettwig die stimmungsvolle Altstadt erkunden und eine der zahlreichen schönen Einkehrmöglichkeiten besuchen.

Links: Am gegenüberliegenden Ufer liegt die Jugendherberge von Mülheim.

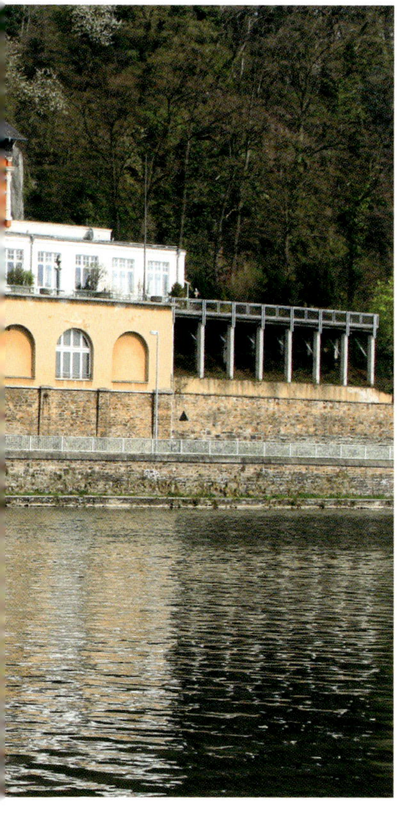

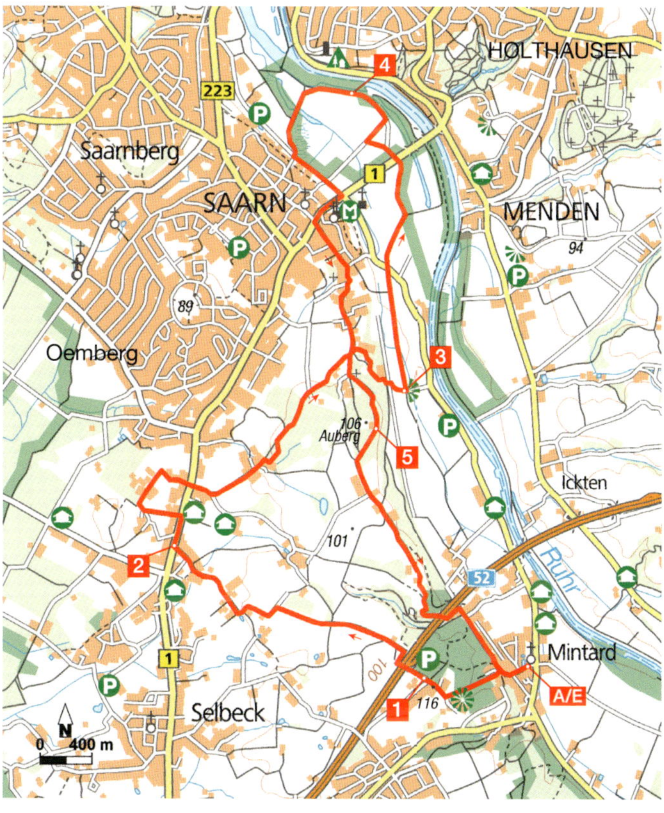

18

Am »langen Berg«

Bei Velbert in die Bergische Schweiz

leicht | 9 km | 160 Hm | 2.40 Std.

Tourencharakter
Kurzweilige Runde durch die Hügellandschaft zwischen Deilbachtal und Hordtberg, weitestgehend über kleinere Straßen. Nach kräftigem Anstieg bleibt der Weg zunächst auf der Höhe und zieht erst am Ende wieder bergab.

Ausgangs-/Endpunkt
Velbert-Langenberg, Parkplatz Eventkirche (110 m)

Höchster Punkt
Niederelfringhausen (253 m)

Anfahrt
Auto: A 44 bis AS 37 Velbert-Nord, dann B 224 bis AS Velbert-Tönisheide und weiter über Kuhlendahler und Hauptstraße. GPS Parkplatz Eventkirche: N 51.349927, O 7.123883
Bus & Bahn: S-Bahnhof Velbert-Langenberg (S 9), dann 400 m Fußweg bis zur Hauptstraße und von dort starten

Gehzeiten
Eventkirche – Restaurant Bergische Schweiz 0.25 Std. – Niederelfringhausen 0.50 Std. – Bismarckturm 0.55 Std. – Eventkirche 0.30 Std.

Einkehr
In Langenberg in größerer Auswahl; unterwegs am Bismarckturm

Karte
Kommunalverlag Tacken, Wanderkarte 1:25000, Elfringhauser Schweiz

Information
Velbert Maketing,
Tel. 02051/60550,
www.velbertmarketing.de

Diese kleine Runde bei Velbert-Langenberg hat mit der Bergischen Schweiz nicht nur ein landschaftliches Kleinod zu bieten, sondern auch eine besonders tolle Aussicht vom Bismarckturm. Zum Schluss wartet die malerische Altstadt auf einen Besuch.

Im Deilbachtal Wir starten in Velbert-Langenberg, das von einer überaus sehenswerten Altstadt geprägt ist. Verwinkelte kleine Gassen, die durch den alten Ortskern und auch in die Höhe führen, präsentieren eine große Anzahl hübscher Fachwerkhäuser im bergischen Stil, die oft schieferverkleidet und mit ihren grünen Fensterläden wirklich bezaubernd aussehen.

Am Parkplatz hinter der sogenannten Ⓐ **Eventkirche** nehmen wir den Fußweg neben dem Bach und haben schon das Wanderzeichen »Raute 6« zur Orientierung. So unterqueren wir eine befahrene Straße und gelangen gleich in die Grünanlage am Deilbach. Weiter geht es hinüber zu einer kleinen Straße (Panner Straße). Zu unserer Linken zieht schon der

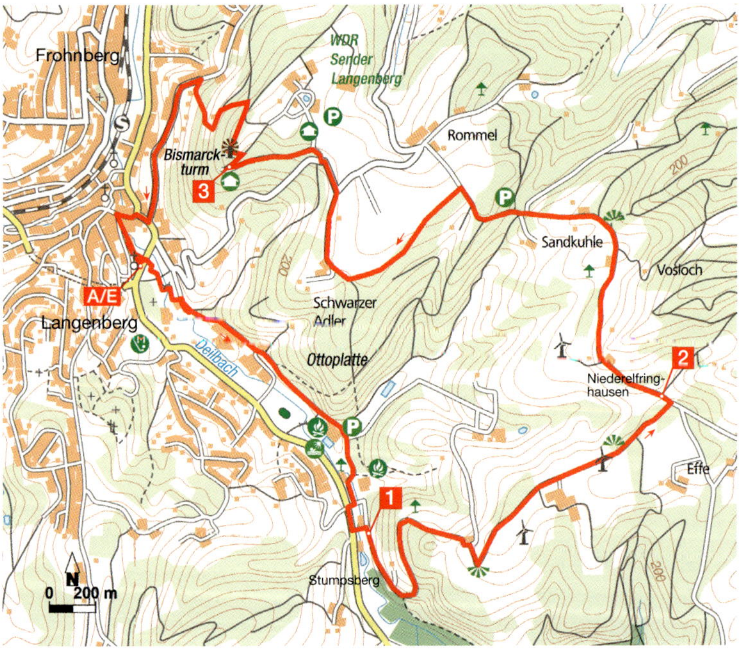

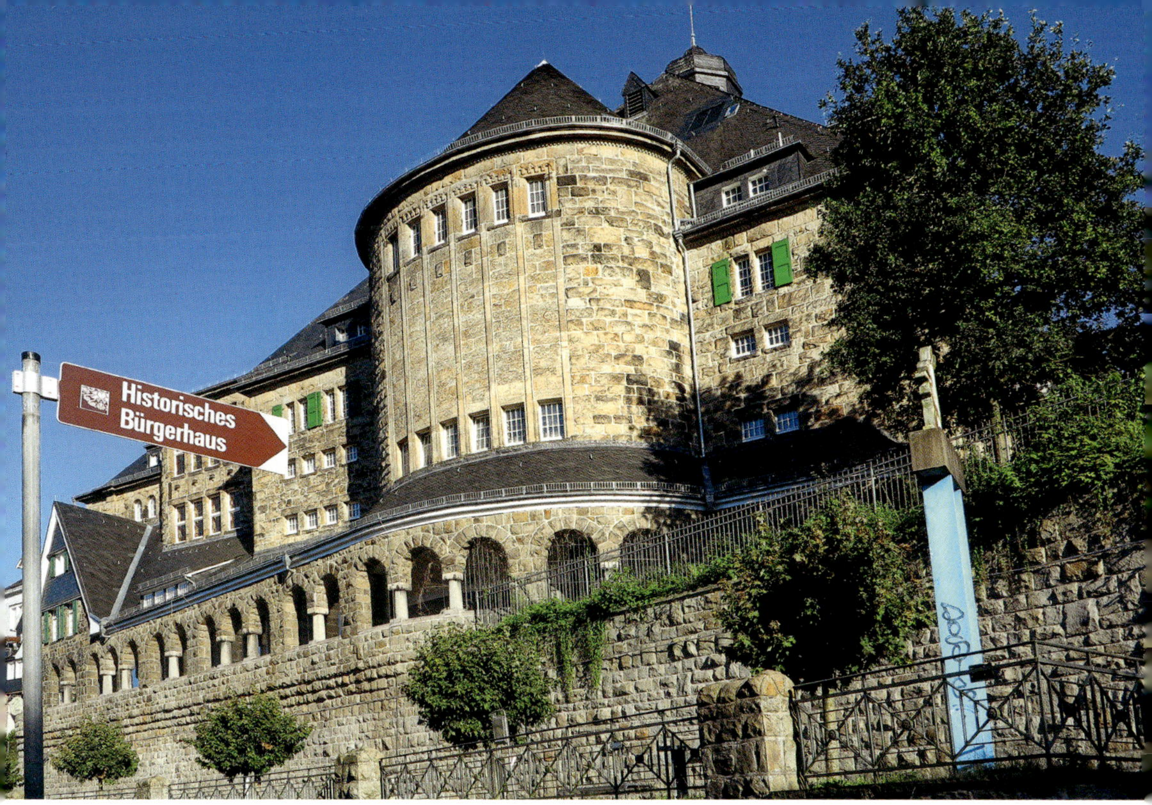

Das imposante Bürgerhaus von Langenberg

Wald recht steil in die Höhe, und dort hinauf wollen auch wir, um dem Bismarckturm einen Besuch abzustatten. Doch eine knappe halbe Stunde können wir noch gemütlich ohne Steigung geradeaus weiterspazieren.
Das Wanderzeichen verlässt uns am Nizza-Bad und zieht nach links weg. Kurz vor dem 1 **Hotel Bergische Schweiz** biegen wir links in die Straße Stumpsberg ab und folgen nun der Markierung »Raute 7«. Der Straßenname besagt es schon: Es geht hinauf!

Zum Höhenweg Erst wandern wir im Wald, dann öffnet sich das Gelände, und nun können wir die ersten schönen Blicke genießen. Bergische Schweiz, ja es wundert nicht, dass man hier auf diese Bezeichnung trifft. »Raute 7« leitet uns weiter hinauf und an Bembergshof vorbei, bis die kleine Straße auf der Höhe endet. Wir biegen links ab in die Straße Höhenweg, und auch die trägt ihren Namen ohne Zweifel zu Recht, bleibt sie doch konsequent auf der Höhe.
Kurz darauf verlassen wir das Wanderzeichen »Raute 7«, das nach rechts verläuft. Wir dagegen gehen geradeaus weiter und erreichen in 2 **Niederelfringhausen** auch schon den höchsten Punkt der Wanderung. Unverändert dem Höhenweg nach, lei-

Langenberg

Was einst um die Lambertikapelle als bäuerliche Siedlung am »langen Berg« begann, wurde dank der Wasserkraft von Hardenberger und Deilbach zu einem Ort mit lebendiger Kleinindustrie. Mühlen, Schleifkotten und Schmieden, Eisen- und Kupferhämmer betrieb man dort. Im 18. Jh. blühte dann die Seidenweberei. Ein Wahrzeichen ist heute sicher der Langenberger Sender, der, 1926 erbaut, viel zum Bekanntheitsgrad des Ortes beiträgt.

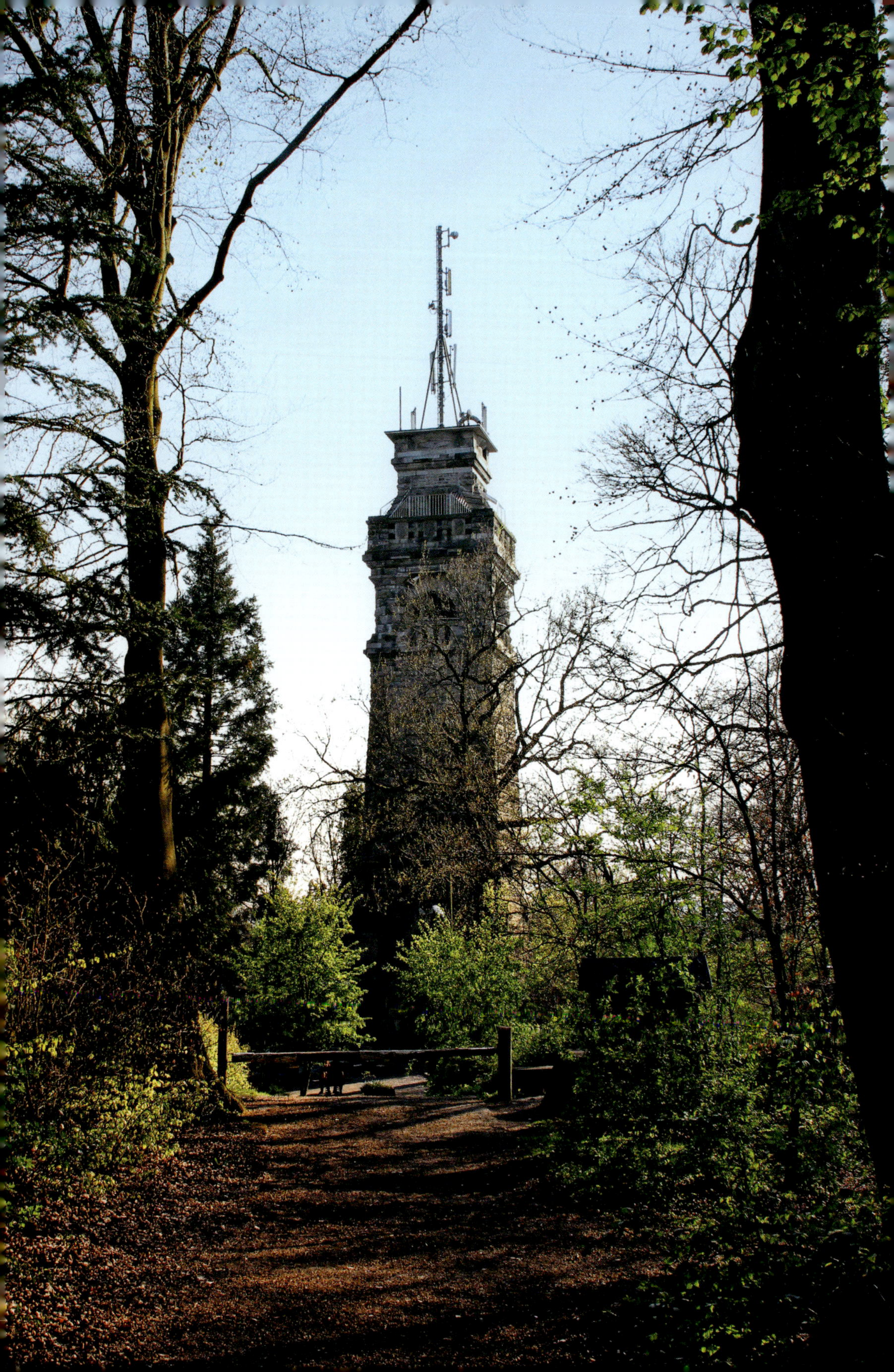

tet uns jetzt wieder die Markierung »Raute 6«. So kommen wir an der Zufahrt zu einem der großen Windräder vorbei. Kleine Waldstücke wechseln sich am wenig befahrenen Sträßchen mit offener Feld- und Wiesenlandschaft ab, die herrliche Ausblicke über die von vielen kleinen Hügeln und tief eingeschnittenen Bachtälern geprägte Landschaft freigibt.

An der folgenden Straßeneinmündung erreichen wir einen Wanderparkplatz und gelangen erneut in ein Waldstück. Zugleich trifft von rechts die Markierung »X17« auf unser Sträßchen, das nun Hüserstraße heißt, denn wir haben hier einmal die Stadtgrenze zu Hattingen überschritten. Noch ca. 350 Meter geradeaus, dann leitet das Wanderzeichen links von der Hüserstraße weg.

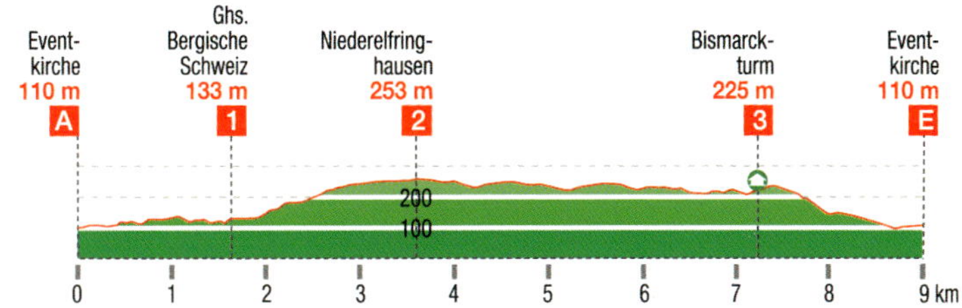

Am Bismarckturm Einen der großen Masten der Sendeanlage Langenberg haben wir nun im Blick, der auf einer Anhöhe von 245 Metern steht. Jetzt ist es auch gar nicht mehr weit, und Markierung »X17« hat uns rasch hinüber zum 3 **Bismarckturm** gebracht. Der verspricht nicht nur ein besonders schöner Aussichtspunkt zu sein, mit einem wirklich tollen Blick über Langenberg mit seiner hübschen Fachwerk-Altstadt und die weitere Umgebung. Vielmehr kann man dort auch lecker im Bistro »Das Baumhaus« einkehren oder das eine oder andere Abenteuer im Freizeitpark erleben, denn Turm und Grundstück gehören zum Waldkletterpark Langenberg. Am Fuß des Aussichtsturms gibt es u. a. die Möglichkeit, Minigolf zu spielen, zu picknicken oder aber den spannenden Klettergarten zu erleben.

Uns leitet anschließend beim Rückweg ins Tal das Wanderzeichen »X17«. In mehreren Kehren gelangen wir dabei den Berg hinab und zügig hinunter zur Hauptstraße, wo wir den Markierungen der Straße entlang folgen.

Zurück nach Langenberg Kurze Zeit später wird die Straße überquert. Bleiben wir beim Wanderzeichen, spazieren wir direkt ins Zentrum von Langenberg, das zu den hübschen bergischen Fachwerkhäusern in der Altstadt auch ein wirklich gewaltiges und ebenso prächtiges historisches Bürgerhaus aus Ruhrsandstein vorzuweisen hat. Es ist nicht zuletzt Zeuge dafür, dass Langenberg einmal eine große wirtschaftliche Glanzzeit in der Hochblüte der Tuchherstellung hatte. So ist der beschauliche Ort ganz sicher einen Besuch wert. Dazu tragen auch die schönen Einkehrmöglichkeiten und ebenso einige Antiquariate bei, die Langenbergs Ruf als »Bücherstadt« untermauern.

Wer lieber sofort zurück zum Parkplatz möchte, nimmt dagegen dort, wo das Wanderzeichen »X17« nach wenigen Metern rechts abzweigt, links den Fußweg am Deilbach entlang. Dabei kann man sich dann auch gleich wieder der Markierung »Raute 6« anschließen, um nach wenigen Minuten den Ausgangspunkt an der E **Eventkirche** zu erreichen.

Linke Seite: Vom Bismarckturm hat man eine tolle Sicht auf Langenberg.

19

Durch die Elfringhauser Schweiz

Gipfelgenuss im Hattinger Hügelland

schwer · 25,2 km · 810 Hm · 7.30 Std.

Tourencharakter
Rundwanderung durch Feld und Wald; Kondition und etwas Erfahrung in Sachen Orientierung sind nötig, mehrmals wechselnde Wanderzeichen erfordern Aufmerksamkeit. Unterschiedliche Untergründe, auch kleine Straßen

Ausgangs-/Endpunkt
Hattingen, Wanderparkplatz Felderbachstraße (118 m)

Höchster Punkt
Juttermansberg (290 m)

Anfahrt
Auto: A 43 bis AS 22 Sprockhövel und weiter nach Hattingen. GPS Wanderparkplatz Felderbachstraße: N 51.355998, O 7.169995

Gehzeiten
Wanderparkplatz – Bergerhof 1.35 Std. – Juttermannsberg 0.10 Std. – Kieker 1.15 Std. – Höhbusch 1.30 Std. – Höhfeld 1.30 Std. – Wanderparkplatz 2 Std.

Einkehr
Am Bergerhof und etwas abseits der Route die Restaurants Waldhof, Behmenburg, Zur Blume und »Op dä Höh«

Karten
Kommunalverlag Tacken, Wanderkarte 1:25 000, Elfringhauser Schweiz; Kompass Wanderkarte 1:25 000, Nr. 493 Elfringhauser Schweiz

Information
Hattingen Stadtmarketing, Tel. 02324/951395, www.hattingen-marketing.de; www.hattingerhuegelland.de

Im Übergang zum Niederbergischen Land macht die kleine Elfringhauser Schweiz ihrem Namen alle Ehre. Ein ideales Wandergebiet am Rand des Ruhrgebiets, in dem man sich bei entsprechender Routenplanung mit viel Kondition auch so richtig herausfordern kann.

Auf dem Holze Zwischen Hattingen, Sprockhövel, Wuppertal und Velbert – nicht weit weg von den großen Ballungsräumen des Ruhrgebiets – findet auch der anspruchsvolle »Fußgänger« ein Naherholungsgebiet, in dem es sich richtig stramm wandern lässt und sogar locker 800 Höhenmeter zusammenkommen. Beweis dafür ist diese stetig auf- und abwärts führende Runde durch die liebliche Landschaft, die immer wieder mit beeindruckenden Ausblicken überrascht.

Am **A Wanderparkplatz** folgen wir zu Beginn ein Stück der leicht ansteigenden Elfringhauser Straße und biegen an einer Schranke rechts in einen Weg (markiert mit »Raute 7« und »A1«), der mit dem Hinweisschild

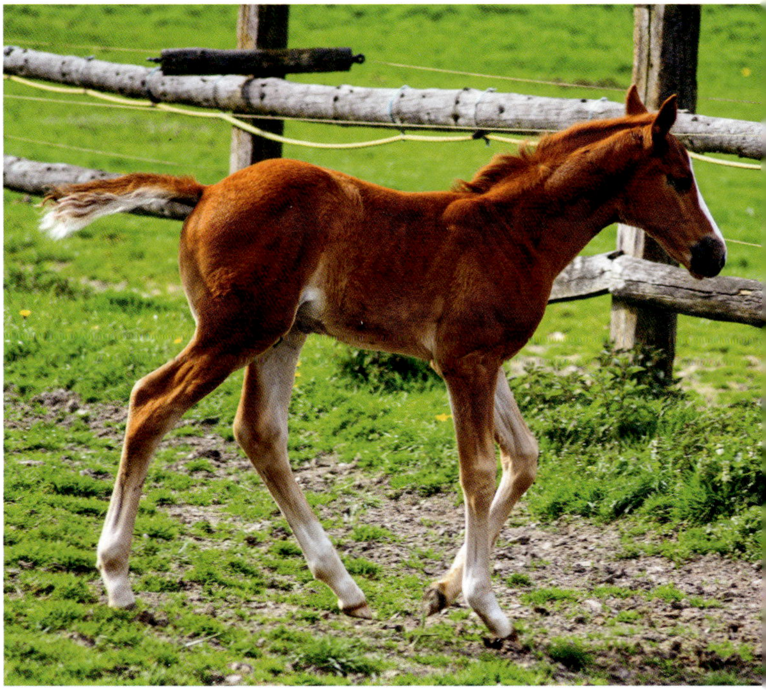

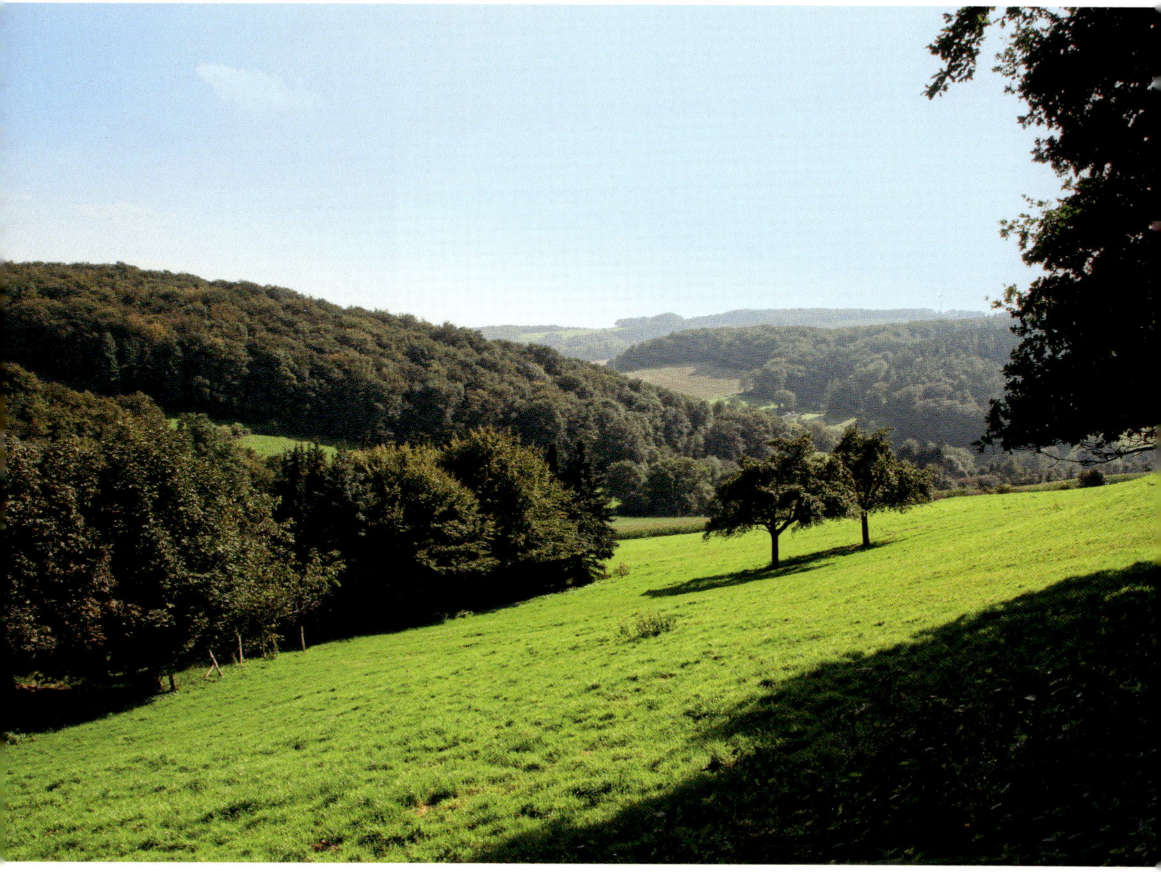

zum Café-Restaurant Waldhof in das Waldgebiet Auf dem Holze führt. Kurz darauf geht's im spitzen Winkel nach links (mit Wanderzeichen »A1«), nun zum ersten Mal ein Stück steil bergan und danach am Hang im Wald und am Waldrand weiter. Einladende Bänke mit wunderbarer Aussicht ins Porbecker Tal locken schließlich zu einer kleinen Rast. Etwas unterhalb befindet sich hier neben den Stallungen des Reiterhofs auch das besonders schöne Fachwerkhaus des Café-Restaurants Waldhof. Am Ende des Schotterwegs führt uns alsdann rechts ein Asphaltweg kurz steiler bergauf und zu einem kleinen Reitplatz. Hier biegen wir links in einen breiten Weg ein (mit »A«-Markierungen), an dem Orkan Kyrill damals fast alle Bäume umlegte – uns dafür aber eine schöne Aussicht ins Tal der Porbecke ermöglichte. In der Folge steigt dieser Weg wieder an und führt in den Wald. Dort nutzen wir einen mit »A2« gekennzeichneten Abzweig, um rechts Richtung Immelberg zu gelangen, der höchsten Erhebung des Forstes Auf dem Holze. Von diesem Weg müssen wir dann links

Sanfte Wiesen- und Waldhänge prägen die Landschaft.

Linke Seite: Hier fühlen sich auch Pferde sehr wohl.

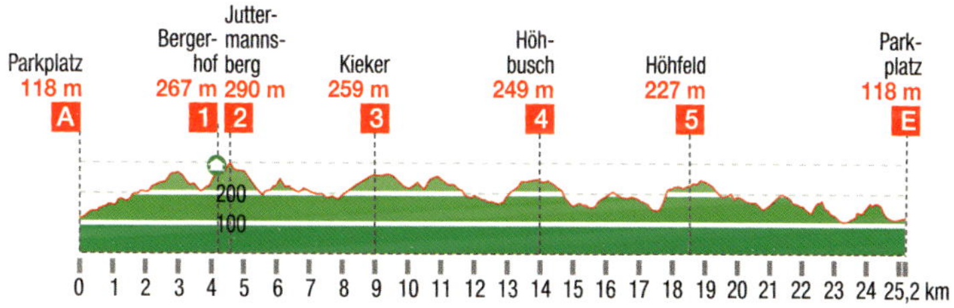

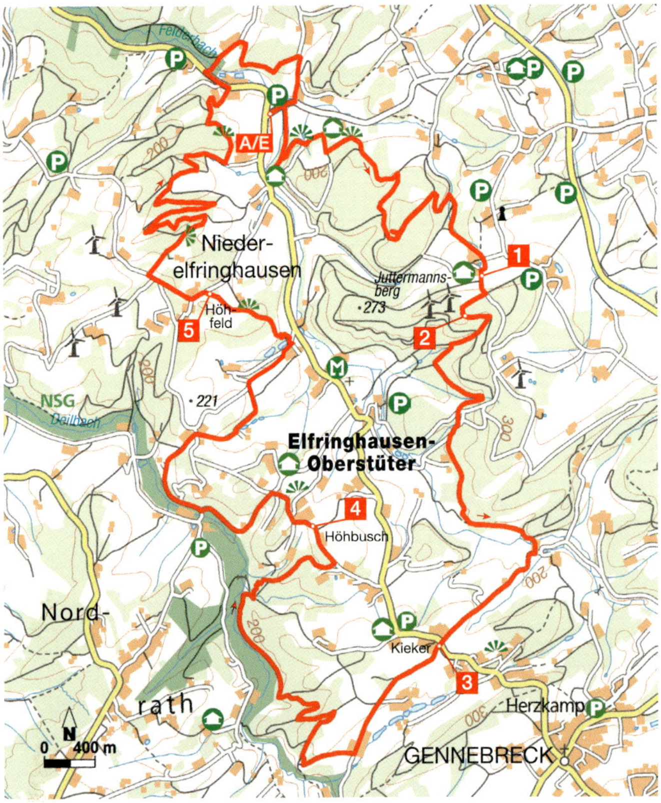

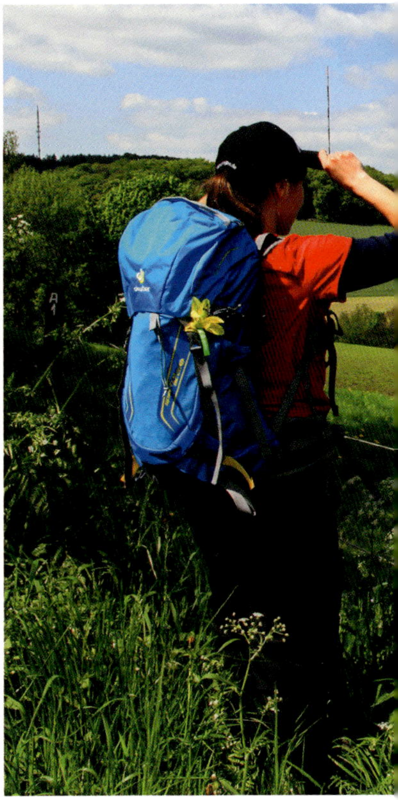

Immer wieder kann der Blick frei schweifen.

abbiegen (mit »A3«), steigen dabei kurzzeitig richtig steil bergauf und erreichen danach den Gipfel des Immelbergs (277 m) mit einem kleinen Rastplatz.

Zum Bergerhof Für den Abstieg am Rastplatz vorbei dem Weg geradeaus weiter folgen. An der ersten Möglichkeit verlassen wir Markierung »A3«, halten uns rechts und bald erneut rechts, beide Male unmarkiert, und kommen hinunter zu einem breiten Waldweg, in den wir rechts einbiegen. Der mit »X« (»X28« und weiteren Wanderzeichen) gekennzeichnete Weg führt entlang des Immelbergs durch den Wald aufwärts.

Danach treten wir aus dem Wald heraus und gehen geradeaus am Waldrand und am Rande der großen Hühnerstallanlage weiter bergauf. Am Köllershof vorbei, ist gleich darauf der ❶ **Bergerhof** erreicht, der zu einer ersten Verpflegungspause einlädt. Man kann überdacht oder im Freien rasten – für das leibliche Wohl ist gesorgt, doch an schönen Tagen bilden sich schon mal Schlangen am Kaffeeausschank. Für Kinder gibt es hier etliche Haustiere zu bestaunen.

Zum Felderbach Am Bergerhof geht's von Imbiss und Kaffeeausschank geradeaus – hier noch mit »X« markiert – auf einem Asphaltweg durch die Wiesen leicht bergan auf den Wald am ❷ **Juttermannsberg** zu, dann rechts am Waldrand entlang (Wanderzeichen »A2«, »A4«, »A5«). Dabei haben wir auch schon die höchste Stelle (290 m) der Wanderung erreicht.

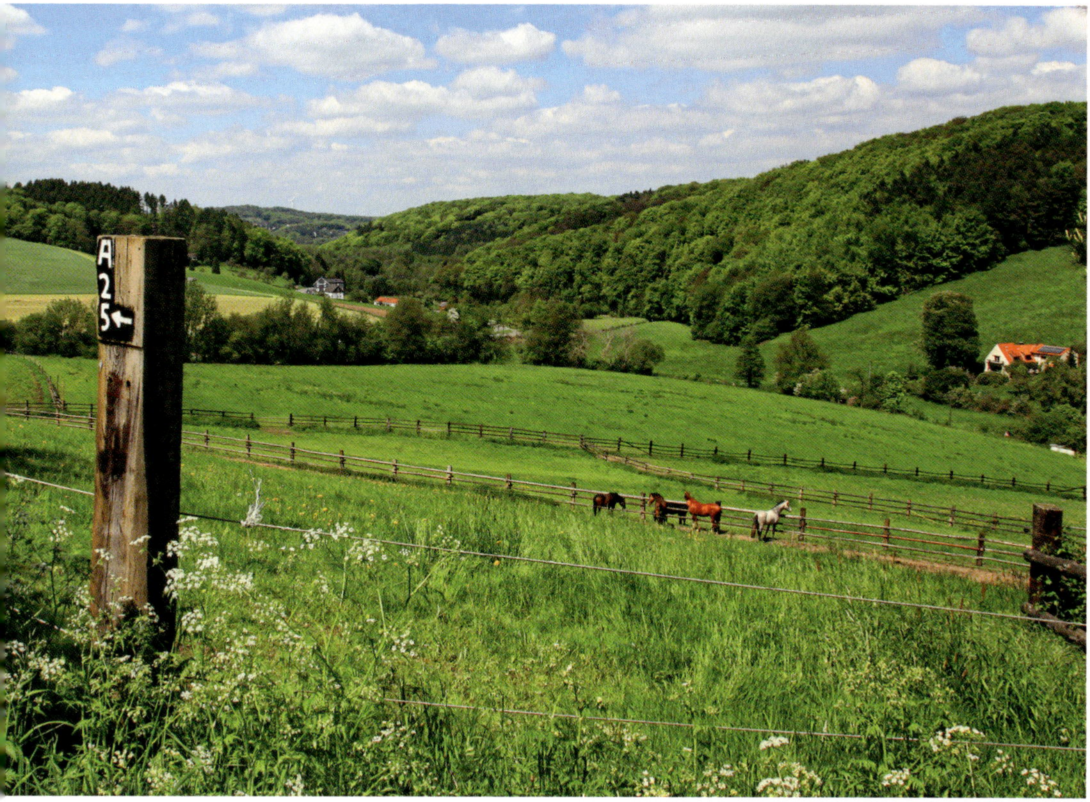

Noch vor der Windkraftanlage geht es an der Schautafel links (mit »A«-Markierungen) in einen Waldweg, der schmaler wird und mäßig bergab verläuft. Aber aufgepasst: In einer Rechtskurve müssen wir rechts mit »A2« abbiegen und auf dem etwas holprigen Pfad recht steil abwärts durch den Wald!

Wo wir auf einen breiteren Hangweg treffen, geht's kurz links und gleich wieder rechts weiter bergab, bis »A2« dann nach links in einen recht breiten Hangweg leitet. Nach einigen Kurven halten wir uns an der nächsten Gabelung mit »A3« halb links leicht bergauf durch den Wald. So kommen wir bald darauf zu einem kleinen Platz an einer Schutzhütte (links), an dem mehrere Wege abzweigen. Rechter Hand steht eine einfache Rastbank mit schöner Aussicht über die Wiesen.

Wir wechseln wieder zum »X« (des Hauptwanderwegs »X28«), gehen dafür vor der Schutzhütte mit Grillplatz links in den Wald und in diesem hinab bis ins offene obere Felderbachtal. Dort überqueren wir etwas später den kleinen Bach mit Blick zum großen Hof Fahrentrappe. Weiter geht's – jetzt mit der Markierung »A2« – dem

Anderl-Heckmair-Stüberl

Am idyllisch gelegenen Café-Restaurant Waldhof hat der Autor zur Erinnerung an seinen Freund Anderl Heckmair, den legendären Erstbegeher der berüchtigten Eiger-Nordwand, ein »Stüberl« eingerichtet und einen Rundweg mit Infotafeln angelegt. Das »Stüberl« ist nicht nur Treffpunkt für Wanderer, dort schauen auch immer wieder bekannte Alpinisten vorbei (Waldhof, Elfringhauser Str. 155, 45529 Hattingen, Tel. 02324/27958).

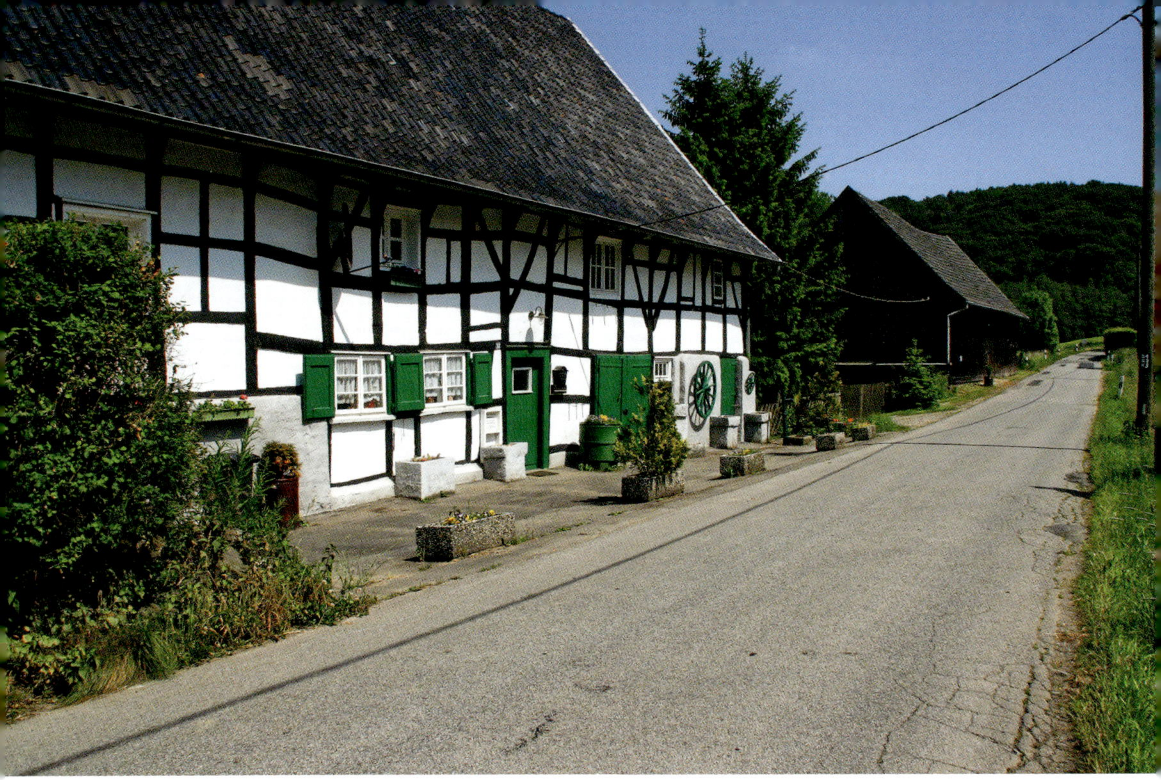

Das historische Fachwerkhaus »Schnapp op« liegt südlich des Deilbachs.

Sträßchen Zur Fahrentrappe nach durch alte Streuobstwiesen und aufwärts zur Felderbachstraße, die auf der Höhe bei ❸ **Kieker** an einem Reiterhof gekreuzt wird (für einen Abstecher zum Restaurant Behmenburg müsste man hier der Straße rechts ein Stück folgen).

Ins Deilbachtal Wir überqueren die Felderbachstraße, gelangen mit »A2« in den Dunkerweg und folgen diesem rund 1,2 Kilometer, bald abwärts wandernd. Bei ein paar Häusern von Dunk biegen wir rechts mit »H im Kreis« vom Sträßchen ab und kommen hinunter ins Deilbachtal und folgen dem Wanderweg nach rechts. Durch den Wald aufwärts, wechseln wir nach ca. 500 Metern zu »A4«, halten uns dort also links und folgen den Kurven durch den Wald wieder Richtung Deilbachtal (bald auch mit dem Zeichen des Neanderlandsteigs und erneut »H«-markiert). Sehr idyllisch zeigt sich hier der breite Weg am Waldrand entlang wenig oberhalb des Deilbachs.

Danach zieht unsere mit »H« und »A5« bezeichnete Route rechts hinauf, bis sie mit dem leicht geschotterten Waldweg auf das Sträßchen Höhenweg trifft. Wir biegen links ein, und noch immer bergauf wandernd, kann man an einigen Stellen, z. B. bei ❹ **Höhbusch**, tolle Aussichten genießen. »H im Kreis« bringt uns anschließend nach einigen Kurven des Sträßchens links in den asphaltierten Deilbachweg, der abwärts zurück ins Deilbachtal leitet.

Am alten Grenzbach Im Tal des Deilbachs folgen wir weiter dem Deilbachweg, während sich der kleine Bachlauf linker Hand fast unsichtbar durch die Wiesen schlängelt. Jenseits des Bachs, der übrigens schon immer ein Grenzbach war und

noch heute hier Velbert von Hattingen trennt, steht das alte Fachwerkhaus »Schnapp op«, an dem sich – so wird erzählt – die Schmuggler in alter Zeit ihre »Mitbringsel« über den Deilbach hinweg nach dem Zuruf »Schnapp op!« (Fang auf!) zuwarfen.
Wir verlassen mit dem Deilbachweg, dem N des Neanderlandsteigs und nun »L im Kreis« das Deilbachtal und treffen nach einem Aufstieg wieder auf den Höhenweg.

Nach Höhfeld Am Höhenweg leitet uns schräg rechts gegenüber jetzt »N« sowie »A4« durch offene Landschaft hinab in ein Wäldchen, vorbei an Fischteichen und kurz vor dem Niederlaaker Hof zum Laakerweg im Felderbachtal. Wir gehen dem Laakerweg aber nur kurz nach, um dann gleich links mit »A4« und »Raute 6« in einen kleinen Pfad einzuschwenken. Steil aufwärts, teils im Wald und mit immer wieder schönen Aussichten, leiten die Wanderzeichen hinauf zum Sträßchen Böhnkesweg bei 5 **Höhfeld**.
Hier biegen wir links ein und stoßen erneut auf »H im Kreis«, an dem wir uns jetzt mehrere Kilometer orientieren können. So geht es wenig später, dabei die kleine Straße verlassend, nach rechts (mit »H« und »A6«). Wir wandern im Wald weiter und folgen dem steten Auf und Ab und den Kehren der Route, die an einigen Abschnitten nochmals tolle Blicke eröffnet.

Im Felderbachtal Oberhalb des Felderbachtals laufen wir auf die Gebäude des Rischenhofs zu, biegen kurz vorher aber links ab und treffen schließlich auf unsere neue Markierung »X«, die an einer kleinen Gabelung rechts (auch mit »A1«/»A8«) mäßig steil hinabführt. Kurz darauf geht's nochmals rechts in einen Pfad und auf Natursteinstufen (manchmal glatt!) abwärts. Hier öffnet sich der Blick ins Felderbachtal mit den Fischteichen und der Minigolfanlage.
Dann erreichen wir auch schon die Straße, biegen links ein (»X«) und wandern auf dem Fußweg das kurze Stück hinüber zum ehemaligen Haus Huxel. Wenige Meter danach wird die Straße überquert, um in den Asphaltweg Am Schnüber zu gelangen. Dabei überschreiten wir den Felderbach. Nach einem kurzen Bergauf – hier noch mit »X« – bringt uns dann »Raute 7« vom Sträßchen rechts in einen Wanderweg, der im Wald am Eberg (206 m) aufwärts und am Hang entlang bis zur kleinen Straße Raffenberg zieht. Wir biegen hier rechts ins Sträßchen ein, kommen hinunter zur Elfringhauser Straße und dort wiederum rechts zurück zum nahen E **Wanderparkplatz**.

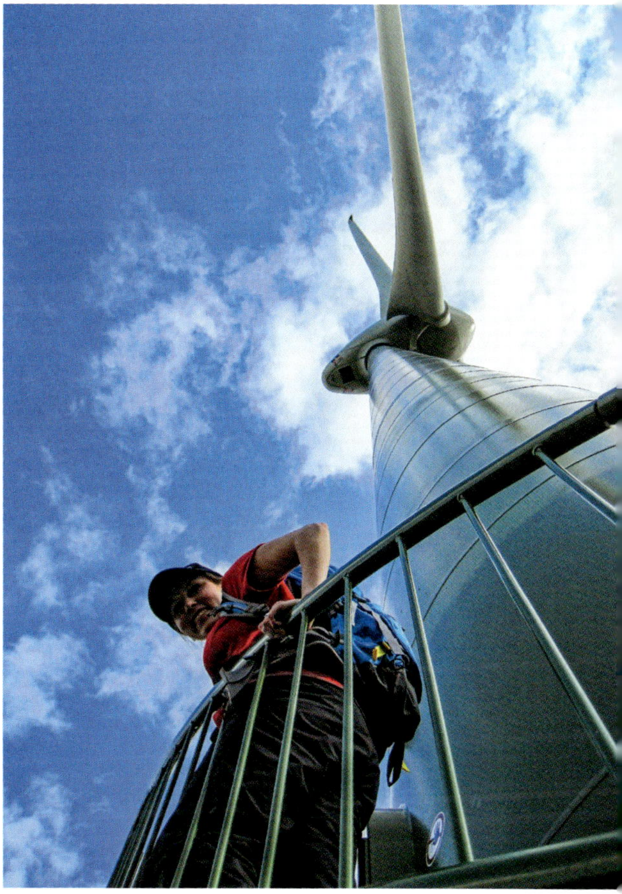

Manche Windräder ragen wie Landmarken aus dem Wald heraus.

20

Rund um Herzkamp

Im Auf und Ab durch Gennebreck

leicht | 9,7 km | 210 Hm | 3 Std.

Tourencharakter
Kleinere Rundtour in hügeliger Landschaft mit einer durchgehenden Wegmarkierung; unterschiedliche Weguntergründe. Die beiden mäßigen Anstiege erfordern etwas Kondition.

Ausgangs-/Endpunkt
Sprockhövel-Herzkamp, Parkplatz an der Elberfelder Straße (257 m)

Höchster Punkt
Höhenzug am Hackenberg (304 m)

Anfahrt
Auto: A 46 bis AS 37 Wuppertal-Oberbarmen und weiter über Mollenkotten und Barmer Straße in die Elberfelder Straße. GPS Parkplatz: N 51.314601, O 7.207074
Bus & Bahn: Vom Hattinger Busbahnhof oder S-Bahnhof Wuppertal-Oberbarmen mit Bus 332 bis Auf dem Brink, Nähe Startpunkt

Gehzeiten
Herzkamp – Höhenzug am Hackenberg 0.45 Std. – Deilbach 0.30 Std. – Hilgenpütt 1 Std. – Herzkamp 0.45 Std.

Einkehr
In Herzkamp, Elberfelder Straße

Karte
Kompass Wanderkarte 1:50 000, Nr. 821 Ruhrgebiet, Karte 2

Information
Stadtmarketing & Verkehrsverein für Sprockhövel e. V., Tel. 02324/79994, www.svsprockhoevel.de

Herzkamp ist Ausgangspunkt einer hügelreichen Wanderung in Sprockhövel-Gennebreck. Hier wechseln sich kleine Waldstücke mit grünen Wiesen ab, um die Sicht freizugeben über die bäuerlich geprägte Landschaft mit ihren eingestreuten Höfen.

Über den Hackenberg Wir starten am Ⓐ **Parkplatz** an der Elberfelder Straße, Ecke Egen, in Herzkamp, das zum ländlich geprägten Ortsteil Sprockhövel-Gennebreck gehört. An der kleinen Straße Egen finden wir auch schon das Wanderzeichen »GB«. Es markiert den Wanderweg »Rund um Gennebreck« und leitet uns bei dieser Tour. Zu Beginn geht es an den kleinen Häusern des Sträßchens Egen entlang ins Sträßchen Hege. Noch einige wenige Häuser, dann wandern wir im leichten Bergab hinein in ein erstes Waldstück. An seinem Ende schwenken wir noch vor dem Bauernhof links in einen Wanderweg ein. Bald wird dieser aber wieder zu einer kleinen Straße und führt an einzelnen Häusern vorbei leicht aufwärts. Nach einer Kehre bringt sie uns im Bogen zur querenden Elfringhauser Straße. Hier wird linker Hand kurz der Blick frei auf Herz-

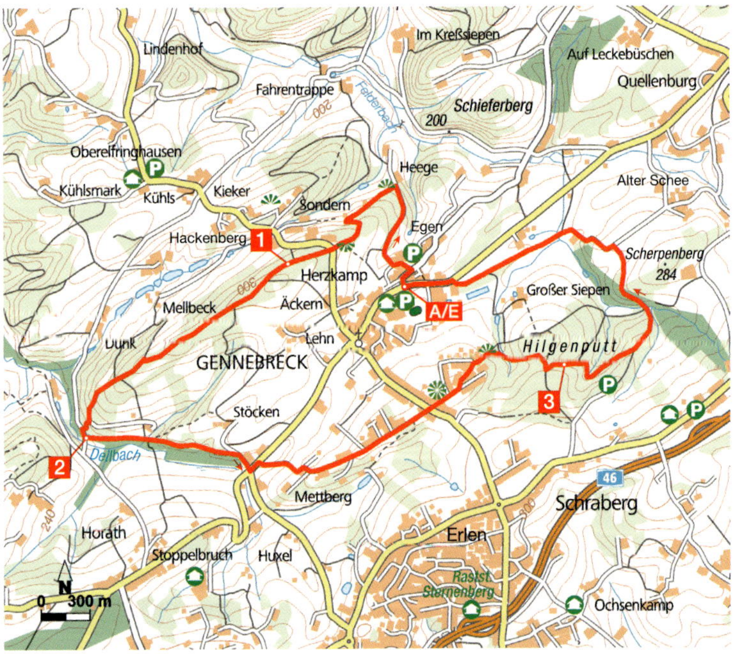

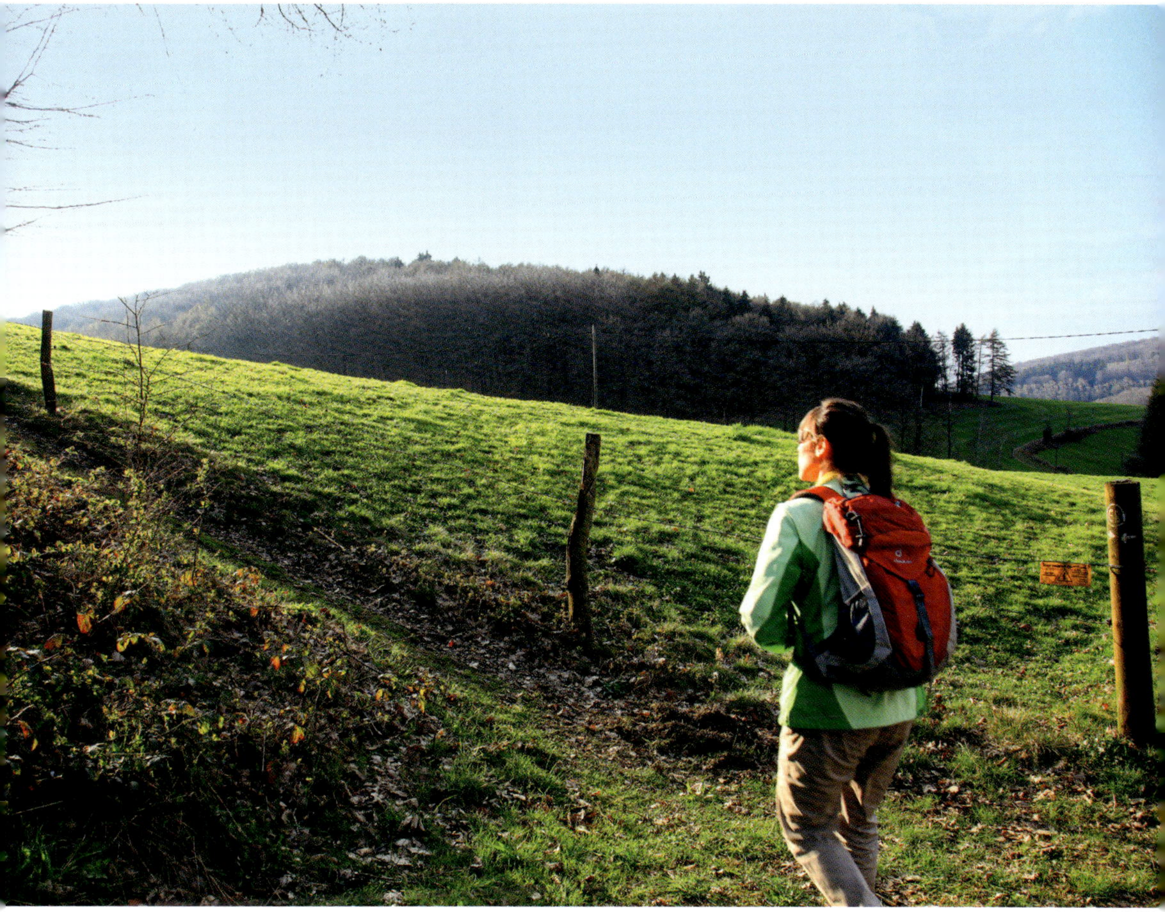

kamp mit seiner hübschen Kirche und dem markanten Feuerwehrhaus. Dahinter zieht das Gelände hinauf, und dort oben werden wir auf dem Rückweg vorbeikommen.

Der Pfad bringt uns aussichtsreich den Hügel hinauf.

Wir überqueren die kleine Elfringhauser Straße und sind direkt wieder im Wald, um wenig später den höchsten Punkt der Wanderung auf dem ❶ **Höhenzug des Hackenbergs** (314 m) zu erreichen. Dem Kammweg folgend, wandern wir weiter durch den Wald. Nach rechts neigt sich das Gelände hinab Richtung Mellbeck und wird bald baumfrei. Den abschüssigen Wiesenhang nutzen schon mal Gleitschirmflieger zum Starten.

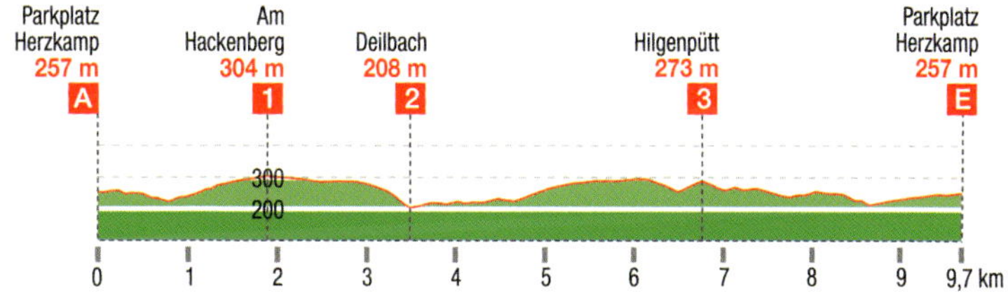

Am Hackenberg führt der markierte Weg hinunter zum kleinen ❷ **Deilbach**. Dort unten leitet das Wanderzeichen am Deilbachweg nach links und kurz darauf über einen schönen naturbelassenen Abschnitt parallel zum kleinen Bach durch den lich-

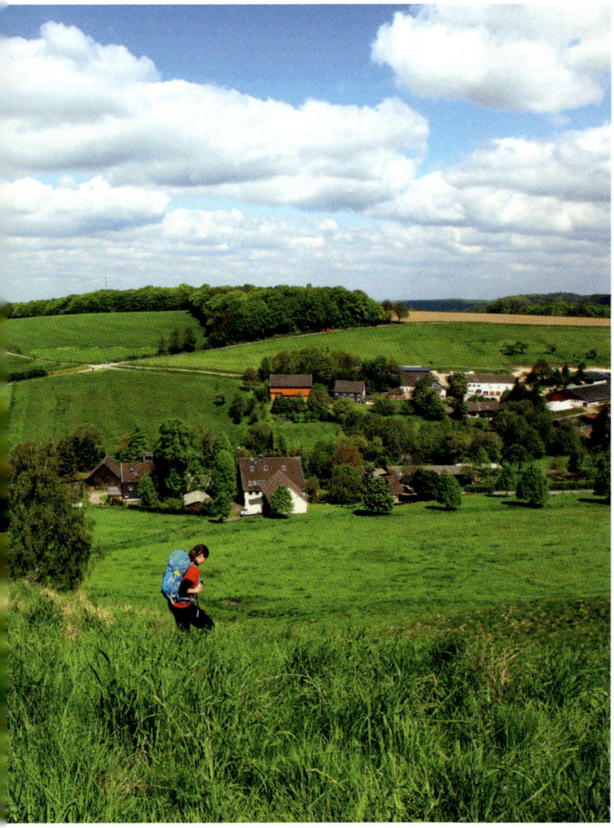

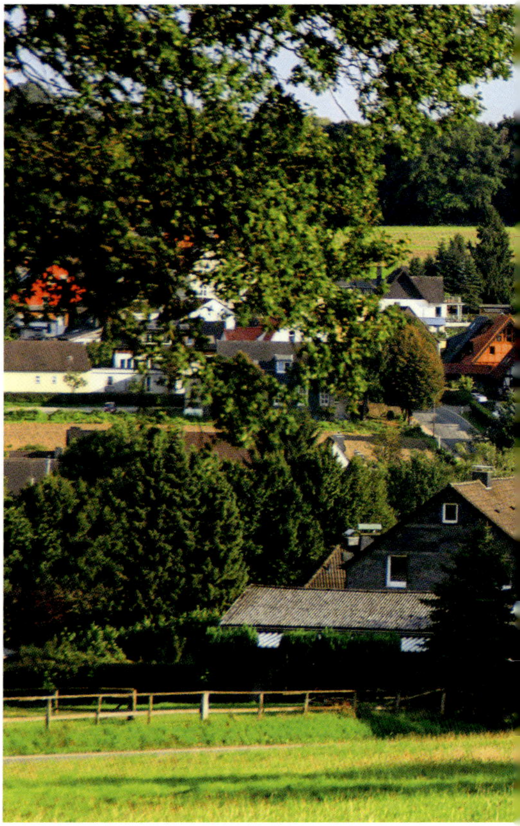

Im Bereich des Hackenbergs

Rechts: Blick auf Herzkamp mit seiner hübschen Kirche

ten Wald. Ein idealer Platz, um sich im seichten Wasser die Füße zu kühlen oder eine kleine Rast einzulegen. So könnte es ruhig noch länger weitergehen, doch bald schon endet der besonders lauschige Pfad an einer kleinen Zufahrtsstraße (Stöcken). Hier geht's an einem Haus rechts hinab, und schon ist die größere Elberfelder Straße erreicht, die wir überqueren.

Durch den Hilgenpütt Kurz links der Straße entlang, dann biegen wir rechts ab und wandern am Mettberg aufwärts – zuerst ohne Bebauung durch die Felder, anschließend entlang einer Siedlung. An der querenden Barmer Straße setzen wir gegenüber im Ochsenkamp wie zuvor mit der Markierung »GB« die Wanderung fort. Hier und auch auf dem folgenden Abschnitt genießen wir weite Blicke nach links und rechts. Es geht dann wieder bergab, und nach den letzten Häusern kommen wir in das 3 **Hilgenpütt** genannte Waldstück. Dort führen uns die Markierungen in mehreren Windungen im leichten Auf und Ab durch den Laubmischwald, dann noch einmal abwärts wieder aus dem Wald heraus und im großen Linksbogen am Golfplatz vorbei. Nach rechts könnte man einen kurzen Abstecher nach Alter Schee mit einem wunderschönen Ensemble alter Fachwerkhäuser machen.
Zum Schluss steigt der Weg in einem kleinen Waldstück wieder etwas an. Gleich darauf erreichen wir in Herzkamp erneut die Elberfelder Straße, die wir wiederum überqueren, um gegenüber zurück zum E **Parkplatz** zu gelangen.

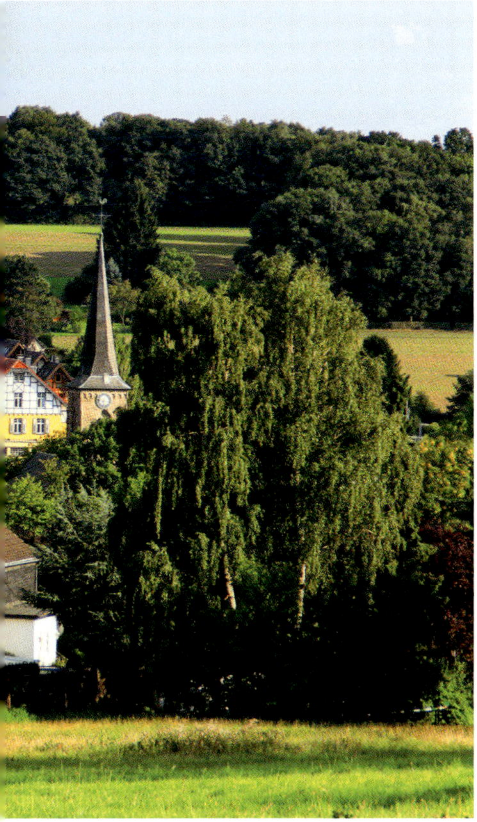

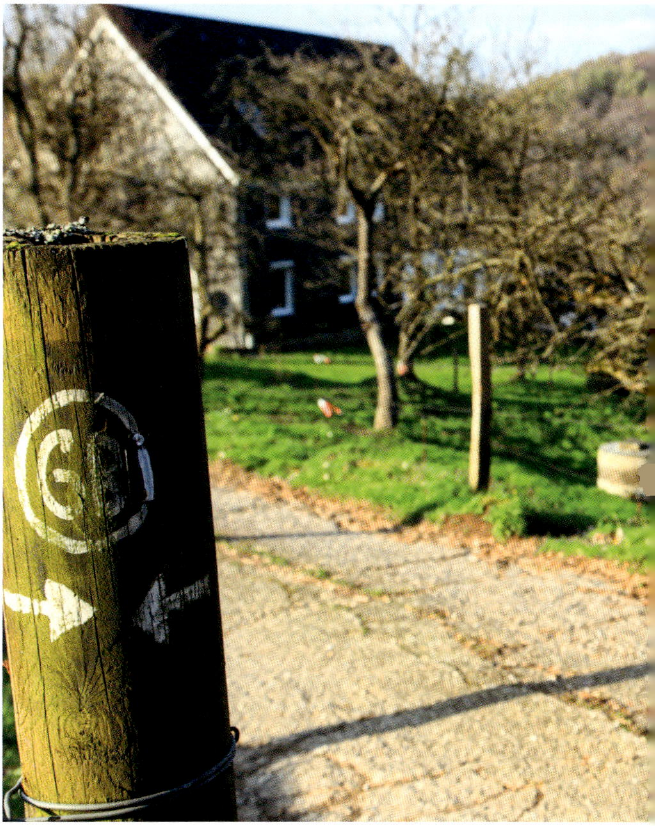

Wurzeln des Ruhrbergbaus An der Elberfelder Straße steht in Herzkamp auf einem kleinen Wiesenstück eine Lore mit einer Infotafel. Sie erinnert an die Wurzeln des Ruhrbergbaus, denn sehr früh wurde hier im Umkreis Steinkohle genutzt. Im Ort erhalten blieb auch noch das große einstige Steigerhaus. Außerdem kann man unweit von Herzkamp im nahen Felderbachtal bei Hof Fahrentrappe entlang eines kleinen Bergbau-Wanderwegs die Lichtlöcher des Herzkämper Erbstollens entdecken, von denen eines gut erhalten und restauriert ist. Folgt man dort dem Felderbach aufwärts, erkennt man in zwei bewachsenen Hügeln die Halden, die beim Aushub zweier Lichtlöcher entstanden. Das Lichtloch Nr. 12 weist eine große, von einem Waldstück bedeckte Halde auf. Bereits ab dem 16. Jahrhundert begann man im Felderbachtal die Kohle zu fördern – und so gehören diese Stollen zu den frühesten des Ruhrbergbaus überhaupt. Kreßsieper Erbstollen und Herzkämper Erbstollen waren die letzten, die das Grubenwasser der Herzkämper Zechen einst in den Felderbach ableiteten.

Deilbachtal

Die Museumslandschaft Deilbachtal in Essen-Kupferdreh verbindet an verschiedenen Standorten erhaltene Boden- und Geschichtsdenkmäler. Relikte des Steinkohlebergbaus, der Deilmannsche Bauernhof mit der Deiler Mühle und dem Deiler Eisenhammer, der Kupferhammer und Teile einer Ringofenziegelei sind herausragende Objekte (Infos beim Ruhr Museum, Tel. 0201/24 68 14 44, www.ruhrmuseum.de).

Oben: Unser Wegzeichen auf dieser Wanderung

21

In Niedersprockhövel

Von »schwarzem Gold« und grünen Hügeln

mittel | 13,7 km | 250 Hm | 3.45 Std.

Tourencharakter
Landschaftlich reizvolle Rundwanderung bei Niedersprockhövel mit ständigem Auf und Ab; einige Straßenabschnitte. Eine durchgehende Wegmarkierung erleichtert die Orientierung.

Ausgangs-/Endpunkt
Sprockhövel-Niedersprockhövel, Zeche Alte Haase (168 m)

Höchster Punkt
Sirrenberg (234 m)

Anfahrt
Auto: A 43 bis AS 22 Sprockhövel, dann B 51 Richtung Hattingen. GPS Zeche Alte Haase: N 51.371365, O 7.243638
Bus & Bahn: Vom Busbahnhof Hattingen oder S-Bahnhof Wuppertal-Oberbarmen mit Bus 332 bis Zeche Alte Haase

Gehzeiten
Zeche – Restaurant Zum Hackstück 0.30 Std. – Wuppertaler Straße 0.40 Std. – Sirrenberg 1 Std. – A 43 0.45 Std. – Zeche 0.50 Std.

Einkehr
In Niedersprockhövel-Mitte und unterwegs im Hotel-Restaurant Zum Hackstück

Karte
Kompass Wanderkarte 1:50 000, Nr. 821 Ruhrgebiet, Karte 2

Information
Stadtmarketing & Verkehrsverein für Sprockhövel e. V., Tel. 02324/79994, www.svsprockhoevel.de

Hinweis
Im Anschluss lädt das Freibad in Niedersprockhövel zur Abkühlung ein (rund 800 m vom Ausgangspunkt).

Sprockhövel liegt nicht nur eingebettet in eine wunderschöne, landwirtschaftlich geprägte Hügellandschaft, sondern blickt auch zurück auf eine lange Bergbautradition. In Niedersprockhövel lässt sich beides auf abwechslungsreiche Weise erleben.

Zum Paasbach Wir starten an der ehemaligen Ⓐ **Zeche Alte Haase**, die gar nicht weit entfernt vom kleinen Ortszentrum Niedersprockhövels liegt und deren markanter gemauerter Schachtturm zum Glück erhalten

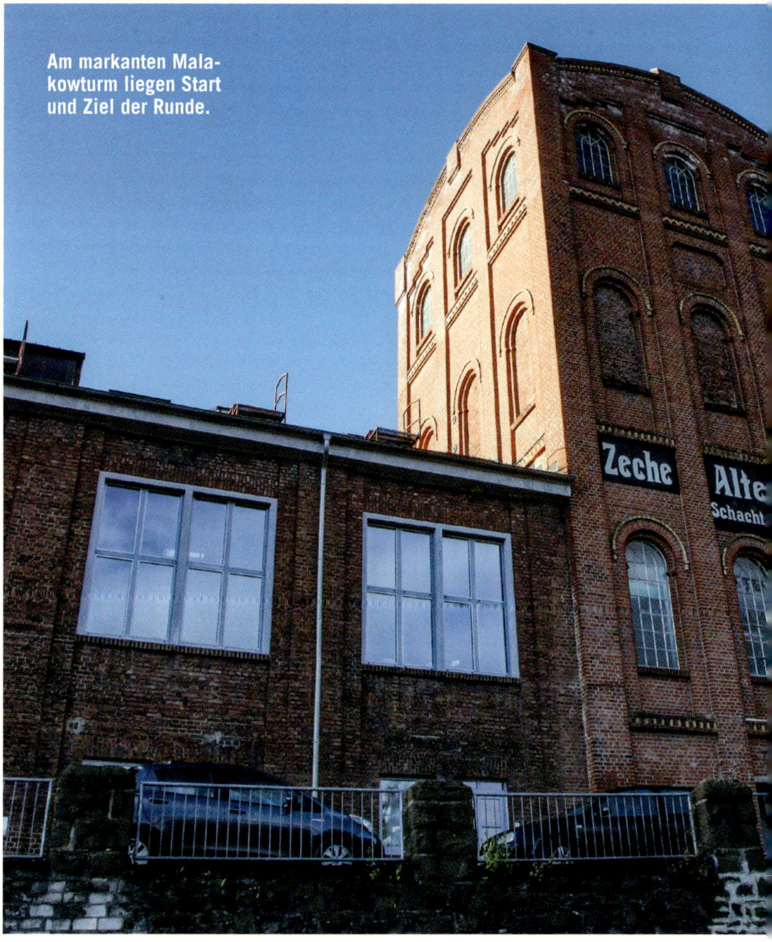

Am markanten Malakowturm liegen Start und Ziel der Runde.

geblieben ist, denn er ist der einzige Malakowturm südlich der Ruhr und das jüngste Bauwerk diese Typs. Niedersprockhövel dagegen kann mit einem überaus wanderbaren Umland aufwarten, geprägt von bäuerlicher Kulturlandschaft, die mit ihren vielen kleinen grünen Hügeln immer wieder schöne Aussichten verspricht. Was liegt also näher, als sich dem Wanderweg »Rund um Niedersprockhövel« anzuschließen, markiert mit »NS im Kreis«.

Gleich zu Beginn überqueren wir die Trasse der früheren Zugverbindung zwischen Hattingen und Wuppertal. Vor einigen Jahren wurde die stillgelegte Bahnstrecke zum attraktiven Rad- und Wanderweg ausgebaut. Für uns geht es aber aufwärts ins Waldgebiet der Hölter Egge, bereits mit erstem schönen Blick in die Landschaft. Anschließend folgen wir den Markierungen hinab ins nahe Paasbachtal. Dort überque-

Unten: Steil zieht der Pfad hinauf zum Sirrenberg.

Zeche Alte Haase

Im ländlichen Sprockhövel wurde schon 1716 Kohle abgebaut. So war auch die Zeche Alte Haase, die eine Blütezeit erlebte, von großer wirtschaftlicher Bedeutung. 1288 Beschäftigte zählte man 1930. Bis in die 1960er-Jahre wurde das »schwarze Gold« mit einer 7 km langen Seilbahn zum Kraftwerk Hattingen transportiert. Als der Steinkohlebergbau zunehmend unwirtschaftlich wurde, musste 1969 auch »Alte Haase« den Betrieb einstellen.

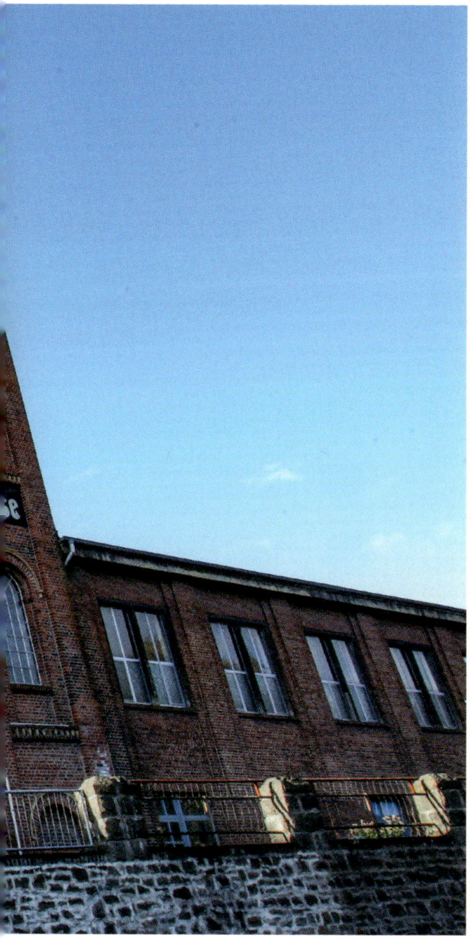

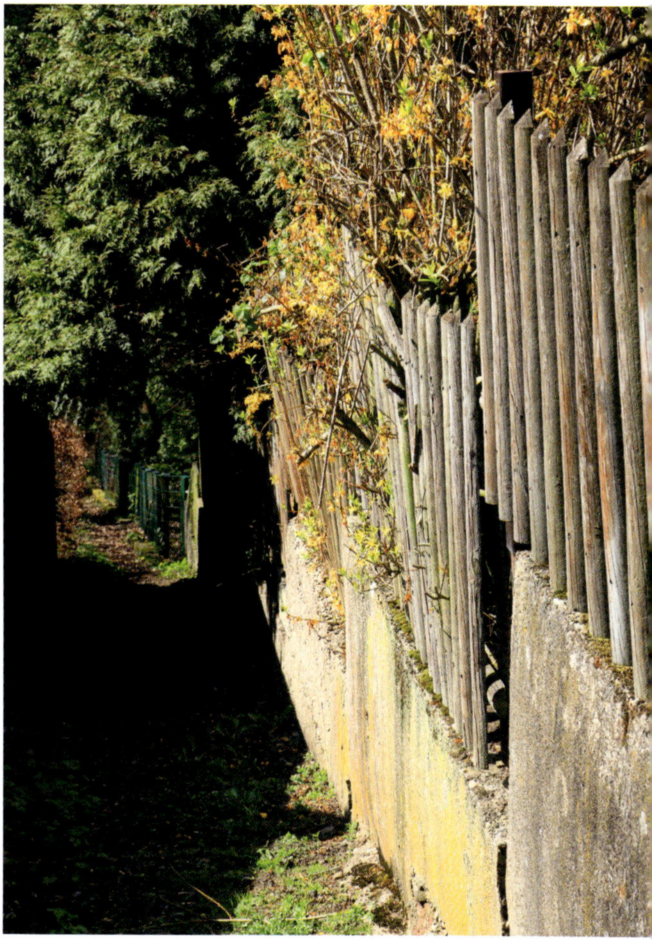

ren wir den Paasbach, der hier die Grenze zu Hattingen markiert, und gelangen zur Hackstückstraße. Links einbiegend, wandern wir hinüber zum ❶ **Hotel-Restaurant Zum Hackstück**. Zwar ist es für eine erste Rast wohl noch etwas früh, denn wir sind gerade einmal eine halbe Stunde unterwegs, aber das nett gelegene Haus kann man sich ja schon mal für eine andere Gelegenheit vormerken.

Auf den Sirrenberg Weiter der Hackstückstraße nach, kommen wir mit dem Wanderzeichen »NS im Kreis« zur Paasstraße und zum viel bäuerliches Ambiente verbreitenden Paashof, an dem wir in ein kleines Sträßchen in weiterhin ruhiger offener Landschaft gelangen. Nach rund 500 Metern biegen wir links ab und wandern durch die Wiesen zurück zum Paasbach. Hier endet unser Abstecher nach Hattingen. Zurück auf Sprockhöveler Grund, führt uns die Route im großen Bogen um einen Hügel herum, dabei leicht ansteigend zuletzt bis in erste Wohnbebauung im südlichen Niedersprockhövel und weiter zur ❷ **Wuppertaler Straße** (L 70). Haben wir die Straße überquert, geht es nochmals, nach wie vor mit »NS im Kreis« markiert, über ruhige Straßen durch das kleine Wohngebiet. Doch schnell sind wir wieder in der Natur und bei Am Homberge mit 215 Metern auch an einer der höchstgelegenen Stellen der Tour.

Es geht wieder abwärts, und bald darauf begegnen wir erneut der Radwegtrasse auf der stillgelegten Bahnstrecke, die wir überqueren. Kurz danach treffen wir auf die Haßlinghauser Straße, der wir links einbiegend ein kleines Stück folgen, ehe wir rechts bereits wieder abzweigen. Den kleinen Hang hinunter und den Sprockhöveler Bach überquert, machen wir uns nun in einer beschaulichen Mischung aus Wald und Feldfluren an einen kleinen Aufstieg. Zwar erreichen wir den höchsten Punkt nicht ganz, doch schafft es unsere Wanderung entlang der gleichnamigen Straße am ❸ **Sirrenberg** (240 m) auf immerhin rund 234 Meter.

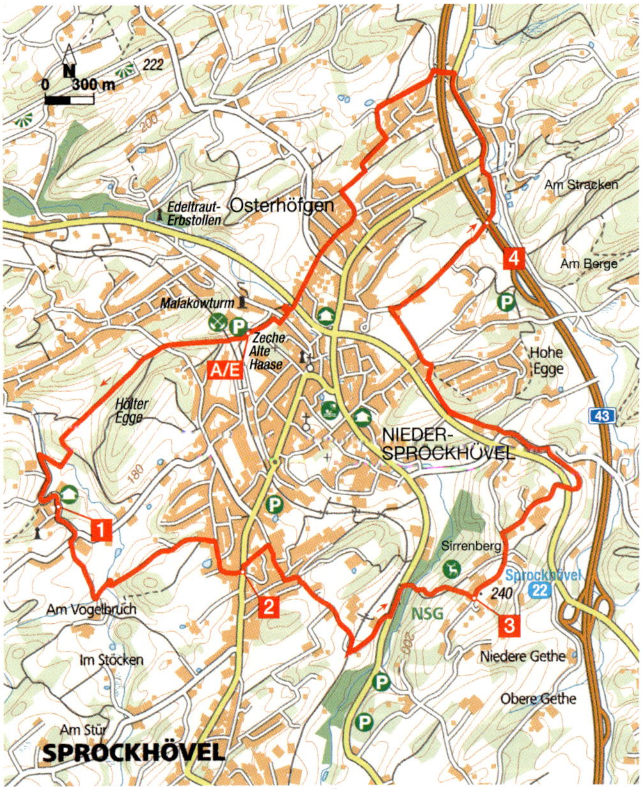

Zurück zum Malakowturm Wenig später kreuzen wir die L 651, hinter der wir zwar parallel zur Bundesstraße, aber nicht direkt an dieser entlanggehen. So passieren wir nach einem Wald- und Wiesenabschnitt den kleinen Ortsteil Hohe Egge und sind gleich zurück im Grünen. Wo unser Weg endet, biegen wir mit »NS im Kreis« rechts ein. Durch Feldfluren und mit schönen Ausblicken wandern wir abwärts, nähern uns dabei aber

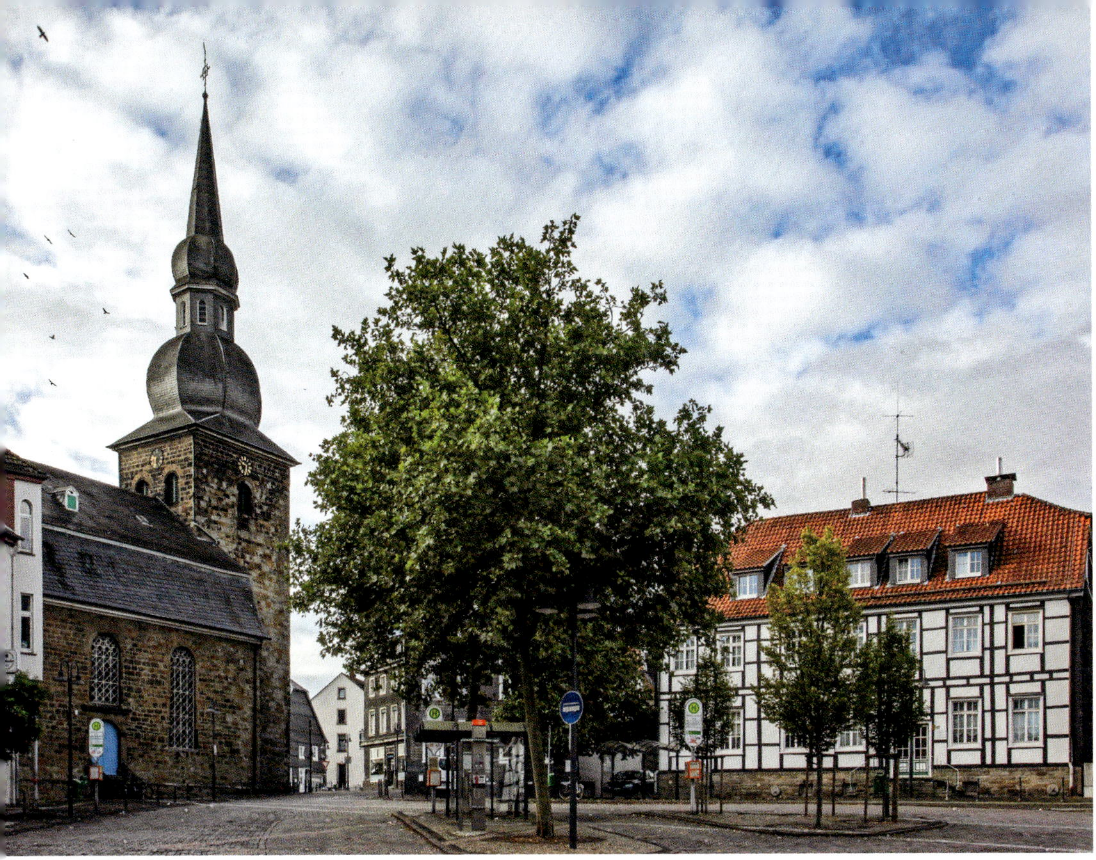

auch immer mehr der Autobahn. Zuletzt wird die 4 **Autobahn 43** unterquert. Anschließend folgen wir erst dem kleinen Pleßbachtal und dann auch der dort verlaufenden Bochumer Straße. Nach einem knappen Kilometer im Tal biegen wir links ab, unterqueren dabei erneut die erhöht verlaufende Autobahn und lassen kurz darauf im ländlichen Ortsteil Osterhöfgen den niedrigsten Wegabschnitt der Route hinter uns. Im weiteren Verlauf wird zunächst die Bergstraße gekreuzt, kurz darauf auch die South-Kirkby-Straße (L 651) und noch einmal der Sprockhöveler Bach. Für den nahe gelegenen Kultur- und Industriepark – den Park am Malakowturm auf dem Gelände der aufgelassenen früheren Kläranlage Niedersprockhövel – hat der Heimat- und Geschichtsverein Sprockhövel zusammen mit dem Förderverein Bergbauhistorischer Stätten Ruhrrevier u. a. interessante Schaustücke zur bergbaulichen Vergangenheit Sprockhövels zusammengetragen; hier lohnt sich also ein Abstecher.

Die Zwiebelturmkirche im Zentrum von Niedersprockhövel

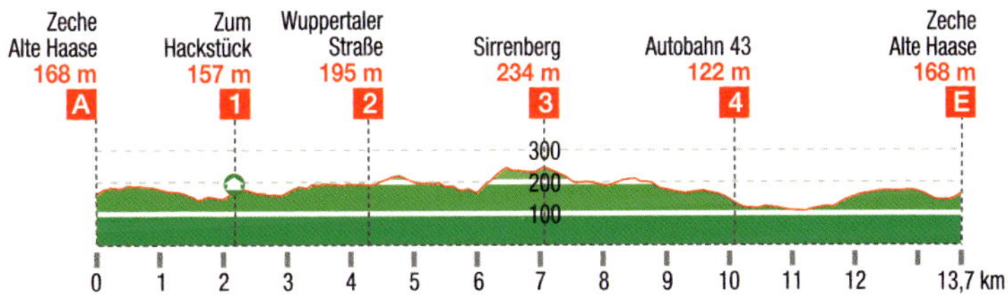

Im Schatten des Malakowturms wird auch die Hattinger Straße gekreuzt, und schon haben wir wieder den Ausgangspunkt an der E **Zeche Alte Haase** (s. Tippkasten) erreicht.

22

Im Hagener Stadtwald

Auf dem reizvollen »Drei-Türme-Weg«

mittel | 12,2 km | 280 Hm | 3.30 Std.

Tourencharakter
Kurzweilige, waldreiche Rundwanderung mit gemäßigtem Mittelgebirgscharakter und viel Aussicht; Teilabschnitte verlaufen über kleinere, kaum befahrene Sträßchen.

Ausgangs-/Endpunkt
Parkplatz am Gasthaus Hinnenwiese (287 m)

Höchster Punkt
Kaiser-Friedrich-Turm (365 m)

Anfahrt
Auto: A 1 bis AS 89 Volmarstein, weiter über Grundschötteler Straße, B 7, Haenelstraße, Voerdestraße und Im Kettelbach. GPS Gasthaus Hinnenwiese: N 51.324638, O 7.439536
Bus & Bahn: Bahnhof Hagen-Oberhagen, von dort über Hoch-, Schul- und Zur-Nieden-Straße zu einem Fußweg, durch die Kleingartenanlage zum »Drei-Türme-Weg«

Gehzeiten
Hinnenwiese – Kaiser-Friedrich-Turm 0.15 Std. – Eugen-Richter-Turm 0.50 Std. – Stadtgarten 0.40 Std. – Bismarckturm 0.25 Std. – Hinnenwiese 1.20 Std.

Einkehr
Mehrere Möglichkeiten unterwegs, u. a. Restaurant Hinnenwiese oder am Kaiser-Friedrich-Turm

Karte
Kompass Wanderkarte 1:50 000, Nr. 821 Ruhrgebiet, Karte 2

Information
HAGENagentur,
Tel. 02331/809 99 80,
www.hageninfo.com

Hinweis
Der Bismarckturm ist nur eingeschränkt zugänglich (www.bismarck-turm.de).

Hagen, die Stadt im Ennepetal, bildet mit ihren ausgedehnten Wäldern landschaftlich bereits den Übergang zum Sauerland. Wir wandern im beliebten Stadtwald auf dem »Drei-Türme«-Weg und freuen uns unterwegs über weite Aussichten und gemütliche Gaststätten.

Durch den Babywald Im grünen Hagener Süden mit dem von zahlreichen schönen Wanderwegen durchzogenen Hagener Stadtwald geht es los. So steuern wir vom **A Parkplatz Hinnenwiese** gleich den Elsa-Brandström-Weg an (mit »A2« bzw. »A5«) und folgen zugleich dem Hinweis zum Kaiser-Friedrich-Turm. Dem asphaltierten Sträßchen nach, wandern wir durch noch jungen Wald. Hier hatte der Sturm Kyrill 2007 ganze Arbeit geleistet, sodass kaum noch ein Baum stand. Stattdessen hat man in diesem Bereich bis 2014 den sogenannten Babywald angelegt, in dem Eltern für ihr Neugeborenes einen Baum pflanzen konnten, der dann wie die Kinder wachsen und gedeihen sollte. Die Plätze waren so begehrt, dass noch weitere betroffene Flächen im Stadtwald für diese Art der Waldbepflanzung freigegeben wurden. Rechter Hand fällt die Landschaft zum Selbecker Bach mit dem Eggenweg ab, der uns am Ende der Runde zurückbringen wird.

Hagens höchste Aussichtsstelle Auf unserem Elsa-Brandström-Weg kommt nur selten mal ein Auto vorbei. Wir verlassen das Sträßchen aber sowieso an der Gabelung nach links und können uns fortan am Wanderzeichen »Drei Türme« orientieren. So geht es gleich darauf in den rechten der beiden Wege, der leicht ansteigend bald wieder durch alten Baumbestand und zu einer Lichtung mit dem **1 Kaiser-Friedrich-Turm** (s. Tippkasten) führt.
Hier stehen wir auf rund 370 Meter Höhe, doch noch von Bäumen umgeben, die die Sicht versperren. Das ändert sich schnell mit der Besteigung des Aussichtsturms, wofür wir gern den geforderten Obolus entrichten und in die Büchse werfen. Der viereckige Turm steht auf einer kleinen Rasenfläche mit netten Blumenrabatten und ist mit seinen 17 Metern zudem der höchstgelegene Aussichtspunkt in Hagen. Einige Jahre war er früher auch einmal gesperrt, konnte aber 1993 nach Baumaßnahmen der Stadt Hagen wieder eröffnet werden. Nach dem ausgiebigen Blick vom Turm über die weiten Wälder Richtung Süden kann man dann in der

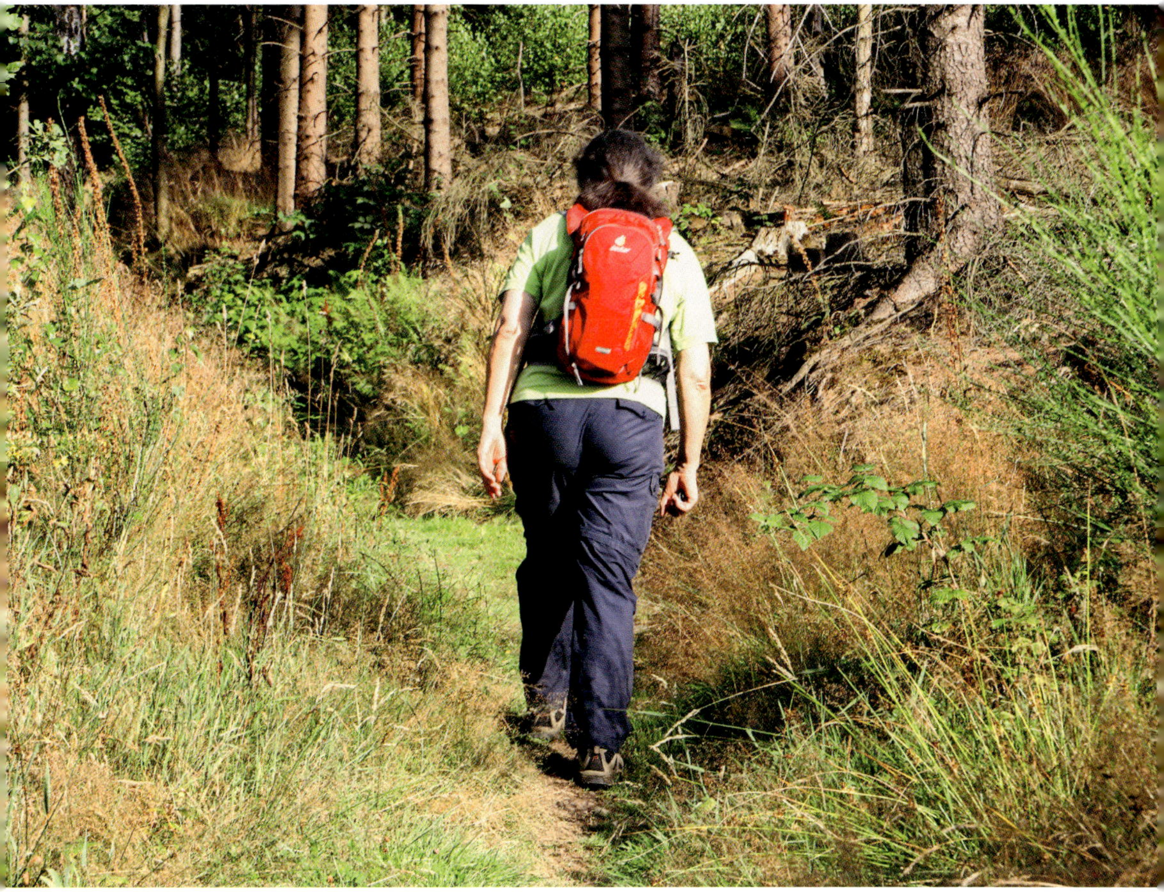

Unterwegs im Hagener Stadtwald

Gaststätte mit Biergarten in aller Ruhe zu einer frühen Rast einkehren, denn es ist wirklich sehr schön still hier oben.

Blick vom Eugen-Richter-Turm Anschließend geht's mit der Markierung »Drei Türme« weiter. Dabei kreuzen wir den hier asphaltierten Elsa-Brandström-Weg und folgen zuerst geradeaus dem Kaiser-Friedrich-Pfad, um dann links abzubiegen (Försterpfad). In der Nähe des Forsthauses wird der Hauptweg erreicht. Die »Drei Türme« leiten anschließend, dabei unterwegs mehrmals die Richtung ändernd, weiter durch den Hagener Stadtwald und zum zweiten Aussichtsturm der kleinen Runde: dem 2 **Eugen-Richter-Turm**, der nahe der Volkssternwarte Hagen seinen Platz hat. Er erinnert mit seinem Namen an den liberalen Politiker Eugen Richter, der Hagen zwischen 1869 und 1906 im Reichstag bzw. im preußischen Abgeordne-

Kaiser-Friedrich-Turm

Errichtet wurde der Aussichtsturm zur Erinnerung an Kaiser Friedrich III. Im September 1910 eingeweiht, trug die Einwohnerschaft der damals noch eigenständigen Stadt Haspe mit einer Spende von 10 000 Mark dazu bei, dass ein massiver Backsteinturm erbaut werden konnte, der eine Natursteinverblendung erhielt. Seit 1892 gibt es hier bereits ein Wirtschaftsgebäude, das als Turmwärterwohnung genutzt wurde und heute als Ausflugslokal dient.

tenhaus vertrat. Die Doppelturmanlage aus Bruchsteinen mit einer vorgebauten Ehrenhalle steht auf 285 Meter Höhe, wurde 1911 gebaut und misst 23 Meter.

Durch den Stadtgarten Die Markierung führt uns vom Turm entlang der Zufahrtsstraße und anschließend den Serpentinen nach hinunter. An der Gaststätte Waldlust vorbei, biegen wir von der kleinen Fahrstraße (Deerthstraße) – den Wanderzeichen folgend – an einem Sportplatz ab. Unterhalb des bewaldeten Riegerbergs und des Goldbergs wandernd, geht es hinunter Richtung Hagen-Wehringhausen. Dabei überqueren wir unbemerkt auch den langen Goldbergtunnel, denn ein großer Abschnitt der Bahnstrecke Oberhagen–Hagen-Hauptbahnhof verläuft unterirdisch.
Im ❸ **Stadtgarten** mit den Wasserspielen halten wir uns rechts. Der Park mit seinen schönen Anlagen ist ein beliebter Ort zum Schauen und Flanieren. Anschließend erreichen wir mit den »Drei Türmen« den tiefsten Punkt unserer Route, aber nur, um uns bald wieder an den Aufstieg zu machen.

Auf den Goldberg Nach nur wenigen Hundert Metern aufwärts ist im Wald auch schon der Goldberg (265 m), der dem Eisenbahntunnel den Namen gab, erreicht. Dort wartet mit dem ❹ **Bismarckturm** nun auch der letzte der drei Türme unserer Runde. Als einen der ersten seiner Art errichtete man 1900 bzw. 1901 den Hagener Bismarckturm nach den Vorstellungen des Architekten Wilhelm Kreis. Dieser hatte den Turm unter dem Namen »Götterdämmerung« entworfen und als wuchtige Feuersäule realisiert. Bis zum Jahr 1911 wurde sein Bauwerk an 47 Standorten nachgebaut! Der im Juli 1901 fertiggestellte Bismarckturm auf dem Goldberg, für dessen Fassade Ruhrsandstein verwendet wurde, trägt außen als einzigen Schmuck das Relief des Reichsadlers mit Bismarckwappen und erreicht eine Gesamthöhe von 25 Metern. Nach 2006 war der Turm längere Zeit wegen Baufälligkeit gesperrt, doch gründete sich ein Verein, um den Turm zu erhalten und erneut zugänglich zu machen. So ist er heute wieder begehbar, aber leider nicht immer geöffnet (s. unter »Hinweis«).

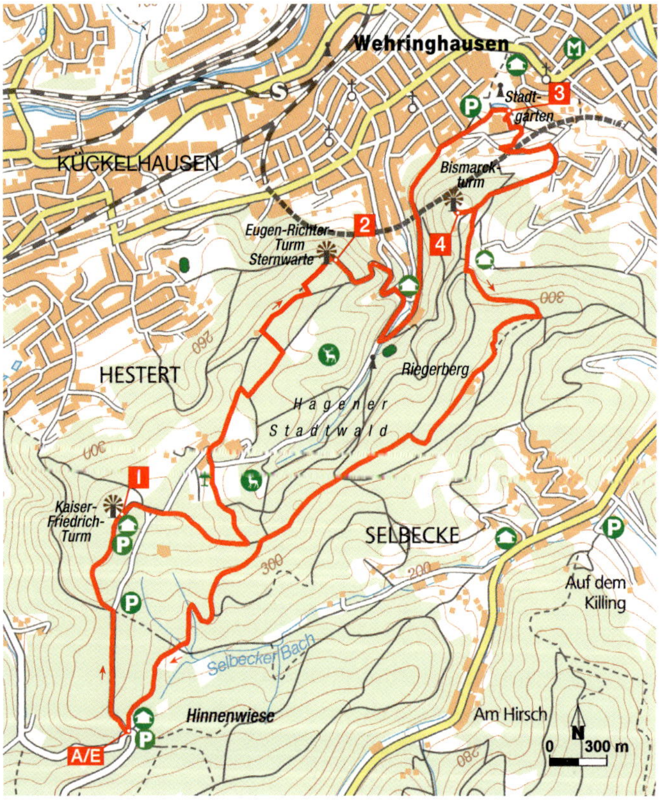

Zurück zur Hinnenwiese Danach führt uns der »Drei-Türme«-Weg weiter, der jetzt ein kurzes Stück über den Höhenweg verläuft. Bald aber biegen wir links ab. Der Weg steigt dabei stetig an, denn die Hagener Wälder sind schon deutlich mittelgebirgig geprägt, wenn auch die absoluten Höhen eher gemäßigt bleiben. Wir lassen uns vom Wanderzeichen über den Riegerberg leiten, an dessen höchster Stelle auf 335 Metern der Fernmeldeturm steht. Weiter geht es ohne große Richtungsänderungen und im leichten Auf und Ab durch den Wald. An einer Wegkreuzung stoßen von rechts die Markierungen des Talsperrenwegs, des mit »X3« oder »X« gekennzeichneten Wanderwegs des SGV, zu unserem »Drei-Türme«-Weg. Der Wanderweg »X3« führt zur Hasper- und zur Ennepetalsperre und streift Richtung Sauerland noch weitere eindrucksvolle Talsperren. Ein kurzes Stück laufen beide Wege gemeinsam, dann verlassen wir den »Drei-Türme«-Weg, der nach rechts zieht. Wir bleiben beim »X3«-markierten Talsperrenweg, der uns merklich und mal in Kurven hinab zur Senke des Selbecker Bachs führt. Vom Bachtal geradeaus weiter und wieder ansteigend, erreichen wir das Gasthaus Hinnenwiese. Die auf einer Lichtung gelegene Ausflugsgaststätte bietet sich wunderbar für eine letzte Rast an, bevor wir schließlich noch die wenigen Meter zum E **Parkplatz** zurücklegen.

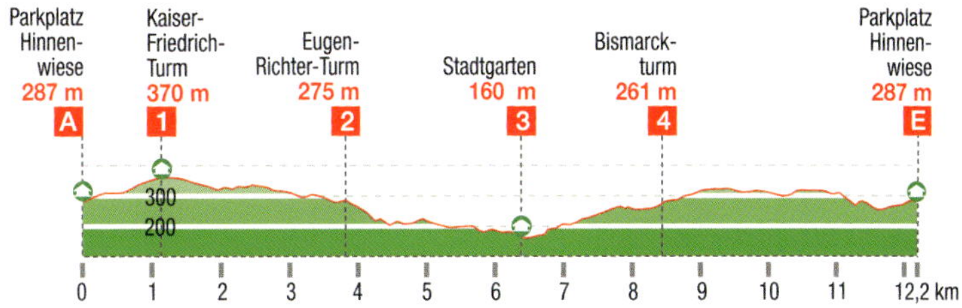

Weit reicht der Blick vom Kaiser-Friedrich-Turm.

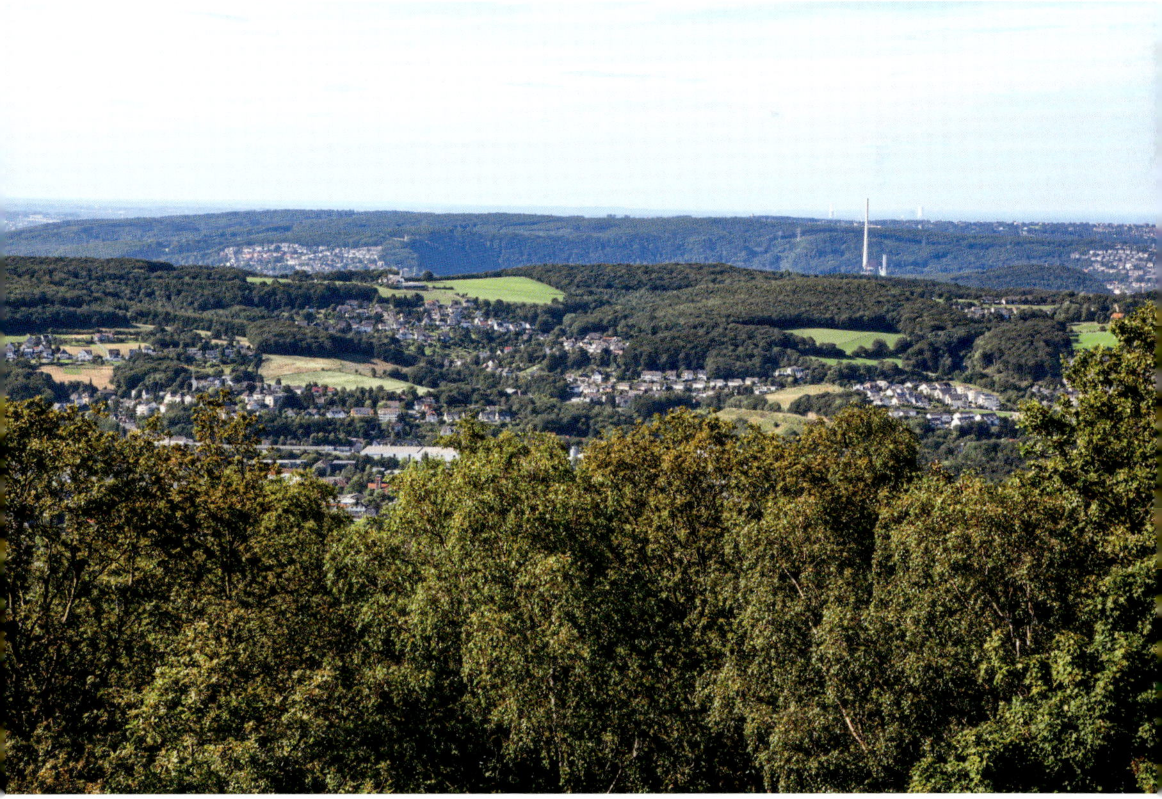

23

Sauerländer Höhenflug

Zur schönen Aussicht bei Wildewiese

schwer | 18,8 km | 570 Hm | 5.45 Std.

Tourencharakter
Ausgedehnte, meist stille Rundwanderung in mittelgebirgiger, waldreicher Landschaft, die einiges an Kondition erfordert. Gut markierte Hauptwanderwege, darunter der prämierte, aussichtsreiche »Sauerland-Höhenflug«

Ausgangs-/Endpunkt
Glinge (268 m)

Höchster Punkt
Schombergturm (640 m)

Anfahrt
Auto: A 45 bis AS 15 Lüdenscheid-Süd, nach Plettenberg, dann weiter über die B 236 und in Rönkhausen abzweigen. GPS Glinge: N 51.227259, O 7.976890

Gehzeiten
Glinge – Schombergturm 1.40 Std. – Dreieck Röhrenspring 1 Std. – Faulebutter 1.05 Std. – Glingebachsperre 0.50 Std. – Glinge 1.10 Std.

Einkehr
In Wildewiese und Faulebutter

Karten
Kompass Wanderkarte 1:50 000, Nr. 821 Ruhrgebiet, Karte 3; Wanderkarte Sundern 1:25 000, erhältlich beim Stadtmarketing Sundern

Information
Stadtmarketing Sundern, Tel. 02933/97 95 90, www.sundern-sorpesee.de

Im Naturpark Homert wartet eine waldreiche Wanderung hinüber nach Wildewiese, dem beliebten Wintersportdorf. Dabei folgen wir auch dem »Sauerland-Höhenflug«, einem Wanderweg, der für seine schönen Aussichten bekannt ist – wie z. B. der vom Schombergturm.

Aufstieg nach Wildewiese Im kleinen Ⓐ Glinge, das oberhalb des Lennetals bei Finnentrop-Rönkhausen liegt, treffen wir auf die Wanderzeichen »X24« und »X18«. Die beiden Wanderrouten des Sauerländischen Gebirgsvereins führen uns gleich von der Straße nach links in den Wald und dort aufwärts, denn bis nach Wildewiese geht es kontinuierlich bergan. An einer Gabelung, an der sich unser Hauptweg in drei kleinere Wanderwege verzweigt, nehmen wir mit »X24« den mittleren Weg, während »X18« bereits rechts wegzieht. Diese Stelle kann man sich schon einmal einprägen, denn dorthin führt uns die Runde am Ende noch einmal. Jetzt also geht's mit der Markierung »X24« weiter bergauf. So gelangen wir über die Anhöhe Sillberge (499 m) hinweg und immer weiter auf-

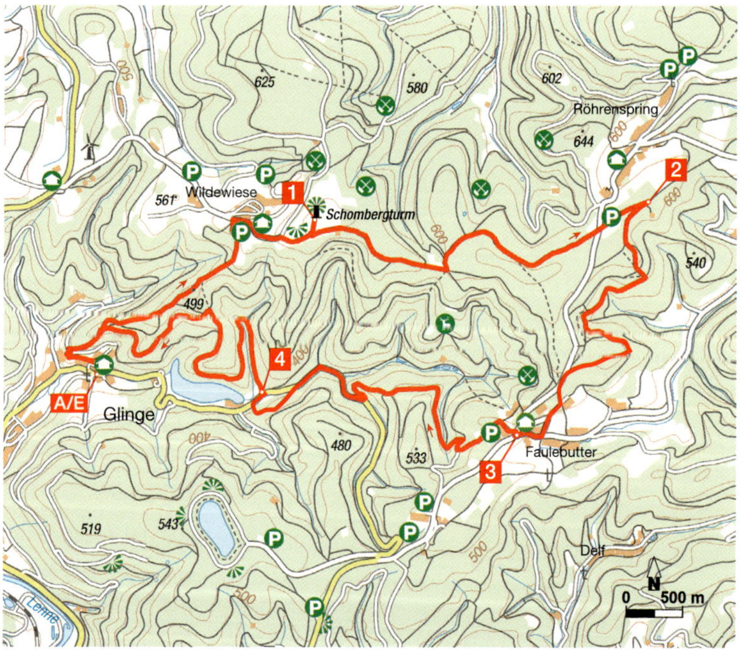

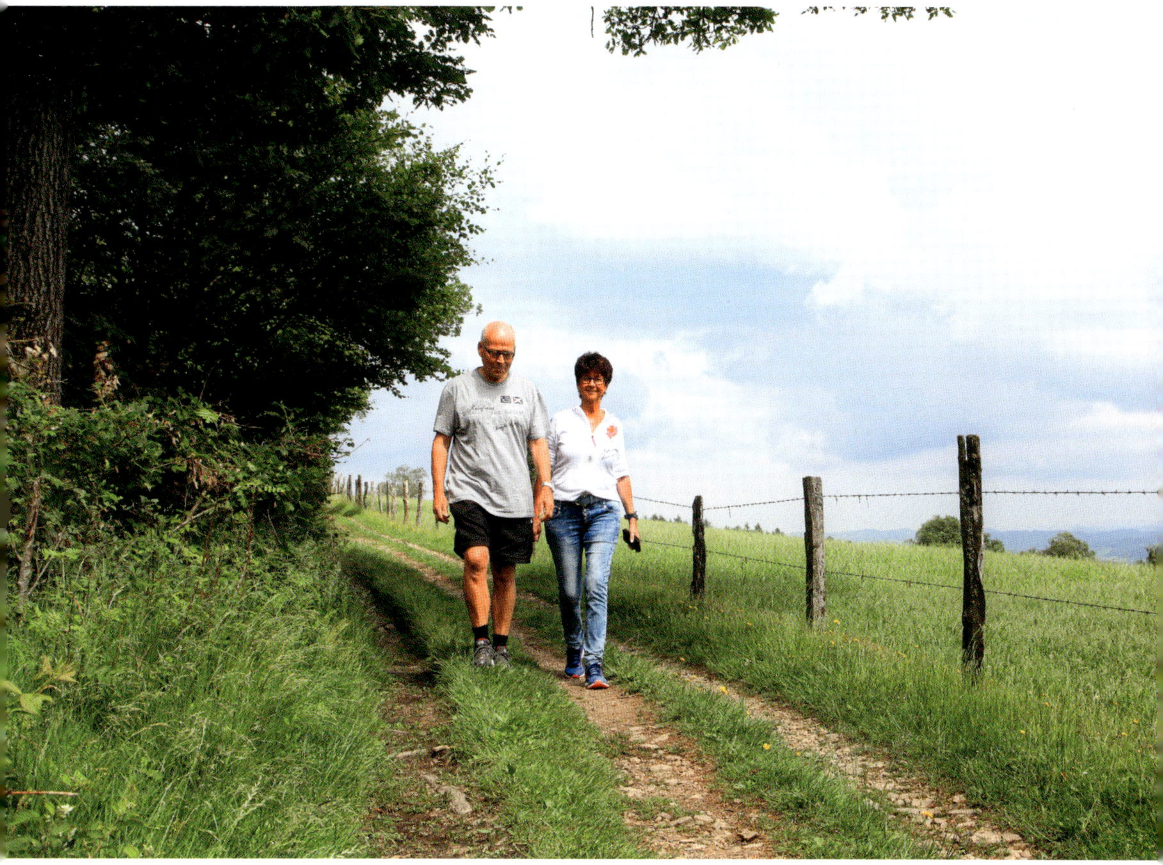

wärts, bis wir erstmals den Wald verlassen und der Wanderpfad wenig später auf eine Querstraße trifft: Nach bisher vielleicht anstrengender, aber herrlicher Waldwanderung sind wir im Dörfchen Wildewiese angekommen.

Ein Weg mit vielen herrlichen Aussichtsstellen

Auf »Sauerland-Höhenflug« In Wildewiese spazieren wir direkt rechts der Straße nach. Hier entdeckt man jetzt außer dem Wanderzeichen »X24« auch die Markierungsschildchen des »Sauerland-Höhenflugs« (s. Tippkasten), gekennzeichnet mit einem »weißen H auf gelbem Grund«. Der beliebte Fernwanderweg ist für seine zahlreichen fantastischen Aussichtsstellen bekannt, und deshalb wollen wir uns nun dem »Höhenflug« für den Weiterweg ein wenig anschließen.

Er bringt uns schnell wieder aus Wildewiese hinaus und weiter Richtung Aussichtsturm. Um dann auch direkt zum Turm zu gelangen, geht es links einmal kurz in einen kleinen Abzweig, der uns nun auf

»Sauerland-Höhenflug«

Ein toller Fernwanderweg ist der »Sauerland-Höhenflug«: Er präsentiert auf seiner 251 km langen Strecke von Altena bzw. Meinerzhagen bis ins hessische Korbach das Wandern im Sauerland in all seinen Facetten. Bereits ein Jahr nach seiner Eröffnung im Jahr 2008 wurde er von Fachleuten zum zweitschönsten Fernwanderweg Deutschlands gewählt, und das sicher auch wegen seiner traumhaften Ausblicke (www.sauerland-hoehenflug.de).

den 648 Meter hohen Schomberg bringt. Am Gipfel kann man dann noch einmal rund 30 Meter drauflegen, wenn man den ❶ **Schombergturm** besteigt. Und das sollte man auch tun, denn der Funk- und Aussichtsturm ermöglicht wunderbare Ausblicke gen Norden: natürlich über das viel besuchte Skigebiet, aber auch bis weit hinauf ins Münsterland, wenn man Glück hat. Am Westhang des Schombergs liegt außerdem die Sorpequelle, aus deren Flüsschen einige Kilometer weiter nördlich bei Sundern der wunderschöne Sorpesee wird – ein wirklich herrliches Ausflugsziel für die ganze Familie.

Nach Faulebutter Nach diesem tollen Aussichtserlebnis und der kurzen Passage zurück zum Hauptweg orientieren wir uns weiter am »H« des »Sauerland-Höhenflugs« und wandern vom Turm kommend links am Höhenrücken des Homert weiter Richtung Osten. Wieder führt uns die Route überwiegend durch waldreiches Bergland.

Schließlich queren wir nicht ganz eine Stunde hinter Wildewiese die Landstraße, die Sundern und Finnentrop verbindet, und erreichen bald darauf das ❷ **Röhrenspring-Wanderdreieck**. Hier treffen sich der südliche, aus Meinerzhagen kommende, und der nördliche, aus Altena kommende, Strang des »Sauerland-Höhenflugs«, um gemeinsam nach Osten über die Grenze nach Hessen ins Waldecker Land nach Korbach weiterzuziehen. Wir biegen am Wanderdreieck im spitzen Winkel nach rechts ab und folgen dem nach Süden führenden »H«. Es bringt uns durch einen Wald mit beeindruckenden Buchen und immer wieder schönen Aussichtsgelegenheiten bis hinab ins Dörfchen ❸ **Faulebutter**.

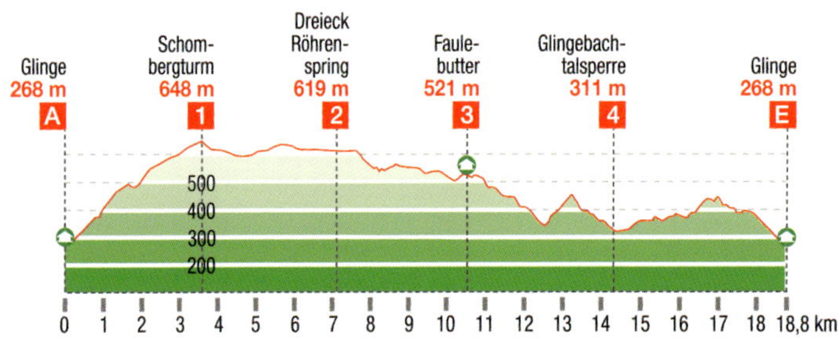

Bänke am Wegesrand laden immer wieder zur Rast ein.

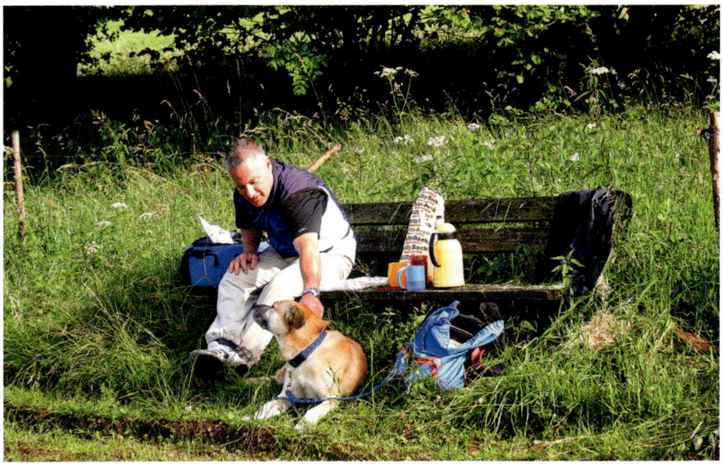

Am Glingebachstausee Im kleinen Sauerlanddorf Faulebutter verlassen wir den »Sauerland-Höhenflug« und wechseln noch einmal das Wanderzeichen. Hier kreuzt der Hauptwanderweg »X18«, dem wir schon zu Anfang der Runde begegnet sind, unseren Weg, dem wir uns nun erneut anschließen und nach rechts folgen. »X« und dazu diverse »A«-Markierungen leiten am Hang des 533 Meter hohen Menscheid entlang und ziehen dabei im Bogen links weiter.

Am Pastenberg vorbei (480 m), wandern wir an den bewalde-

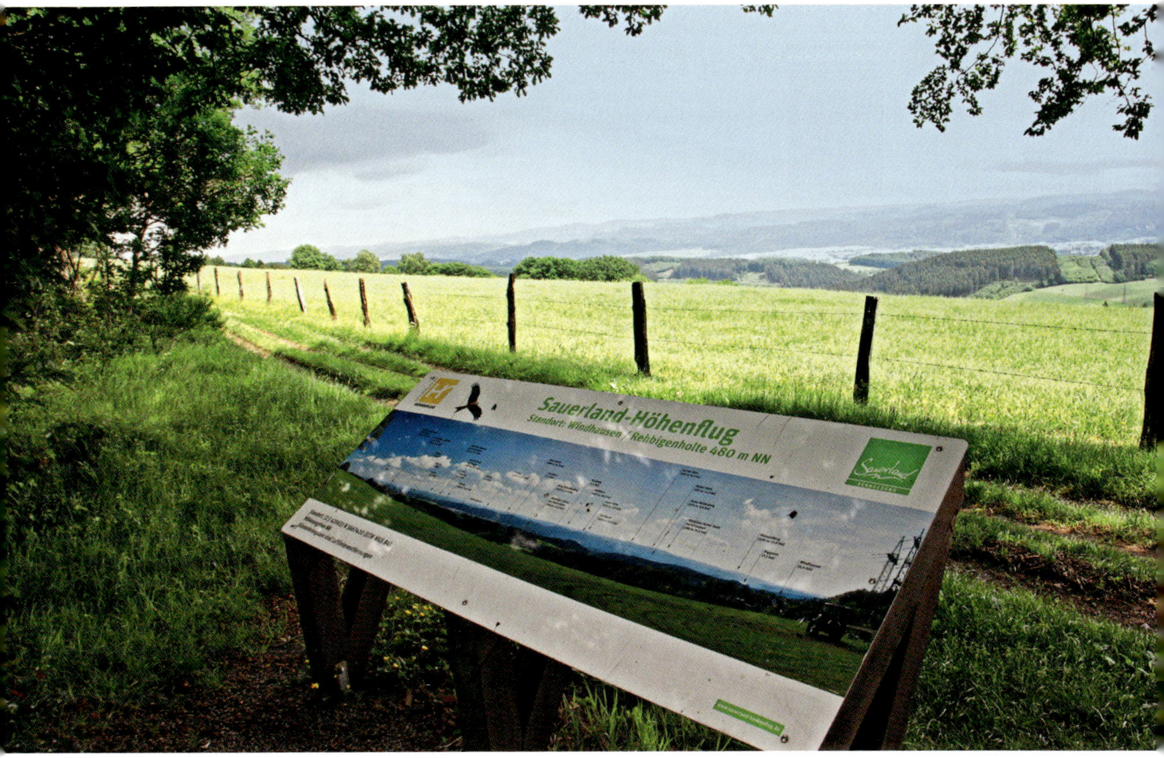

Tafeln erläutern die prachtvollen Aussichten.

ten Hängen oberhalb des tief eingeschnittenen Tals des Glingebachs und gelangen hinunter bis in die Nähe der kleinen 4 Glingebachtalsperre. Anschließend windet sich unser Wanderweg an den Berghängen oberhalb der Talsperre durch den Laubmischwald noch einmal hinauf Richtung Sillberge. Oberhalb von Glinge stoßen wir so abermals auf die Markierung des Hauptwanderwegs »X24«, die uns links haltend hinunter nach E Glinge bringt.

Mit den Rangern auf Tour

Die Wege des »Sauerland-Höhenflugs« betreut der Sauerländische Gebirgsverein (SGV) zusammen mit den Rangern vom Landesbetrieb Wald und Holz NRW, denen man sich bei einer Führung anschließen kann. Auf dem »Höhenflug« sind zwei Ranger aktiv, die sowohl Führungen mit Schulklassen als auch mit anderen interessierten Besuchern durchführen. Alle eingesetzten Ranger sind Forstwirte oder Forstwirtschaftsmeister, die zusätzlich eine einjährige Schulung zum Natur- und Landschaftspfleger absolviert haben. Die Berufsbezeichnung lautet danach »Naturwart«, aber meist wird der Begriff Ranger benutzt. Auch außerhalb der festgelegten Führungen sind die Ranger auf den Wegen unterwegs und Ansprechpartner bei zufälligen Begegnungen. Sie dürfen sogar »Knöllchen« vergeben, sollte man sich im Wald danebenbenehmen und vielleicht beim Müllhinterlassen erwischt werden! Die Ranger-Hotline des Regionalforstamts Oberes Sauerland kann bei Fragen oder Buchungen zum Angebot der Ranger unter Tel. 02972/97 02 55 bzw. im Internet unter www.wald-und-holz.nrw.de weiterhelfen.

24

Zur Glörtalsperre

Am höchsten Berg des Ruhrgebiets

mittel | 13,3 km | 310 Hm | 3.45 Std.

Tourencharakter
Kurzweilige Runde mit viel Auf und Ab durch die Hügel bei Breckerfeld und Schalksmühle. Straßenabschnitte und Waldwege, leichte Wegfindung, nur ein Wanderzeichen

Ausgangs-/Endpunkt
Breckerfeld, Busbahnhof (381 m)

Höchster Punkt
Bei Boßel (419 m)

Anfahrt
Auto: A 45 bis AS 12 Hagen-Süd, dann B 54 Richtung Hagen-Rummenohl. GPS Busbahnhof: N 51.261583, O 7.466838
Bus & Bahn: Schalksmühle-Bhf., Bus 86 bis Glör, dort starten

Gehzeiten
Breckerfeld – Glörtalsperre 1.20 Std. – Logrötker Bach 0.35 Std. – L 528 0.50 Std. – Altenbreckerfeld 0.30 Std. – Breckerfeld 0.30 Std.

Einkehr
In Breckerfeld; an der Glörtalsperre Haus Glörtal

Karten
EN-Agentur, Wanderwelt SüdspitzEN 1:25000 (kostenlos u. a. bei der EN-Agentur, Tel. 02324/564 80, www.ennepe-ruhr-tourismus.de); Kompass Wanderkarte 1:50000, Nr. 821 Ruhrgebiet, Karten 2 und 3

Information
Stadtmarketing Breckerfeld e. V., Tel. 02338/80 90, www.stadtmarketing-breckerfeld.de

Hinweis
Unweit des Ausgangsorts liegt das Heimatmuseum (www.stadtmuseum-breckerfeld.de).

Bei Breckerfeld, dem beschaulichen Städtchen im Südosten des Ruhrgebiets, kann man den Übergang ins bergreiche Sauerland erwandern. Wenn dann noch fantastische Aussichten und ein idyllischer Waldsee am Weg liegen, bleiben keine Wünsche offen.

Zur Talsperre In Breckerfeld, am Ⓐ **Busbahnhof** am Ostring, können wir auf bereits 381 Meter Höhe startend eine beeindruckende kleine Bergwanderung unternehmen, wie sie im Revier nicht alltäglich ist. Denn Breckerfeld hat richtig Mittelgebirgsflair und darf mit dem 441 Meter hohen Wengeberg Anspruch auf den höchsten Berg des Ruhrgebiets erheben.

Zu Beginn unserer Runde erscheint auch bereits das Wanderzeichen »A10«, das uns den ganzen Weg über begleitet. Dem Ostring nach, dann links in die Wahnscheider Straße und an der Schule vorbei, sind wir bald im Grünen. Wir wandern entlang dem Sportplatz und der Kleingartenanlage und erreichen etwas später das Bächlein Saure Epscheid. Hier

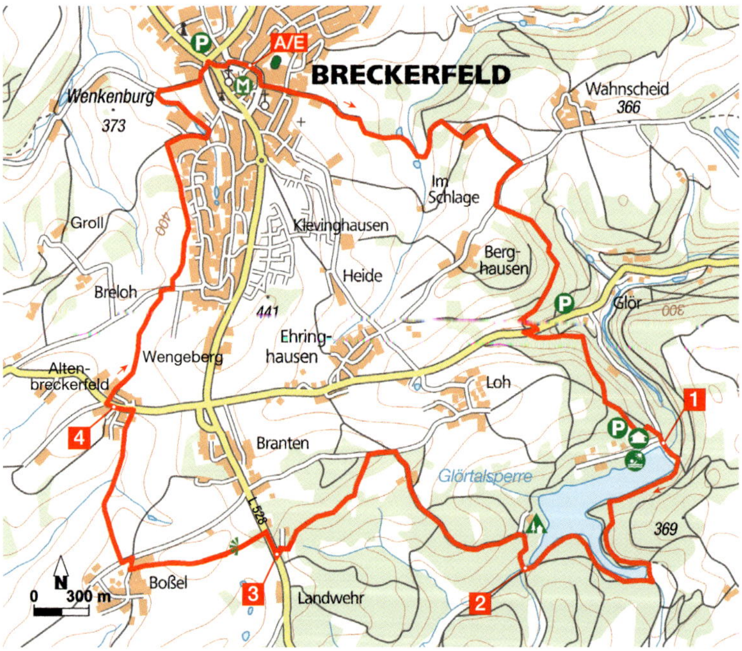

geht es auf der anderen Bachseite zunächst durch den Wald, dann durch die sich öffnende Landschaft aufwärts. So treffen wir auf eine Straße, der wir rechts (Richtung Berghausen) ein Stück nachgehen, um sie aber schon wenig später wieder links Richtung Wald zu verlassen. Jetzt wandern wir beständig abwärts, und dabei führt uns der Weg durch das Waldgebiet hinunter zur Kreisstraße, die wir kreuzen: dafür ganz kurz rechts, dann links abbiegen. Weiter geht es durch den Wald; dabei gesellt sich die Markierung »X20« zu unserem Wanderzeichen.

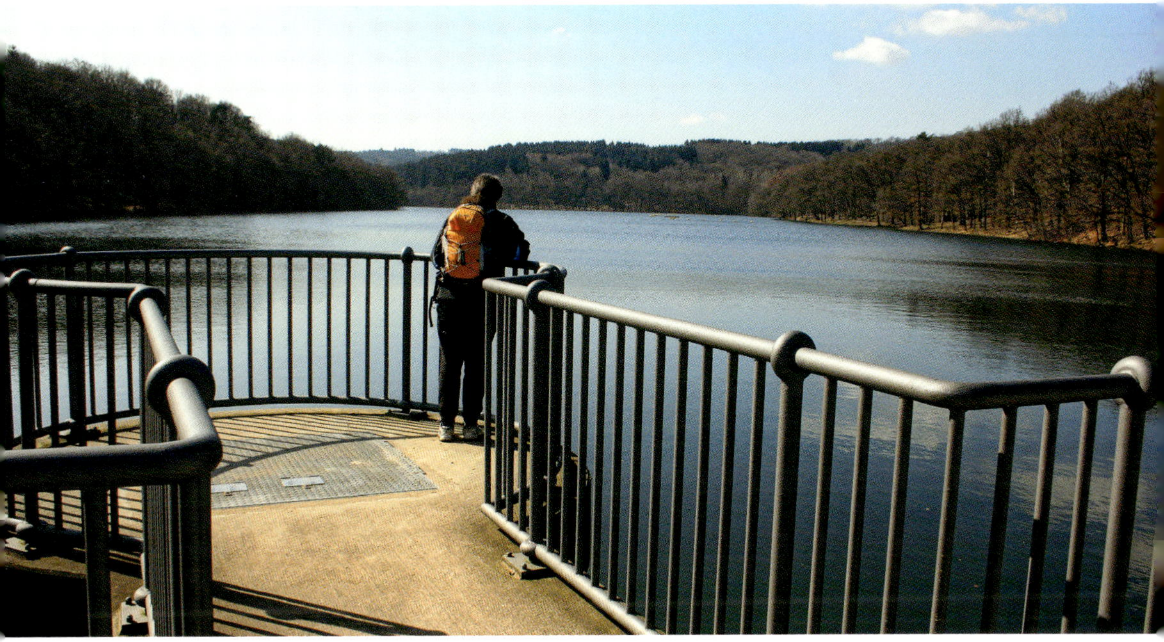

Von der Staumauer eröffnet sich ein schöner Blick über die Glörtalsperre.

So gelangen wir auf Hangwegen durch die Wälder oberhalb der Glör. Zuletzt vorbei an der Seegastronomie Haus Glörtal mit Biergarten, haben wir die 1 Glörtalsperre (s. Tippkasten) erreicht. Der kleine See ist ein lohnendes Ausflugs- und Naherholungsziel für die ganze Familie. Sicherlich wird das Naturschwimmbad nicht nur Kinder in der warmen Jahreszeit begeistern. Und auch sonst kann man überall spielen, picknicken oder kleine Abenteuer am Wasser erleben.

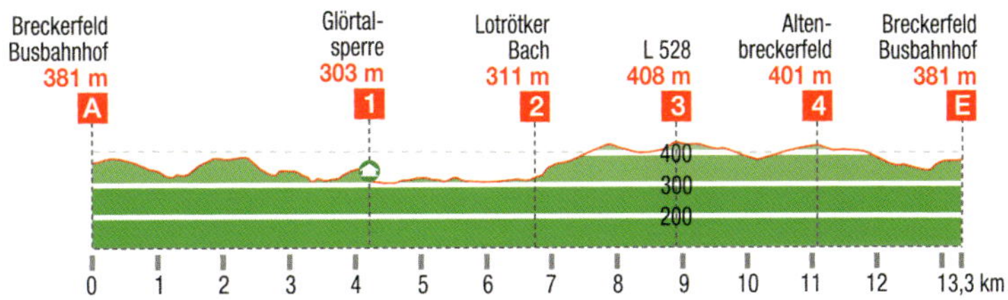

Abstecher ans Nordufer Wer genug Zeit mitgebracht und Kinder dabei hat, macht jetzt vielleicht einen Abstecher ans Nordufer zu den Freizeitbereichen: Dafür noch vor der Staumauer den breiten geschotterten Seeweg einschlagen, der etwas oberhalb des Wassers verläuft. Vom Weg leiten Hinweisschilder zu aktiven Familien- und auch speziellen Hundebereichen. Abzweige direkt hinun-

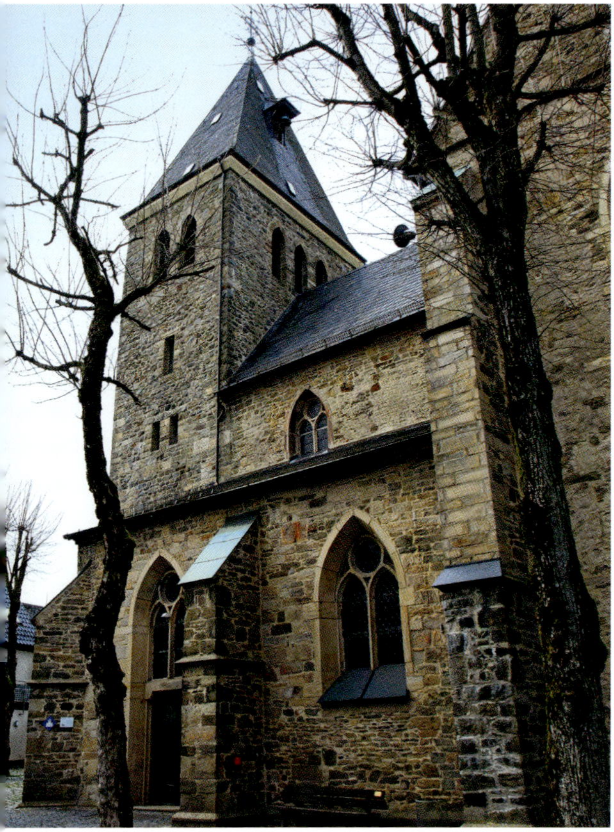

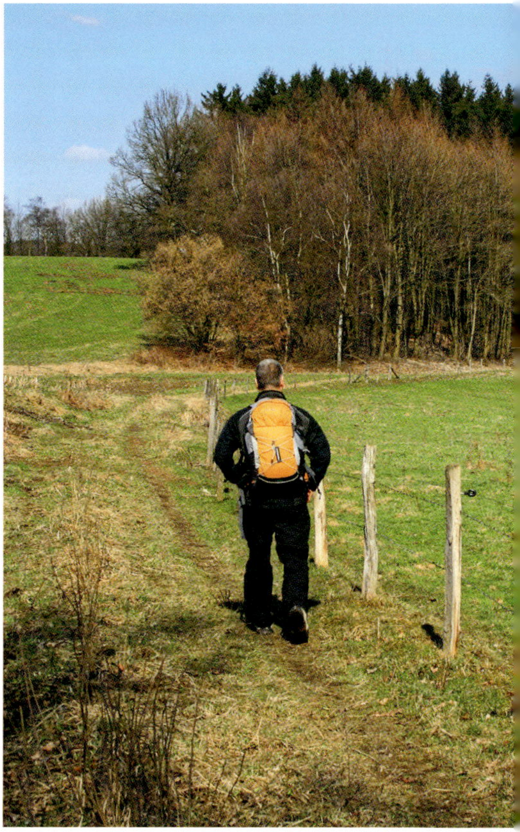

Im alten Kern von Breckerfeld

Rechts: Hier lässt es sich wunderbar wandern!

ter an den See führen zu Bänken, Picknick- und Grillzonen. Schnell wäre dann auch die DLRG-Station mit Strandcafé am Naturbad erreicht. Im Sommer können sich hier mit Schlauchboot und Schwimmreifen die Kleinen im glasklaren Wasser vergnügen oder auf den großen Rasenflächen herumtoben. Ginge man jetzt noch weiter durch den Wald, käme man zur Jugendherberge am südwestlichen Seezipfel und träfe wieder auf unsere eigentliche Route.

Auf die Höhen Uns leitet Markierung »A10« an der Glörtalsperre über die Staumauer hinweg, hinter der die Glör wieder zutage tritt. Danach erkunden wir auf bequemen Wegen den kleinen, in bewaldete Erhebungen eingebetteten See auf seiner südlichen Seite. Am südöstlichen Seezipfel mündet die Glör in die nach ihr benannte Talsperre ein. Wir überschreiten dort den Bach und umrunden noch etwas den südlichen Seebereich.

Am Zufluss des 2 **Logrötker Bachs**, der zweiten Bacheinmündung in die Talsperre, überqueren wir an einem kleinen Damm den Zulauf. Kurz darauf beginnt – in der Nähe der Jugendherberge – links haltend der Aufstieg zur größeren Landstraße. Dabei sind wir meist im Wald unterwegs, doch zwischendurch tut sich am Waldrand auch einmal ein schöner Blick hinüber zum Örtchen Loh mit dem Campingplatz auf. Haben wir dann die 3 **Landstraße** (L 528) erreicht, wenden wir uns wieder ein Stück nach rechts, um an der nächsten Möglichkeit links abzubiegen. Fortan durch

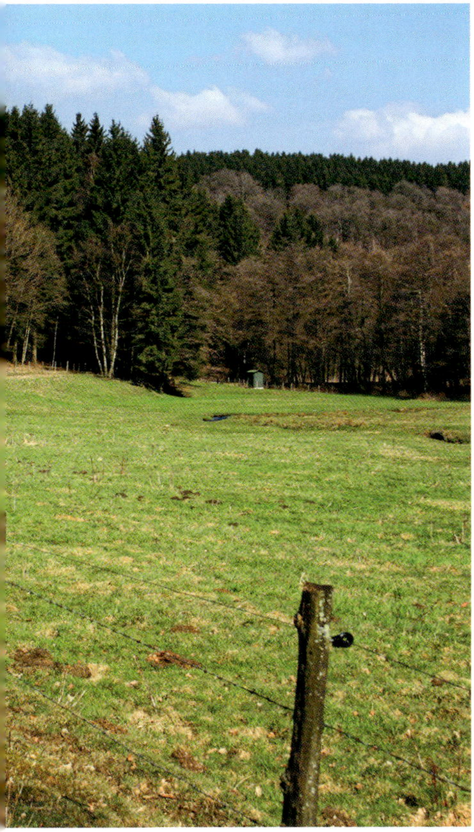

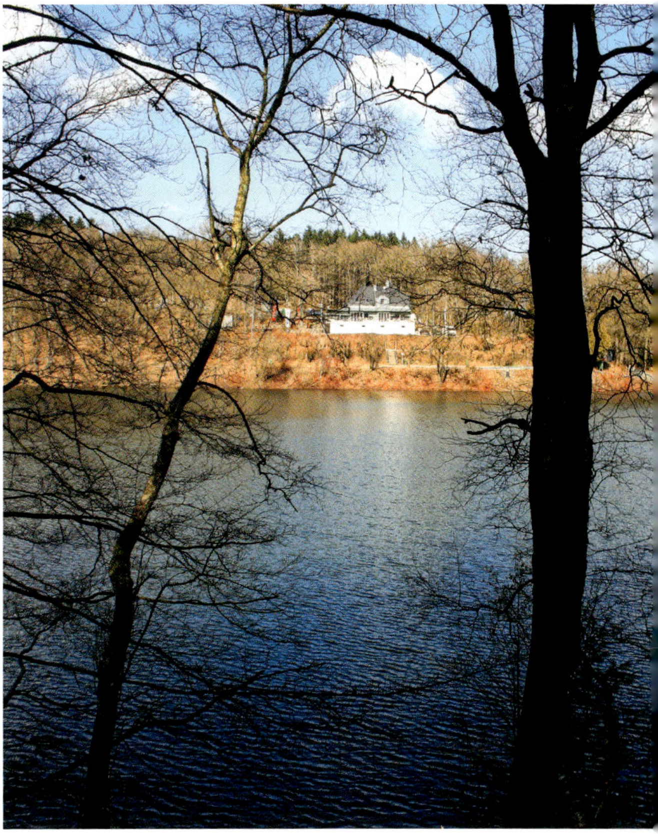

offene Landschaft, steuern wir gen Westen wandernd einen der höchsten Punkte der Runde an und haben dabei einen wunderbaren Blick ins Tal der Ennepe. So kommen wir im leicht welligen Gelände geradewegs zur Ansiedlung Boßel. Dort wenden wir uns von der Boßeler Straße mit den Markierungen in nördliche Richtung. Wenig später ist auch schon das kleine 4 **Altenbreckerfeld** erreicht, wo wir links in die dortige Hauptstraße ein- und kurz danach rechts abbiegen.

Dahinter zieht unsere Route wie zuvor ohne größere Richtungsänderungen gen Norden, dabei am rechter Hand liegenden Wengeberg vorbei und schon auf Breckerfeld zu. Und mehr und mehr bestätigt sich: Hier oben darf man sicherlich den Sonnenschutz nicht vergessen! Kurz darauf beginnt erste Bebauung, wir spazieren mit schönen Ausblicken am Rand der Siedlung und dann entlang eines kleinen Bachs bis zur nächsten Straße (Steinbachstraße). Hier rechts und noch ein kleines Stück dem Wanderzeichen nach, dann haben wir wieder den E **Busbahnhof** erreicht.

Glörtalsperre

Die bis 1904 erbaute Glörtalsperre dient zwar der Wasserregulierung bei Niedrigwasser bis hin zur Ruhr, doch wurde sie dann schnell zum Freizeit- und Erholungsraum.
Bereits 1929 entstand die dortige Jugendherberge. In den 1970er- und 1980er-Jahren baute man die Glörtalsperre weiter aus, und das Naturschwimmbad und die DLRG-Station wurden eröffnet. Glasklares Wasser und ihre Lage inmitten von Wald machen einen Ausflug dorthin zum reinen Genuss (www.gloer.de).

Oben: Haus Glörtal liegt einladend am Seeufer.

25 Im südlichen Ennepetal

Aussichtsreiche Hügel und ein kleiner See

mittel | 16,6 km | 280 Hm | 4.30 Std.

Tourencharakter
Beschauliche Rundtour, teils durch offene Hügel und auch durch Wald. Zu Beginn hinunter ins Flusstal, dann beständig wieder hinauf. Anschließend die bequemere Teilstrecke zur Talsperre und zurück zum Ausgangspunkt

Ausgangs-/Endpunkt
Radevormwald, Jakobsholt/L 130 (372 m)

Höchster Punkt
Freudenberg (380 m)

Anfahrt
Auto: A 1 bis AS 93 Wuppertal-Langerfeld, dann B 7 Richtung Schwelm, dort rechts zur B 483, siehe Hinweis. GPS Jakobsholt N 51.235552, O 7.356120
Bus & Bahn: Schwelm Bahnhof, weiter mit Bus 565 o. 339 bis Schlagbaum. Dort starten.

Gehzeiten
Jakobsholt – Remlingrade 0.30 Std. – Mühlenfeld 0.35 Std. – Schlagbaum 1.10 Std. – Staumauer 1.00 Std. – Jakobsholt 1.15 Std.

Einkehr
Jausenstation Klütinger Alm

Karte
Kompass Wanderkarte 1:50 000, Nr. 821 Ruhrgebiet, Karte 2

Information
Tourismus-Info Radevormwald, Tel. 02195/689 22 13, www.tourismus-radevormwald.de

Hinweis
Die Kira-Baumschule erlaubt Wanderern das Parken auf ihrem Platz südlich der L 130, wo im Winter der Weihnachtsbaumverkauf stattfindet.

Am Nordrand des Bergischen Lands prägen sanfte Hügel die Landschaft zwischen Radevormwald und Ennepetal. Stiller Wald, Felder und Wiesen, weite Blicke und bequeme An- und Abstiege sowie die reizvolle Heilenbecketalsperre versprechen hier Wandergenuss.

Ins Tal der Wupper Los geht es an der Landstraße 130 bei Ⓐ **Jakobsholt**, wo auch einige wenige Häuser stehen. Hier, im Norden von Radevormwald, schon nahe der Grenze zu Ennepetal, können wir uns gleich am Wanderzeichen des Jakobswegs, der »Muschel«, orientieren. Dazu folgen wir noch ein Stück der Landstraße (L 130) durch die von kleinen Waldstücken und einzelnen Häusern oder Höfen aufgelockerte Landschaft. Leider haben wir keinen separaten Fußweg, aber können doch die erste schöne Fernsicht über das Tal der Wupper hinweg zwischen Dahlerau und Beyenburg genießen. Wir kommen an einigen Feldern vorbei, auf denen die Tannen für den Weihnachtsbaumverkauf heranwachsen. Kurz darauf führt uns die Markierung von der Straße weg nach rechts Rich-

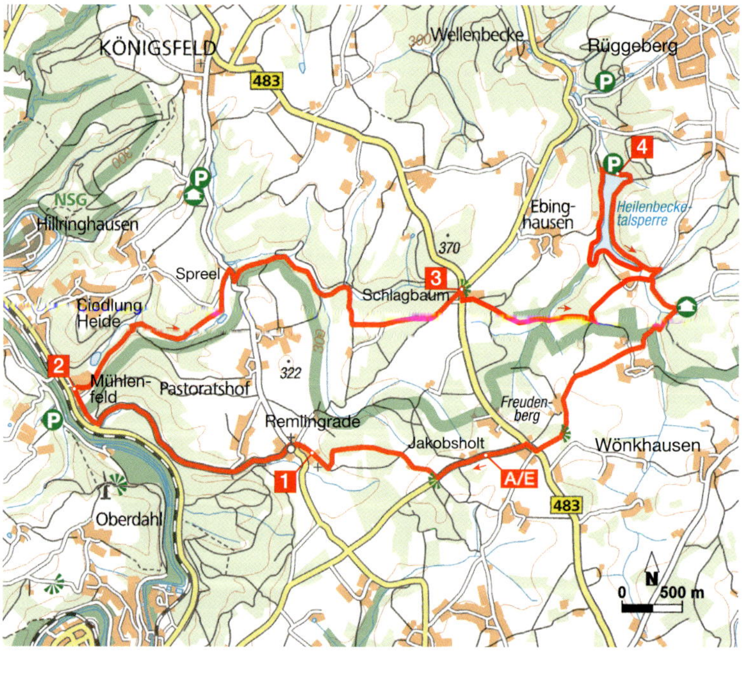

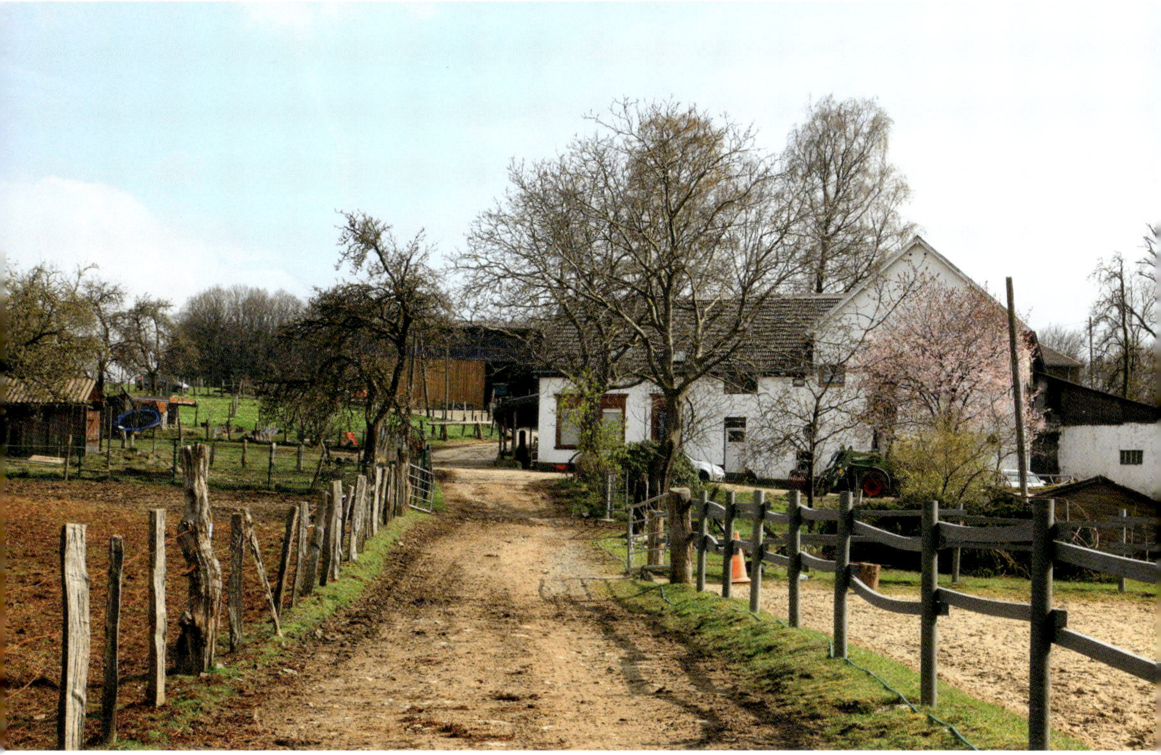

tung Reitergemeinschaft Birken. Im leichten Bergab wandern wir auf den Hof zu und durch die Weiden, auf denen allerlei nette Haus- und Nutztiere zu Hause sind. Im Wechsel von Wald und Feldfluren geht es aussichtsreich auf zunächst noch unbefestigten Wegen bis hinüber ins kleine ❶ **Remlingrade**.

Vorbei geht's am Bauernhof Richtung Remlingrade.

Hinter der kreuzenden Hauptstraße mit der hübschen weißen Kirche sind wir auch schon zurück in bäuerlichem Land. Nach kaum 300 Metern verlässt der Jakobsweg unsere Route und zieht nach links. Wir dagegen wandern entlang der kleinen Straße geradeaus weiter – ohne Wanderzeichen, aber auch ohne abzuzweigen, begleitet von einem Bachlauf. Es geht abwärts durch den Wald, in das kleine Bachtal und weiter ins Tal der Wupper. Dabei halten wir uns aber noch vor der Landstraße (L 414) rechts, erreichen zugleich die tiefste Stelle unserer Wanderrunde und kommen an ein paar Häusern vorbei schnell hinüber nach ❷ **Mühlenfeld** und über die Stadtgrenze nach Ennepetal.

Zum Heilenbecker See Bei Mühlenfeld biegen wir vor den Gebäuden rechts ein, um jetzt dem Wanderweg »Rund um Ennepetal« mit der Markierung »Wappenschild« zu folgen. So lassen wir das Wuppertal hinter uns und wandern auf den nächsten

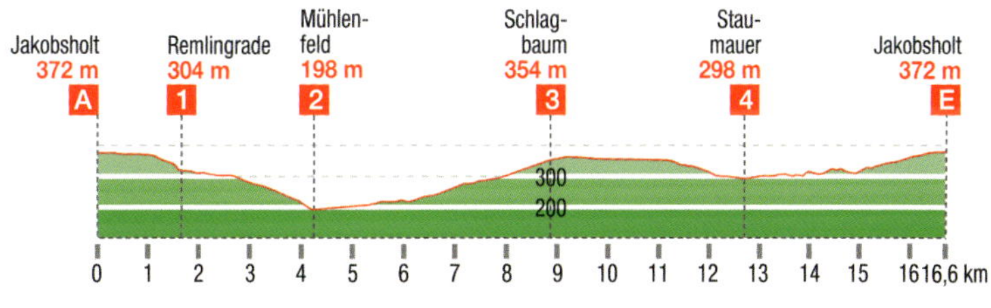

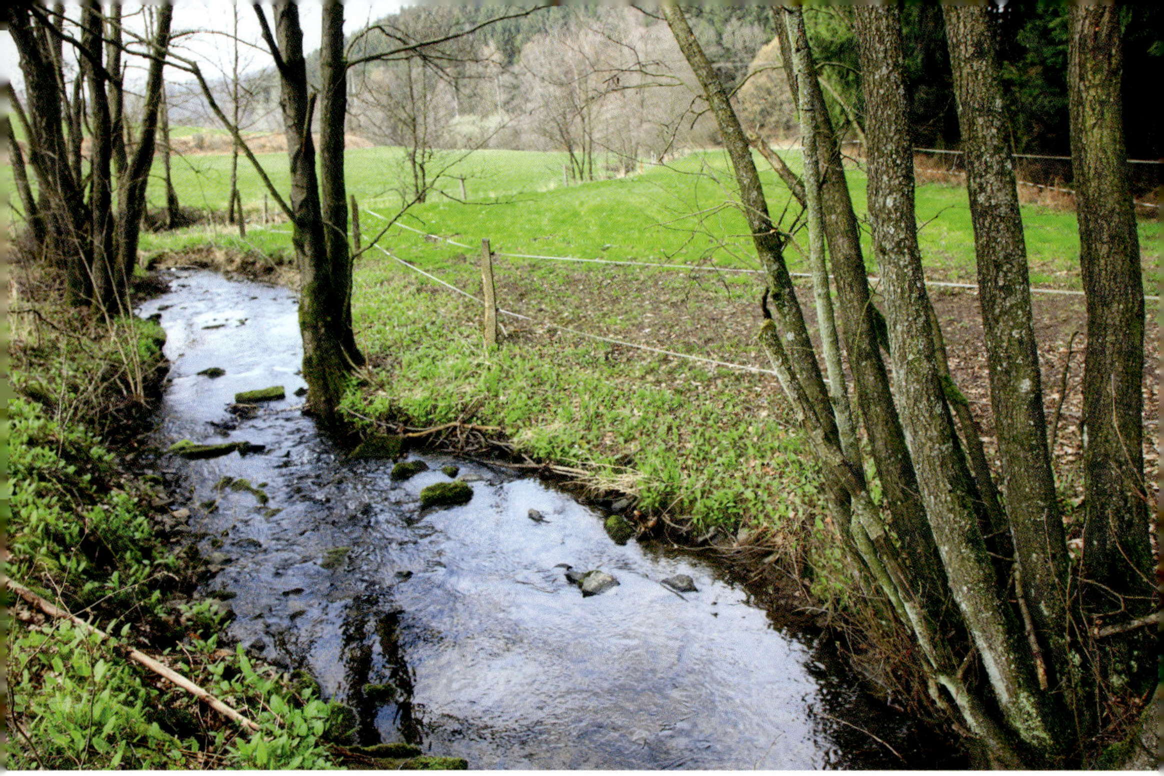

Bald hat der kleine Bach die Talsperre erreicht.

rund fünf Kilometern bis hinauf nach Schlagbaum häufig im Wald oder am Waldrand. Dabei schließt sich der Weg zu Beginn in einiger Entfernung dem Verlauf des Spreeler Bachs an, den wir etwas später auch einmal überqueren.

Bei der kleinen Ansiedlung Spreel kreuzt die Kreisstraße 8 (Spreeler Weg) den Weg. Hier schwenken wir rechts ein und biegen knapp 100 Meter weiter mit dem »Wappenschild« links ab, zurück in den Wald. Dabei begleitet unser Wegverlauf wieder indirekt einen weiteren kleinen Bach in mehreren Bögen hinauf. Schließlich ist die Ansiedlung 3 **Schlagbaum** erreicht.

Dort stoßen wir auf die B 483: hier kurz rechts der Straße entlang, dann an einem Haus links abzweigen. Wir bleiben nicht lange an der Straße, biegen bald rechts in den Wanderweg ab. Durch den Wald geht es beständig hinab und auf der anderen Seite wieder hinauf. Hier weist uns dann das Zeichen »Wappenschild« nach links. Das Gelände neigt sich nun erneut. Kurz hinter dem Weiler Schiffahrt biegen wir auf einem Wegstück, dass wir auf dem Rückweg erneut begehen werden, links ab und kommen so zur herrlich gelegenen kleinen Heilenbecketalsperre. Entlang dem Westufer leitet uns unser Wanderzeichen zur 4 **Staumauer** und über diese hinweg.

Am Ufer entlang Natürlich sollte man beim Gang über das Stauwerk einen ausgiebigen Blick über den stillen, idyllisch im Wald eingebetteten See nicht versäumen. Das Bergische Land ist Spezialist in Sachen Stauseen, denn kaum anderswo findet man so viele Talsperren auf so engem Raum. Mal dienen sie hauptsächlich der Trinkwassergewinnung und sind für Wanderer oft nur in einem gewissen Abstand zu umkreisen, mal sind es Freizeit- und Erholungsgebiete mit Wassersport aller Art. Haben wir die Staumauer überquert, verlässt uns unsere Markierung »Wappenschild« des Ennepetal-Rundwegs und zieht nach links weg. Wir halten uns nun an den breiten Wanderweg entlang der östlichen Uferlinie, folgen diesem nach rechts und spazieren unmarkiert unterhalb des bewaldeten Hangs bis zum Ende des Sees.

Zur Alm Nach dem Seeende müssen wir uns links halten und weiter vorgehen bis zu einer Straße. Dort rechts, dann wenig weiter links abbiegen und gleich wieder rechts halten. Etwa 350 Meter folgen wir nun dem Wegverlauf im Bogen zuerst durch ein Waldstück, bis unser Pfad bei ein paar Häusern (Nieder Klütingen) endet – hier liegt gleich um die Ecke die einladende Jausenstation Klütinger Alm, die auch typisch alpenländische Spezialitäten anbietet.

Wir biegen aber rechts ein und haben jetzt erneut die »Muschel« als Markierung. Es geht anfangs hinab zu einem lauschigen Bach, der Richtung Talsperre fließt, danach gleich wieder aufwärts. In der bald offenen Landschaft bei Feckinghausen kann man erneut jene schönen weiten Blicke genießen, die das Wandern hier so genussvoll machen. Nachdem wir zuletzt noch einen Funkturm passiert haben, gelangen wir zurück zur Bundesstraße 483 und zugleich zur höchsten Stelle der Rundwanderung. Hier geht es mit ein wenig Vorsicht an der befahrenen Straße entlang zurück zum Parkplatz bei E **Jakobsholt.**

Kluterthöhle

Ennepetal kennt man auch wegen der Kluterthöhle. Die größte Naturhöhle Deutschlands bietet nicht nur bei Atemwegs- oder Hauterkrankungen anerkannte Möglichkeiten zur Besserung und Heilung, man kann dort auch an spannenden Erlebnisführungen in die geheimnisvolle Welt der unterirdischen Seen und glitzernden Felsen teilnehmen (Infos unter Tel. 02333/988011 oder www.kluterthoehle.de).

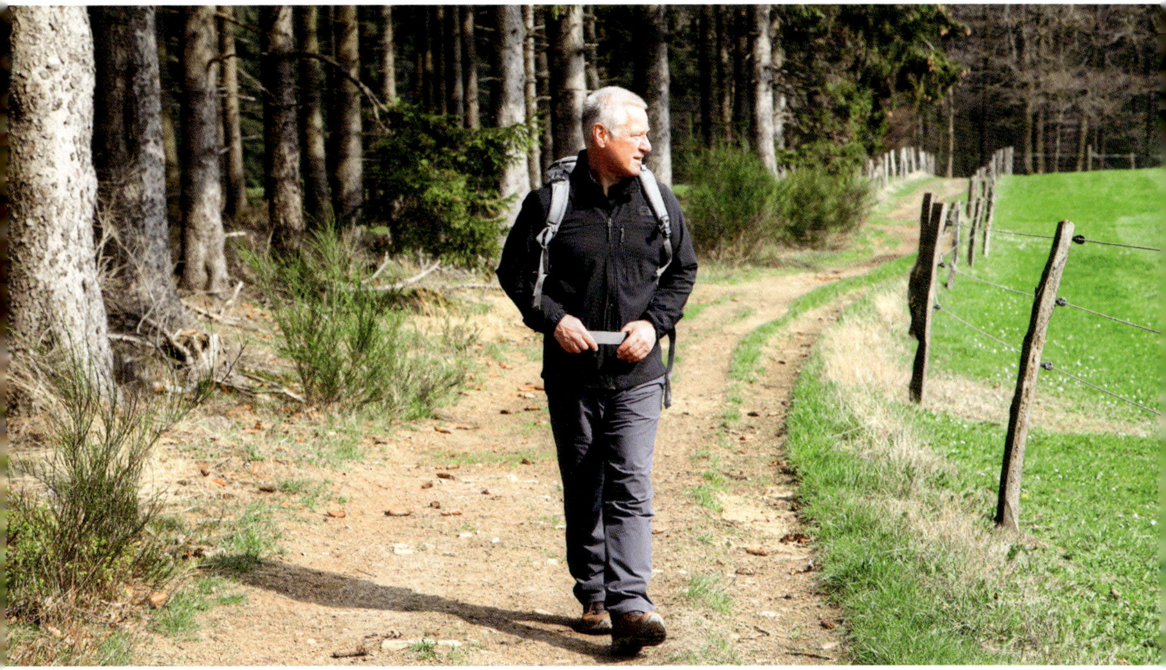

Lauschige Wiesenpfade prägen einen Teil der Wanderung.

26

An der Wuppertalsperre

Im Auf und Ab über die Wupperberge

mittel | 11,8 km | 250 Hm | 3.20 Std.

Tourencharakter
Runde an der südlichen Wuppertalsperre, meist in Sichtweite zum See. Auf breiten Wanderwegen und entlang einiger Straßen

Ausgangs-/Endpunkt
Remscheid, Freizeitzentrum Kräwinklerbrücke (251 m)

Höchster Punkt
Bei Oberhombrechen (346 m)

Anfahrt
Auto: A 1 bis AS 95 Remscheid, über die B 229 Richtung Remscheid-Lennep, rechts B 51, später links (Dörperhöhe). GPS Freizeitzentrum: N 51.183271, O 7.305737
Bus & Bahn: Stündl. vom Bhf. Remscheid-Lennep per Anruf-Sammeltaxi bis Kräwinklerbrücke, z. Z. max. 3 €; Infos: Tel. 02191/16 48 48, www.stadtwerke-remscheid.de/services/anrufsammeltaxi

Gehzeiten
Freizeitzentrum – Wupper-Vorsperre 1 Std. – Kormannshausen 0.40 Std. – Vorsperre Wiebach 0.40 Std. – Freizeitzentrum 1 Std.

Einkehr
Kiosk beim Start; unterwegs leider z. Z. keine (siehe Tippkasten)

Karte
Kompass Wanderkarte 1:50 000, Nr. 821 Ruhrgebiet, Karte 2

Information
Wuppertal Marketing, Tel. 0202/563-2270, www.wuppertal-marketing.de; Tourismus-Info Radevormwald, 02195/6892213, www.tourismus-radevormwald.de

Hinweis
Am See sind interessante Naturbeobachtungen möglich.

Im Übergang zum Bergischen Land wartet die reizvolle Wuppertalsperre mit einer erlebnisreichen Runde auf. Damit es nicht an tollen Aus- und Fernblicken fehlt, locken die umliegenden Berge zu gleich mehreren sehenswerten Abstechern in die Höhe.

An der Wuppertalsperre Bei Hückeswagen, Remscheid und Radevormwald schlängelt sich in ausgeprägten Windungen ein See durchs Tal der Wupper. Umgeben von bis zu rund 350 Meter hohen Erhebungen, bietet die Wuppertalsperre ein Bild wie aus dem Reiseprospekt. Gleich fünf Zu-

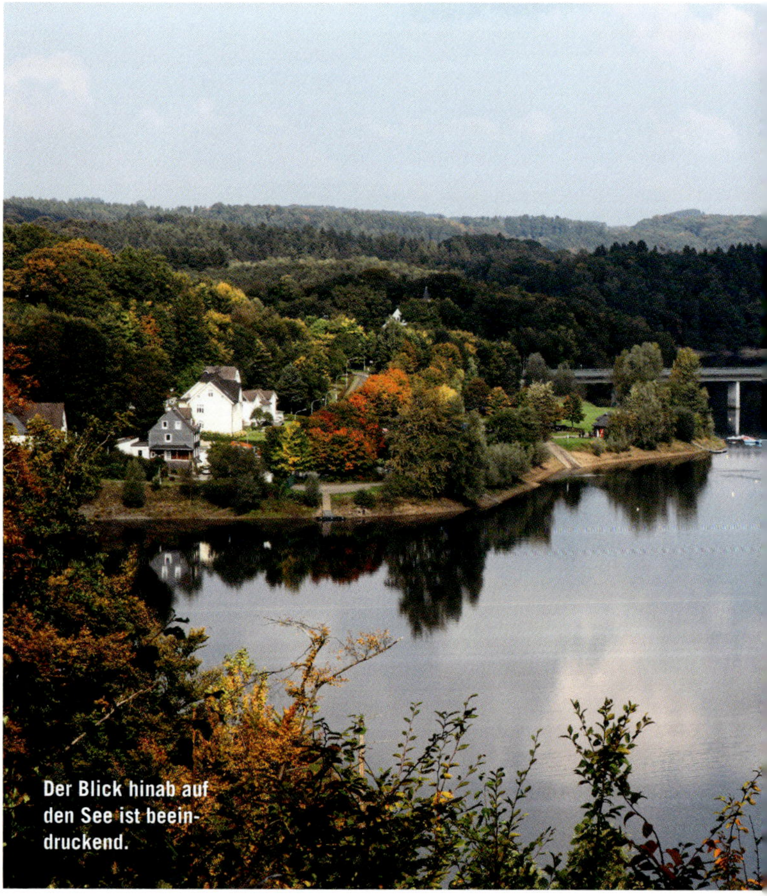

Der Blick hinab auf den See ist beeindruckend.

flüsse samt Vorsperren bilden eigene Wasserarme, und Halbinseln ragen weit in den See hinein. Er ist einer der jüngsten der zahlreichen Stauseen im Bergischen Land. Ausgestattet mit gut markierten Wanderwegen und idyllischen Rastplätzen, mit Campingplatz und Bootshafen samt Tauchplatz, ist der See trotzdem erfreulich ruhig und ein Highlight der Region. Etliche Uferbereiche stehen unter Naturschutz, und so fühlen sich viele Wasservögel ebenfalls wohl hier. Anlaufstelle auch für Wanderer ist das Freizeitgelände an der Kräwinklerbrücke auf Remscheider Seite. Am Ufer kann man nur erahnen, wie weit sich die Ende 1987 eröffnete, um die zehn Kilometer lange Talsperre ausdehnt. Richtung Norden kommt die gewaltige Talbrücke der Bundesstraße in den Blick, hinter der bei Krebsöge (Radevormwald) der Hauptdamm liegt. Alles ganz schön eindrucksvoll!

Unten: Das herrlich gelegene Haus Hammerstein lädt zur Einkehr.

Haus Hammerstein am See

In dem früher traditionsreichen (und exklusiven) Hotel mit Restaurant ging einst die Prominenz ein und aus. Herrlich gelegen, schaute man von der Terrasse auf die nahe gelegene Wupper, und seit der Flutung hat das Haus beinahe Insellage. Nach einigen Jahren ohne Pächter wurde das Hotel und Café bis 2020 vom Verein Lebenshilfe geführt. Wie es mit dem geschichtsträchtigen Haus weitergeht, ist noch ungeklärt.

Los geht's am See Wir starten in direkter Ufernähe am (A) **Freizeitzentrum Kräwink-**

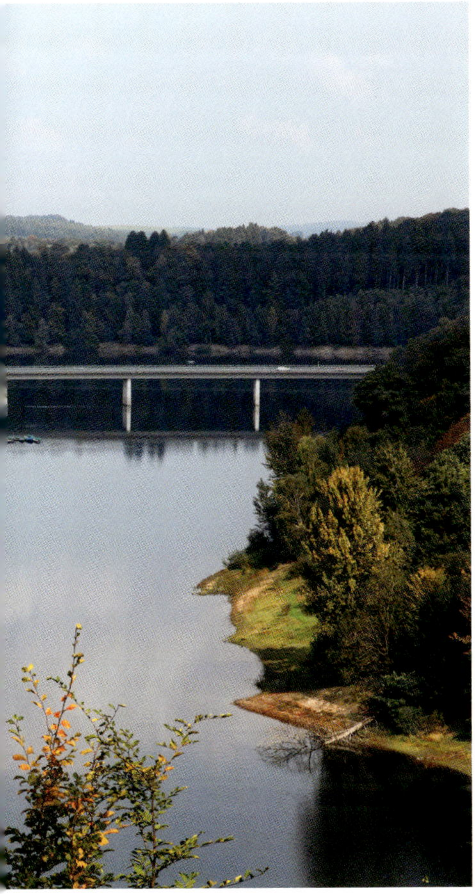

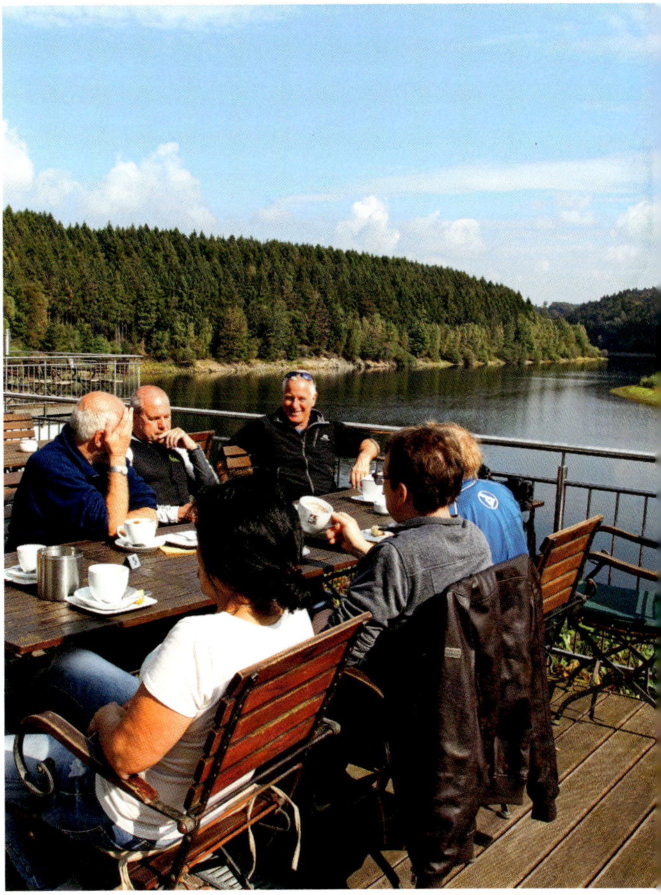

lerbrücke. Womöglich kann man gerade einige Paddler, Taucher oder auch Angler beobachten, wie sie sich für ihren Sport bereitmachen. Wir aber verlassen das eingezäunte Gelände und schließen uns mit Wanderzeichen »weißer Doppelbalken« dem breiten geschotterten Wanderweg an, der das Ufer begleitet. Doch selbst bei Höchstwasserstand liegt der See noch etwas unterhalb. Hier eröffnen sich bereits schöne Blicke über das Gewässer, und wegen seiner fjordartig erscheinenden Form bieten sich alle paar Meter neue Perspektiven. Nach gut 800 Metern ist der Damm einer ersten Vorsperre erreicht, an der das Wasser über große Steine hinunter in den See plätschert. Eine kleine Brücke bringt uns hinüber.

Über den Großen Berg Danach halten wir uns links, und jetzt geht es erstmals etwas aufwärts. Dabei treffen wir auf die Markierungen »A7« und »H im Kreis«, zu denen wir an dieser Stelle wechseln. Wir bleiben aber in See-Nähe, wenn auch eine Etage höher wandernd. Während es noch etwas weiter hinaufgeht, genießen wir prächtige Aussichten über Teile der Wuppertalsperre, etwa zum gegenüberliegenden Fuchsberg (290 m), der wie eine Halbinsel weit in den See ragt. Hier oben erreichen uns schließlich keine Straßengeräusche mehr – einfach herrlich!

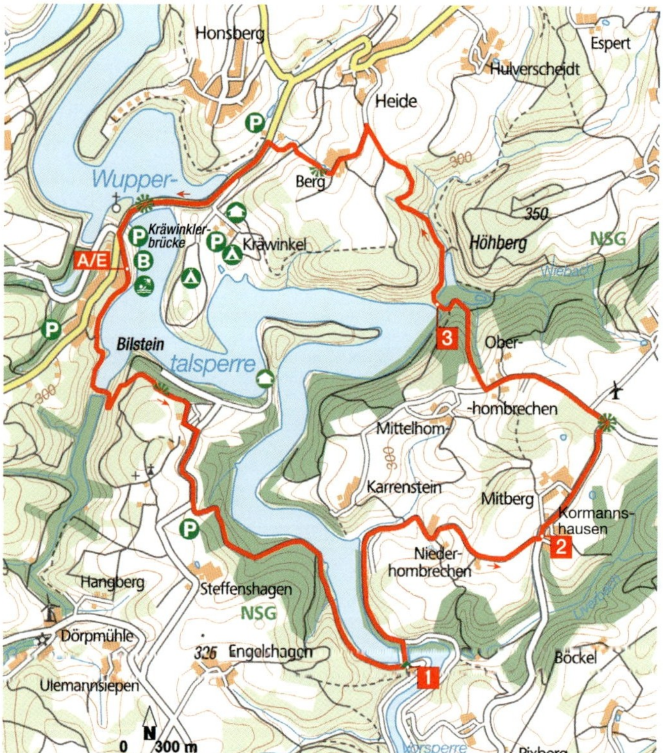

Noch ein Stück, dann schwenkt unsere Route nach rechts. Wer zuvor aber einen kleinen Abstecher zum wunderschön gelegenen Haus Hammerstein (ca. 600 m entfernt) machen möchte, der geht links, dann rechts weiter und hinab zum See – aktuell (Stand Juni 2021) leider ohne Einkehrmöglichkeit (s. Tippkasten).

Unser Weg passiert dagegen mit »A7« und »H im Kreis« die Ansiedlung Dürhagen. Zu Beginn auf offener Höhe, geht es zuletzt merklich bergab und hinunter zur ❶ **Wupper-Vorsperre**. Eine Brücke bringt uns dort an schmaler Stelle auf die andere Seite.

Der Damm ist so konstruiert, dass er bei Hochwasser überströmbar ist. Bänke laden zum Verweilen ein, und der Blick auf den ruhigen See und die umliegenden Erhebungen kann ausgiebig genossen werden. Ginge man an der Vorsperre rechts weiter dem Wanderzeichen »H im Kreis« nach, käme man nach rund 1,5 Kilometern nach Hückeswagen, dem hübschen bergischen Städtchen mit viel Fachwerkromantik und kleinem Schloss samt Heimatmuseum.

Zur Wiebach-Vorsperre Wir wechseln nach der Brücke am Wupper-Vorsperrendamm erneut die Wanderzeichen. »Raute 6« (des Wupperwegs) und »A10« leiten uns hier nach links. Zu Beginn wandern wir wieder direkt am See entlang. Nach gut zehn Minuten – unser Weg hat sich inzwischen ein wenig vom Wasser entfernt – verlässt uns »Raute 6« (mit »A10«) nach links abzweigend: Wir gehen geradeaus weiter, haben aber noch immer Markierung »A10«, die hier ebenfalls entlangführt. In offener Landschaft mit Hofstellen und kleinen Ansiedlungen steigt der Weg jetzt auch spürbarer an, und mit jedem Meter in die Höhe eröffnen sich neue Aussichten. So geht es tiefer hinein ins hügelige Umland, ganz weg vom See. Haben wir die Häuser von ❷ **Kormannshausen** passiert, wandern wir anschließend direkt auf das große Windrad zu und danach im weiten Linksbogen zum Weiler Oberhombrechen. Auf dem Weg dorthin überschreiten wir mit 346 Metern den höchsten Punkt der Wanderung.

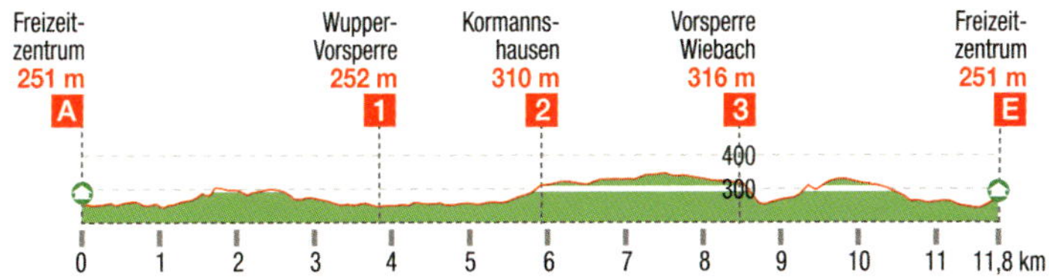

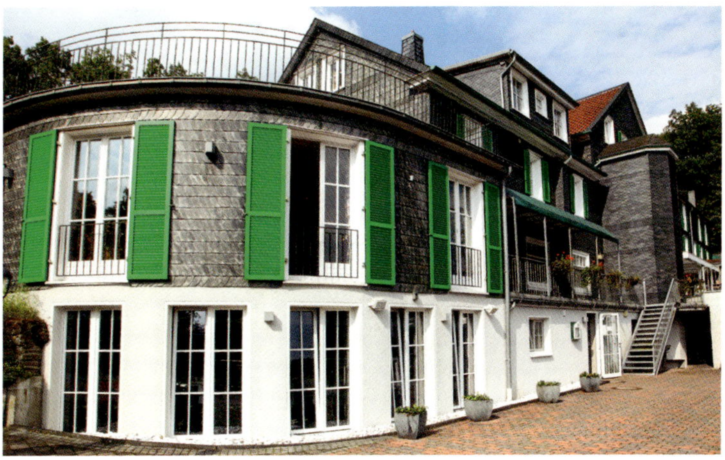

Haus Hammerstein in den typisch bergischen Farben

Anschließend beginnt der Abstieg, und der lässt sich – wie schon der Aufstieg – nicht lange bitten. Nach einem guten Kilometer sind wir bereits 100 Meter tiefer und stehen an der von Wald umgebenen ❸ **Wiebach-Vorsperre**. Diese hindert den Bach daran, ungebremst in die Talsperre zu münden und allzu viel Schlamm und Sedimente einzubringen.

Noch einmal hinauf An der Vorsperre treffen wir nochmals auf den Wupperweg (er kommt von links). So orientieren wir uns erneut am Wanderzeichen »Raute 6«, halten uns rechts, und schon zieht unsere Route wieder in die Höhe. Dabei lassen wir auch den lichten Wald hinter uns. Unterwegs gesellt sich noch Markierung »Raute 8« zu uns, und beide Wanderzeichen führen nun über die Kuppe hinweg zu den Häusern von Berg und weiter nach Heidersteg an der L 412.
Hier trennen sich die beiden »Raute«-markierten Wanderrouten. Wir bleiben bei Wanderzeichen »Raute 8« und gehen der großen Straße entlang das kurze Stück hinunter Richtung Wupperstausee. Über die Kräwinklerbrücke, die wir natürlich zum ausgiebigen Schauen über die Talsperre nutzen, wird die andere Seeseite erreicht, und von dort sind wir schnell wieder zurück am Ⓔ **Freizeitgelände Kräwinklerbrücke** mit dem kleinen Kiosk.

27

Dom-Blick und Beversee

Im grünen Hügelland von Hückeswagen

mittel | 13,8 km | 180 Hm | 3.20 Std.

Tourencharakter
Aussichtsreiche Tour in offenem Hügelland, meist über kleine Landsträßchen, dabei häufig der Sonne ausgesetzt

Ausgangs-/Endpunkt
Hückeswagen, Raderstraße, Wupperbrücke (255 m)

Höchster Punkt
Dom-Blick (335 m)

Anfahrt
Auto: A 1 bis AS 59 Remscheid, weiter über B 51 und B 237. GPS Wupperbrücke: N 51.153718, O 7.342944
Bus & Bahn: Per Bus nur umständlich erreichbar

Gehzeiten
Wupperbrücke – Altenholte 0.55 Std. – Dom-Blick 0.20 Std. – Wupper 0.35 Std. – Beverdamm 0.30 Std. – Wupperbrücke 1 Std.

Einkehr
In Hückeswagen und an der Bevertalsperre

Karte
Bücken & Sulzer, Wanderkarte 1:25000, Nr. 1 Naturpark Bergisches Land

Information
Tourist-Info Stadt Hückeswagen, Tel. 02192/8806, www.hueckeswagen.de

Hinweis
Zusätzliche Bereicherungen der Tour: der Beversee mit vielen Wassersportmöglichkeiten und ein Bummel durch Hückeswagen

Gleich zwei Talsperren locken bei Hückeswagen, aber auch das südliche Hügelland. Dort kann man an einer der höchsten Stellen der Umgebung die Aussicht bis zum Kölner Dom genießen. Auf dem Rückweg kommen wir hinab zum Beversee mit schönen Badestellen.

Start in Hückeswagen An der **A Wupperbrücke** beginnt die Wanderung. Dort können wir uns gleich der Markierung (ungefülltes) »Quadrat« anschließen und lassen uns von ihm durch die sehenswerte kleine Stadt leiten. So kommen wir jenseits der Bahnhofstraße mit der Islandstraße durch die Fußgängerzone. Hier würde es rechter Hand hinauf zum historischen Schloss gehen, in dem das Rathaus und das Heimatmuseum ihren Platz haben. In der Altstadt von Hückeswagen kann man sich an vielen historischen Fachwerkbauten im typisch bergischen Farben-Dreiklang erfreuen. Links haltend an der Kirche vorbei, folgen wir dem »Quadrat« in südlicher Richtung erst der Goethestraße, dann der

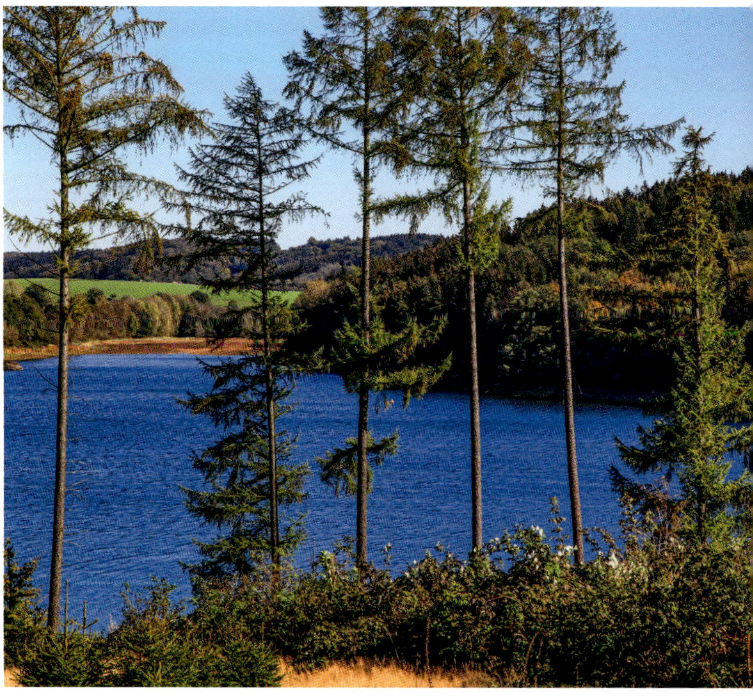

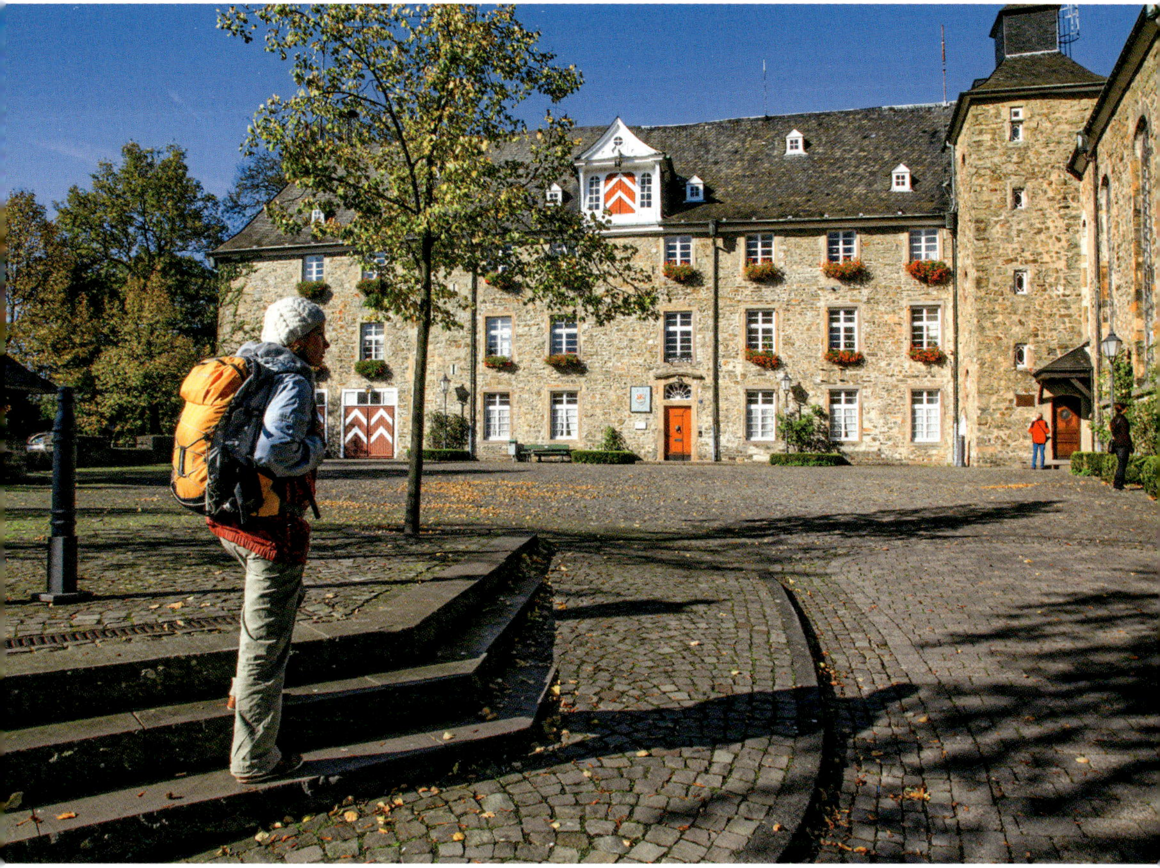

Marienstraße nach. Von dort rechts abbiegen in den Hambüchener Weg und am Ende links. So kommen wir mit dem »Quadrat« aus der Bebauung heraus in die offene bäuerliche Landschaft. Hier fallen einerseits die Hügel zum Tal der Wupper ab, während rechter Hand eine Erhebung noch etwas weiter hinaufzieht. Auf etwa 300 Meter Höhe liegen bald die wenigen Häuser von Knefelsberg am Weg, und von dort geht's weiter bis zur Kreisstraße.

Am kleinen Schloss in Hückeswagen

Linke Seite: Der Beversee bietet Naturgenuss und Freizeitvergnügen.

Zum Dom-Blick An der Kreisstraße 5 verlassen wir das »Quadrat«, denn es zieht nach rechts weg. Wir folgen der Straße hier links entlang. Nach rund 200 Metern macht sie bei der Ansiedlung von ❶ **Altenholte** eine deutliche Linkskurve, an der wir aber geradeaus (verschiedenen Wanderzeichen nach) weiter gehen nach Neuenholte. Es liegt an der Grenze zu Wipperfürth und hat auch einen Wanderparkplatz. Alle Markierungen verlassen uns dort nach

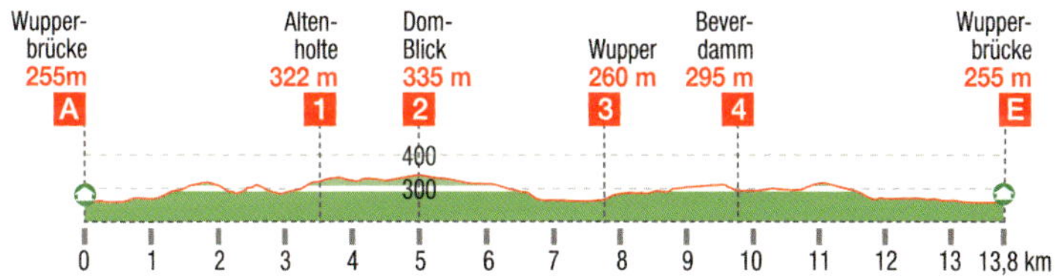

rechts hinüber zum Wald, doch wir folgen weiter dem Sträßchen geradeaus in die von leichten Geländewellen durchzogene baumfreie Anhöhe.

Knapp 15 Minuten hinter Neuenholte ist unser Aussichtspunkt mit ❷ **Dom-Blick** erreicht: Jenseits einer kleinen Kreuzung steht dort erhöht ein einladender Holztisch mit Bänken. Er wurde von den Anwohnern errichtet, die zur Orientierung auch ein Hinweisschild aufgestellt haben. So fällt es leicht – entsprechendes Wetter mit klarer Sicht vorausgesetzt –, den Kölner Dom auszumachen, der rund 35 Kilometer Luftlinie entfernt ist. Hier kann der Blick wirklich in die Ferne schweifen, und es ist schon etwas Besonderes, dieses spezielle Wahrzeichen Kölns zu entdecken! Im Mittelpunkt der Rheinmetropole dominiert der Dom mit seinen beiden Türmen die Silhouette der Stadt und ist bis heute nach dem Fernmeldeturm das zweithöchste Gebäude in Köln.

Zum Beversee Nach einer ausgiebigen Rast spazieren wir links auf die Häuser von Isenburg zu und daran vorbei. Nach wenigen Hundert Metern kommt von rechts das Wanderzeichen »Kreis« zu unserem Weg hinzu, dem wir hier geradeaus und bis auf Weiteres längere Zeit folgen. Es führt uns durch die von kleinen Waldstücken unterbrochene offene Landschaft; dabei fällt der Weg beständig ab in Richtung Wupper.

Kurz vor der Lenneper Straße (B 237) im Tal kommen wir auf der Straße Jostberg im Stadtteil Hämmern durch ein kurzes Stück Bebauung. Der Name des Stadtteils weist schon darauf hin, dass an der Wupper die Wasserkraft die Mühlenhämmer in Betrieb setzte, und so gab es auch hier einmal eine Papiermühle am »fleißigen Fluss«. Jetzt rechts etwa 100 Meter der Straße nach, die wir nach links überqueren. So kommen wir mit dem »Kreis« direkt ins Tal der Wupper, in dem rechter Hand der kleine Landeplatz von Wipperfürth-Neye liegt – je nach Flugbetrieb konnte man es bereits feststellen. Geradeaus nähern wir uns der ❸ **Wupper**, nehmen links den Fußweg und biegen dann rechts ab, um wenig später den Fluss zu überqueren. Dabei kommen wir auch wieder zurück auf Hückeswagener Grund. Gleich darauf kreuzt die stillgelegte Bahnstrecke zwischen Hückeswagen und Wipperfürth unsere Route, die zu einem beliebten Rad- und Wanderweg ausgebaut wurde.

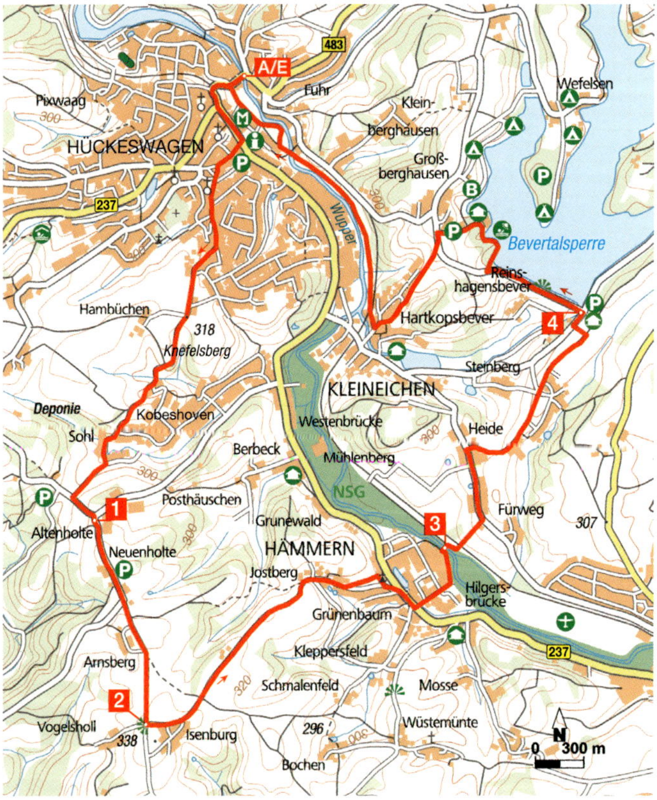

Im leichten Bergauf geht es weiter zu einer Querstraße unweit von Fürweg. Hier folgen wir dem »Kreis« links bis zum Weiler Heide, der nach knapp 400 Metern erreicht ist. Dort geht es rechts einer kleinen Asphaltstraße nach und vorbei an Elberhausen. Wenige Hundert Meter hinter dem Weiler biegen wir in einen kleinen Weg nach links ab. Dabei wechseln wir zum Wanderzeichen »Raute 6« des Wupperwegs. Im leichten Bergab ist kurz darauf die Kreisstraße 5 (Bevertalstraße) erreicht. Die Markierung führt uns nun auf den 4 **Staudamm der Bevertalsperre.** Wer eine Stärkung benötigt: Kurz vorher passieren wir einen auch bei Motorradfahrern beliebten Imbiss- und Café-Stand am Parkplatz.

Zurück zur Wupper Unser Weg führt über den Damm, an dem links unterhalb die Bever wieder erscheint, um bald darauf in die Wupper zu münden, und weiter rechts liegen dort unten auch die Häuser von Reinshagensbever.

Der Beversee hat u. a. die Funktion der Wasserstandsregelung. Bis ins 20. Jahrhundert hinein hatten Hochwässer an der Wupper Schäden in den Städten und Gemeinden verursacht. Umgekehrt stand in Trockenzeiten nicht genügend Wasser für Triebwerke und Betriebe bereit. Seit 1938 regelt nun die bis zu 200 Hektar große Talsperre die Wassermengen. Sehr viel kleiner war zuvor noch der alte Beverstausee aus dem Jahr 1898, dessen Sperrmauer bei Wefelsen lag.

Heute ist der Beversee touristisch gut erschlossen, lädt auch zum Segeln oder zum Angeln ein, und so gehen wir am Ufer entlang vorbei an einer der offiziellen Badestellen. An der zweiten »Halbinsel« mit der Erlebnisgastronomie »Zornige Ameise« leitet uns die »Raute« nach links durch das Wäldchen vom See weg. Am nächsten Querstäßchen links, nehmen wir wenig später rechts den kleinen Weg durch die Wiesen am Feld entlang und kommen hinunter nach Hartkopsbever im Tal der Wupper. Noch bevor wir den Fluss erreichen, bringt uns »Raute 6« rechts einmal quer 200 Meter durch das Örtchen hinüber zur stillgelegten Bahntrasse, der wir uns ganz bequem anschließen können – das letzte Wegstück führt dann direkt an der Wupper entlang zurück ins Zentrum von Hückeswagen und zur E **Wupperbrücke.** Jetzt wartet noch die Erkundung des reizvollen Altstadtkerns rund um das auf einer Anhöhe erbaute Schloss auf uns.

In den Klettergarten

Eine schöne Herausforderung für die ganze Familie bietet der Klettergarten in Hückeswagen, der in reizvoller Umgebung an und unter großen Bäumen sicher Herzklopfen bereitet und in angenehme Aufregung versetzt (GHW-Klettergarten, Zum Sportzentrum 17, Tel. 02196/9356661, www.ghw-klettergarten.de; täglich 10–19 Uhr geöffnet, nur im Winter andere Öffnungszeiten).

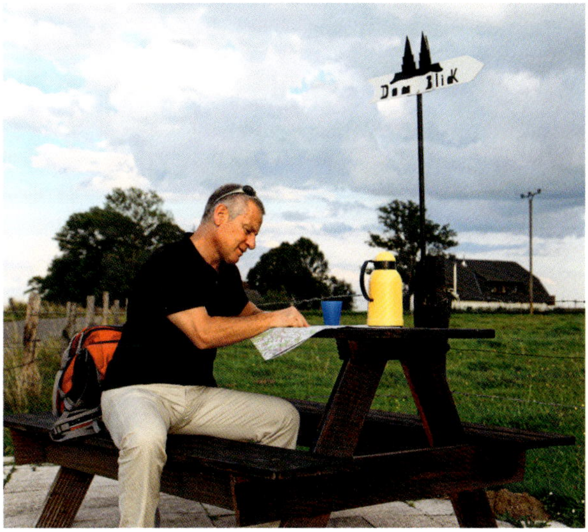

Eine Rastbank mit Traumaussicht – klare Luft vorausgesetzt

28 Zum Toelleturm

Mit dem Wupperweg nach Barmen

mittel | 14,8 km | 460/260 Hm | 4 Std.

Tourencharakter
Abwechslungsreiche, erfreulich grüne Streckenwanderung am Rand der Großstadt. Unterschiedliche Weguntergründe, auch einige Straßenabschnitte. Fast durchgängig ein Wanderzeichen

Ausgangspunkt
Wuppertal, Rutenbecker Weg, Wupperbrücke (136 m)

Endpunkt
Toelleturm

Höchster Punkt
Toelleturm (333 m)

Anfahrt
Auto: A 46 bis AS 31 Sonnborner Kreuz. GPS Wupperbrücke: N 51.236960, O 7.097640
Bus & Bahn: Hinfahrt: Ab Wuppertal Hbf. Bus 600 bis Sonnborner Ufer. Rückfahrt: Ab Toelleturm Bus 646 bis Barmen, dort per Schwebebahn zum Ausgangspunkt

Gehzeiten
Wupperbrücke – Kaisereiche 1.10 Std. – Funkturm Rigi Kulm 0.40 Std. – Kaiser-Friedrich-Höhe 1.30 Std. – Toelleturm 0.40 Std.

Einkehr
Beim Toelleturm das Restaurant Zur alten Bergbahn

Karte
Kompass Wanderkarte 1:50 000, Nr. 821 Ruhrgebiet, Karte 2

Information
Wuppertal Marketing, Tel. 0202/563 22 70, www.wuppertal-marketing.de; Bergisches Land Tourismus Marketing e. V., Tel. 0212/88 16 06 65, www.bergisch-mal-drei.de

Hinweis
Infos zu Öffnungszeiten des Toelleturms unter www.barmer-anlagen.de

In Wuppertal-Sonnborn ist es von der Großstadt hinein in die Wupperberge nur ein Katzensprung. Dort bringt uns der Wupperweg zum Toelleturm mit Aussichten bis weit ins Bergische Land. Auf dem Rückweg wartet dann die Wuppertaler Schwebebahn auf uns.

In die Wupperberge Wir starten im Stadtteil Sonnborn an der Ⓐ **Wupperbrücke** des Rutenbecker Wegs. Rechter Hand liegen ein Sportpark und dahinter die Autobahnzubringer – noch ist also wenig von Ruhe zu spüren. Deshalb halten wir uns, dem Wanderzeichen »weißes Dreieck« folgend, gleich an der ersten Gabelung links (Zur Waldesruh), und schon beginnt es auch deutlich grüner um uns herum zu werden. Die Markierung bringt uns wenig später vom Sträßchen Zur Waldesruh links abbiegend (An der Waldnau) noch weiter ins Grüne. Doch kurz darauf verlassen wir das »weiße Dreieck«, das geradeaus wegzieht, während wir – uns rechts haltend – zum Wanderzeichen »A3« wechseln und nicht lange danach über eine Fußgängerbrücke kommen. Beim Blick nach rechts Rich-

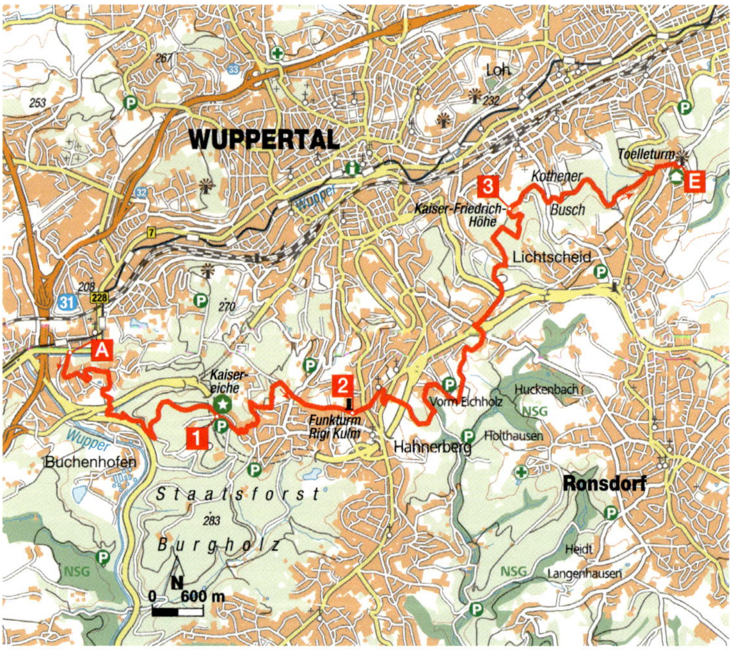

tung Tal der Wupper fallen sogleich die Zubringerbrücken ins Auge, die die sich hier kreuzenden mehrspurigen Landstraßen miteinander verbinden.

Wir spazieren mit »A3« hinter der kleinen Brücke links haltend in den Wald. Dabei folgt unser Weg erst noch dem Verlauf der nahen Landstraße. Es geht wieder aufwärts, und dabei achten wir auf die von links kommenden Wanderzeichen. Sobald wir auf die Markierung »Raute 6« des Wupperwegs treffen, schließen wir uns links dem Wanderzeichen an, das uns bis zu unserem Ziel, dem Toelleturm, leiten wird. Hier führt es erst einmal durch den Wald im nördlichen Teil des Burgholzer Forstes. Das Waldgebiet ist zugleich ein 250 Hektar großer Botanischer Garten, in dem Baumfreunde über 130 teils exotische Baumarten entdecken können, darunter auch einen riesigen Mammutbaum.

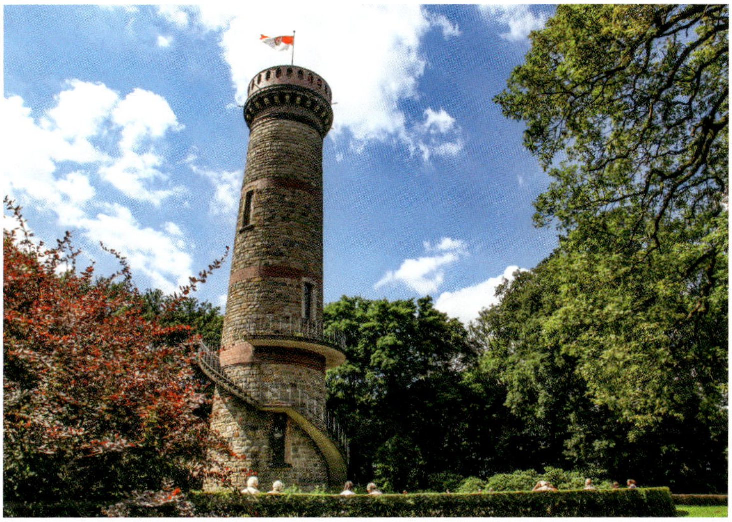

Der Toelleturm ist Ziel unserer Wanderung.

Zum Rigi Kulm Kurz bevor der Waldrand erreicht ist, überschreiten wir im Burgholzer Forst den Tunnel Burgholz der Landesstraße 418, die hier unterirdisch verläuft. Am Eingang (bzw. für uns Ausgang) des Staatsforstes Burgholz steht auch heute noch die 1871 zur Feier der Reichsgründung gepflanzte ❶ **Kaisereiche**. Anschließend an das Waldgebiet erreichen wir das Sträßchen Zur Kaisereiche, folgen nun den Wanderzeichen im Ortsteil Küllenhahn-Burgholz – dabei ein paarmal abbiegend – ein Stück durch die Bebauung und zuletzt durch ein Wäldchen. So kommen wir zur querenden Zeppelinallee, in die wir rechts einbiegen. Jetzt einfach immer geradeaus, dabei über eine Kreuzung hinweg, bis wir den ❷ **Funkturm Rigi Kulm** passieren. Er steht bereits auf rund 330 Meter Höhe, und hier hat man eine schöne Aussicht.

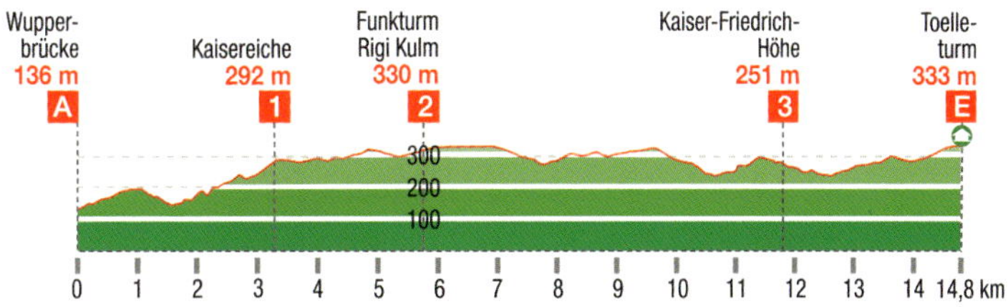

Auf die Kaiser-Friedrich-Höhe Bald danach wird die Cronenberger Straße überquert. Gegenüber folgen wir der Straße Am Friedenshain, biegen an der Kirche nach rechts, laufen weiter bis zur Jägerhofstraße und von dort zur nahen L 418, die wir ein weiteres Mal überschreiten, diesmal aber auf einer Fußgängerbrücke. An der Gabelung halten wir uns links: Hier leitet »Raute 6« oberhalb des Gelpetals weiter,

das eine besuchenswerte waldreiche Naturoase ist, in der ein Lehrpfad über die gewichtige Rolle des Wassers bei der Frühindustrialisierung informiert.
Wir kommen links haltend aus einem kleinen Waldstück heraus und passieren einige Häuser von Vorm Eichholz. Anschließend rechts in einen Weg und an den Kleingärten vorbei. Hinter dem Sportplatz links, geht es über die große Kreuzung

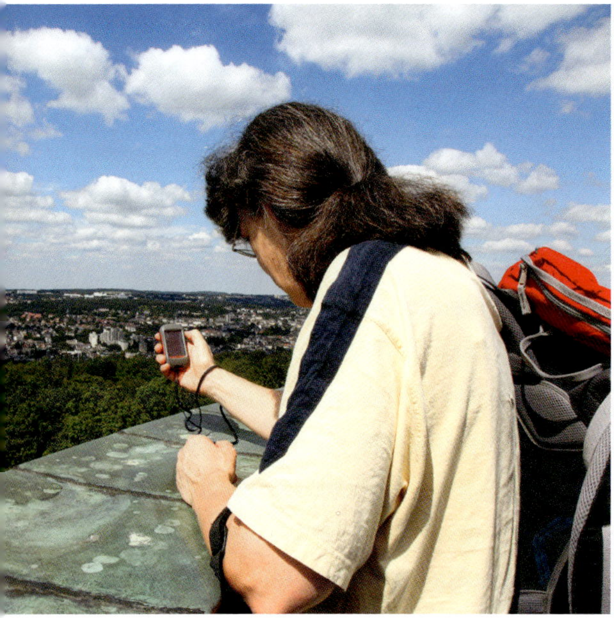

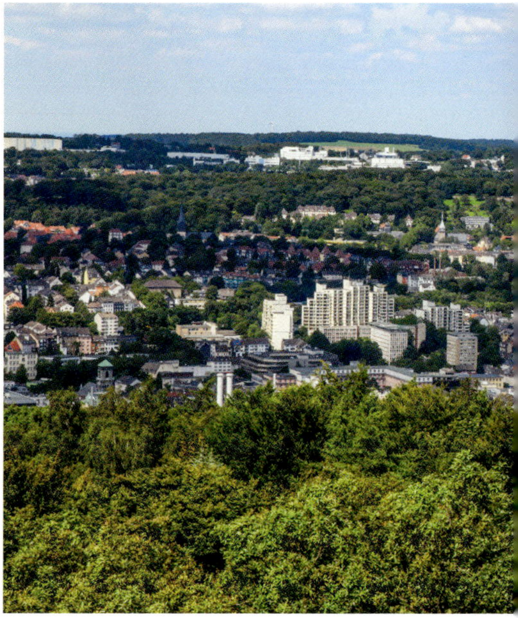

Auf dem Toelleturm

Rechts: Spitzenaussicht auf Wuppertal

an der L 418 hinweg – hier ist der Campus Freudenberg der Bergischen Universität Wuppertal übrigens ganz in der Nähe. Wir biegen gleich rechts ab (Am Walde) und überqueren im Verlauf wieder eine breite Landstraße. Immer wieder kann man dann erneut den Blick schweifen lassen und mag manchmal nicht glauben, dass man sich in unmittelbarer Nähe einer Großstadt befindet.
An Kleingärten vorbei, geht es anschließend – dabei mehrmals abbiegend – durch ein Waldgebiet (Am Nellenberg) und auf die rund 260 Meter hoch gelegene ❸ **Kaiser-Friedrich-Höhe** mit Denkmal und Forsthaus – umgeben von einem kleinen Park, der sich direkt südlich an den Friedhof im Ortsteil Kothen anschließt.

Zum Toelleturm Jetzt wird die Oberbergische Straße überquert, und an den Bezirkssportanlagen vorbei geht es – wie zuvor den Markierungen des Wupperwegs folgend – durch den bewaldeten Kothener Busch, bis wir auf eine querende Straße (Obere Lichtenplatzer Straße) treffen, die wir überschreiten. Am Nordrand von Lichtenplatz angekommen – dabei rechts der Rudolf-Ziersch-Straße nach –, sind es nur noch wenige Hundert Meter, bis wir unser Ziel, den Ⓔ **Toelleturm**, erreicht haben.
Der schlanke, 26 Meter hohe Aussichtsturm, der 1888 eingeweiht wurde, steht auf knapp 300 Meter Höhe inmitten einer kleinen Grünanlage, und etwas von dem alten Charme dieses beliebten, traditionsreichen Ausflugsziels vermittelt auch noch der Brunnen, der im Zentrum der ihn umgebenden Straßen fast nicht auffällt. Der 1864

gegründete Barmer Verschönerungsverein war damals schon darum bemüht, Erholungsgebiete für die Bevölkerung einzurichten. Dank Spendengeldern war man in der Lage, Grundbesitz zu erwerben, um Grünanlagen zu gestalten und Denkmäler aufzustellen. So errichtete man 1887 auch den Toelleturm, den der Fabrikant Ernst-Ludwig Toelle stiftete.

Die Schwebebahn bringt uns zum Ausgangspunkt zurück.

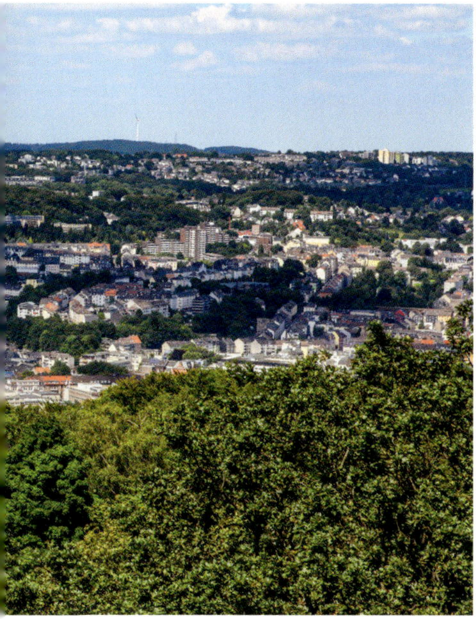

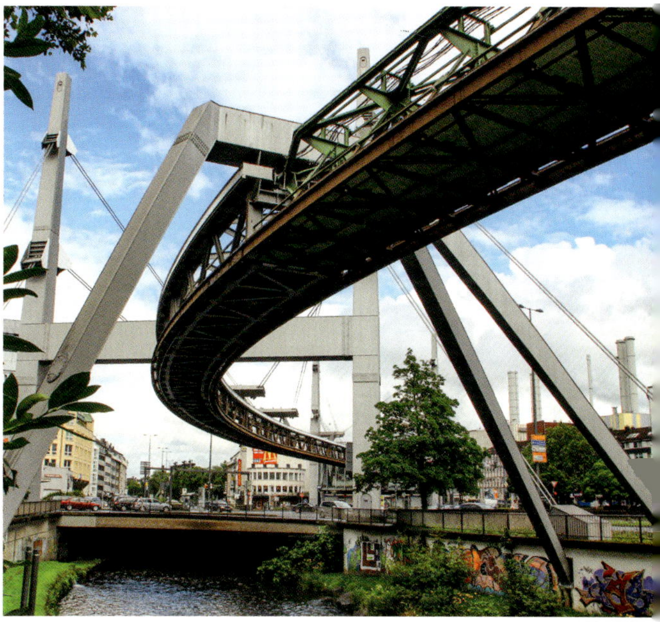

Bergbahn und Schwebebahn Um bequem von Barmen auf die Anhöhe am Toelleturm zu gelangen, betrieb der Barmer Verschönerungsverein von 1894 an Deutschlands erste elektrisch angetriebene Zahnradbahn, die vom Tal bis auf den Kamm fast 170 Meter Höhenunterschied zu überwinden hatte. 1959 wurde die Barmer Bergbahn aufgegeben.

Bevor wir auf den Turm steigen und die herrliche Aussicht genießen, können wir auch erst einmal die umliegenden Bänke für eine kleine Rast nutzen. Eine Infotafel erleichtert dann auf dem Toelleturm die Orientierung. Zurück geht es anschließend mit dem Bus über Barmen. An den Wochenenden steht im Sommer möglicherweise hier am Brunnen ein Eiswagen, der die Wartezeit bis zur Abfahrt verkürzt. Eine Einkehrmöglichkeit findet man in der angrenzenden Sachsenstraße im Gasthaus Zur alten Bergbahn. In Barmen angekommen, kann man dann die Gelegenheit nutzen und mit der berühmten Schwebebahn (s. Tippkasten) im Tal der Wupper zurück nach Sonnborn fahren.

Wuppertaler Schwebebahn

1901 fertiggestellt, durchquert sie von Oberbarmen bis nach Vohwinkel die Stadt von Nordosten nach Südwesten. Die Erbauer wählten damals ein neuartiges System aus schräg gestellten Stützpaaren, zwischen denen Brücken eingehängt wurden. 13,3 km beträgt ihre Fahrstrecke; dabei folgt die Schwebebahn auf den ersten gut 10 km dem Bett der Wupper in ca. 12 m Höhe flussabwärts. Seit 1997 unter Denkmalschutz stehend, ist die Wuppertaler Hochbahn ein Wahrzeichen der Stadt (www.schwebebahn.de).

29

Rund um Schloss Burg

Vom Sengbachtal zum Aussichts-Highlight

mittel | 11,1 km | 340 Hm | 3.30 Std.

Tourencharakter
Teils waldreiche, stets kurzweilige Runde; mäßig steiles Auf und Ab, manche Abschnitte auf Asphalt

Ausgangs-/Endpunkt
Solingen, Sportanlagen Oberburg (243 m)

Höchster Punkt
Hünger (272 m)

Anfahrt
Auto: A 1 bis AS 96 Wermelskirchen/Schloss Burg, dann der Beschilderung folgen. GPS Sportanlagen Oberburg: N 51.135618, O 7.161412
Bus & Bahn: Bus 683 vom Bh. Solingen-Mitte bis Solingen-Burg, von dort zur Schlossbergstraße

Gehzeiten
Parkplatz Sportanlagen – Sengbachtalsperre 0.45 Std. – Höhrath 0.30 Std. – Schloss Burg 0.45 Std. – Parkplatz Sportanlagen 1.30 Std.

Einkehr
In Höhrath, in Burg und auf Schloss Burg

Karten
Bücken & Sulzer, Wanderkarte 1:25 000, Nr. 2 Naturpark Bergisches Land; Kompass Wanderkarte 1:25 000, Nr. 494 Bergisches Land; Wanderkarte publicpress 1:50 000, Bergisches Land, Westlicher Teil

Information
Tourismus-Info Solingen, Tel. 0212/290 34 17, www.solingen.de; Bergisches Land Tourismus Marketing e. V., Tel. 0212/88 16 06 65, www.bergisch-mal-drei.de; www.schlossburg.de

Im Norden des Bergischen Lands geht es nach Solingen-Burg, dem malerischen Ort an der Wupper. Besuchermagnet ist dort Schloss Burg – aber auch ein herrlicher Aussichtspunkt! Still und beschaulich dagegen erleben wir zuvor die Sengbachtalsperre.

Zur Sengbachtalsperre Wir starten außerhalb von Burg-Oberburg an den **A Sportanlagen Oberburg** an der Talsperrenstraße. Gleich können wir links den Wanderweg nehmen, der hinter dem Sportplatz am Waldrand entlang verläuft. Von etlichen Wanderzeichen, die man hier sieht, halten wir uns an »B im Kreis«, kommen durch den Wald zum nahen Weiler Angerscheid und biegen rechts in die Talsperrenstraße ein. Sie führt zu den Häusern, und dort geht es an der zweiten Möglichkeit links über die offene Anhöhe hinweg.

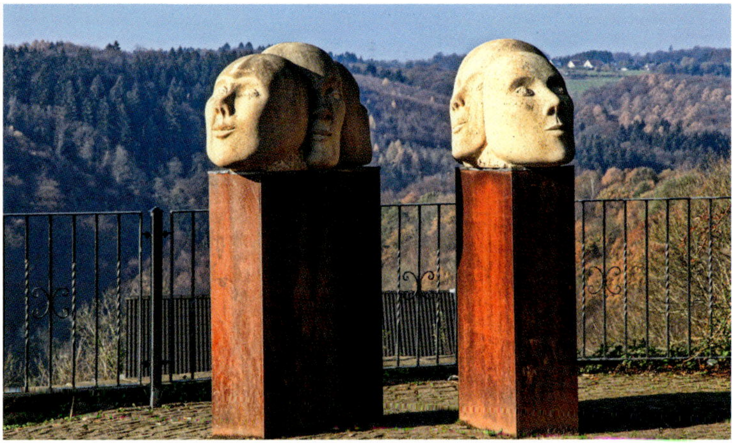

Am Waldrand biegen wir links in einen breiten Hauptweg (Thomasweg), dem wir mit »B im Kreis« leicht absteigend in den Wald folgen. An einem Abzweig zieht »S im Kreis« nach links, während wir weiter unserem Hauptweg mit »B im Kreis« folgen. Breit und fein geschottert bringt er uns Richtung Stausee, der oft auch Solinger Talsperre genannt wird. Weil er als Trinkwasserreservoir dient, kommt man dem Ufer fast nie wirklich nahe. Oberhalb des Sees folgt unser Weg der Uferlinie. Dabei sind immer wieder kurze Blicke durch den Tannenwald hinunter zur Wasserfläche

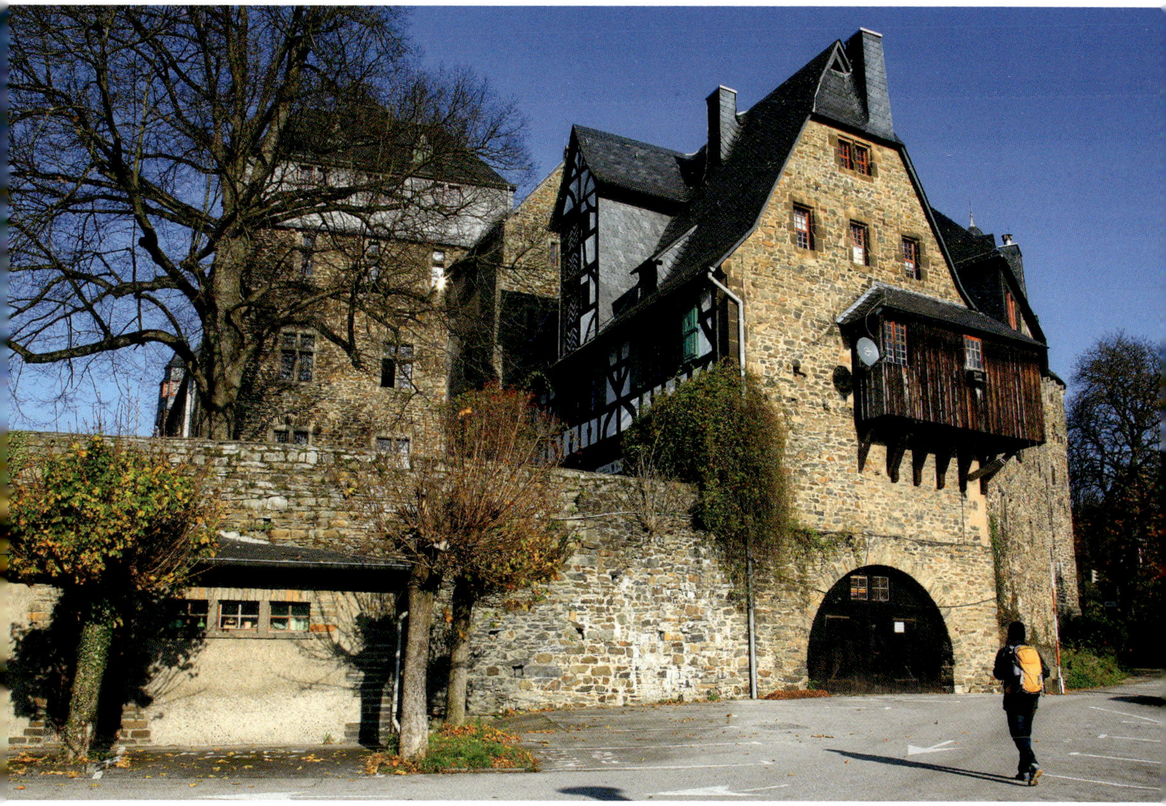

möglich. Hier genießt man die ruhige Natur, und meist sind auch nicht viele Leute unterwegs. An einer Gabelung nehmen wir den linken Weg mit »B im Kreis«, der weiterhin am Hang durch den Wald ❶ **unweit der Sengbachtalsperre** zieht.

Die Schlossanlagen sollten unbedingt erkundet werden.

Linke Seite: Kunst und Aussicht am Schloss Burg

Hinauf nach Höhrath Erst noch oberhalb des Sees verlaufend, endet der Weg nach einigen Kurven und zum Schluss etwas ansteigend schließlich am breiten Höhrather Weg. Wir wechseln dort zum Wanderzeichen »A4«, biegen rechts ein und wandern aufwärts Richtung Höhrath. Uns zur Linken fällt das Gelände nun zum Tal der Wupper ab. Bald treten wir aus dem Wald heraus und folgen weiter dem Höhrather Weg. Fast auf der Höhe angekommen, lädt eine kleine Bank linker Hand am Feldrand zu einer Pause ein. Geht man hier den Weg an der Bank vorbei noch etwas weiter entlang und lässt die großen Bäume hinter sich, kann man einen schönen Blick aus der Ferne auf Schloss Burg werfen. Anschließend halten wir uns wieder an »A4« und kommen durch den kleinen Ort ❷ **Höhrath** mit dem Restaurant »Kartoffel-Kiste«. In Höhrath nehmen wir die Hauptstraße nach links und zweigen wenig später

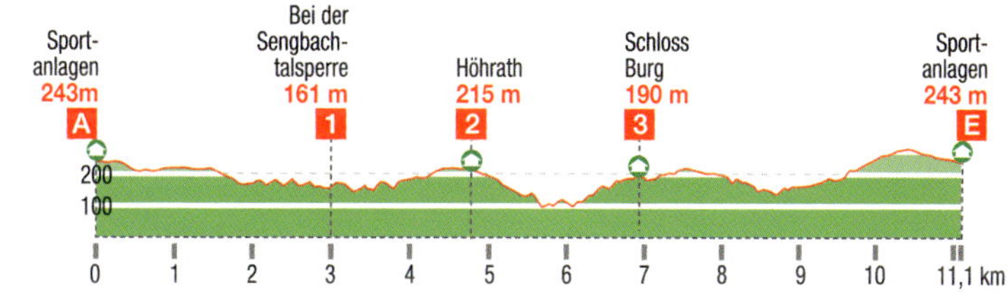

erneut links ab (»A4«). Wieder geht es durch den Wald, nun abwärts Richtung Wupper. Dort liegt mit etwa 100 Metern der tiefste Punkt unserer Runde.

Aufstieg zum Schloss Im Tal stößt Wanderzeichen »A1« zu uns, und so begleiten wir rechts einbiegend den Verlauf der Wupper auf breitem Weg unterhalb des steilen Hangs. Besondere Attraktion ist die Seilbahn, die Burg-Unterburg mit Oberburg verbindet und einen mühelosen Aufstieg zum Schloss Burg ermöglicht. Wir wandern darunter her und sehen hinüber nach Solingen-Burg, das früher einmal ein romantisches Fischerdorf war und noch viele hübsche alte Fachwerkhäuser und eine Kirche aus dem Jahr 1735 zu bieten hat.

Hinauf zur Burg geht es jetzt natürlich zu Fuß! Dazu bleiben wir beim Wanderzeichen »A1«, denn »A4« verlässt uns nach links. Der nicht zu steilen Schlossbergstraße und dem Steinweg in großem Bogen folgend, wandern wir bergauf durch den Wald bis zum Fuß der gewaltigen Anlage mit den schönen alten Häusern von Oberburg. Durch eine Pforte gelangt man in den Innenbereich von ❸ **Schloss Burg**, das auch das Bergische Museum beherbergt. Vor allem aber: Von hier oben bietet sich eine traumhafte Aussicht über die Wupperberge!

Solinger Industriedenkmäler

Folgt man der Wupper flussaufwärts, entdeckt man ein weiteres Wahrzeichen des nördlichen Bergischen Lands: die Müngstener Brücke, mit 107 m die höchste Eisenbahnbrücke Deutschlands und eine elegante Konstruktion aus Tausenden Tonnen Stahl. Richtung Westen dagegen lohnt ein Abstecher erst zum alten Balkhauser Kotten mit der Schleifmühle und dann weiter zum Wipperkotten – beide gehören zu den schönsten Solinger Industriedenkmälern.

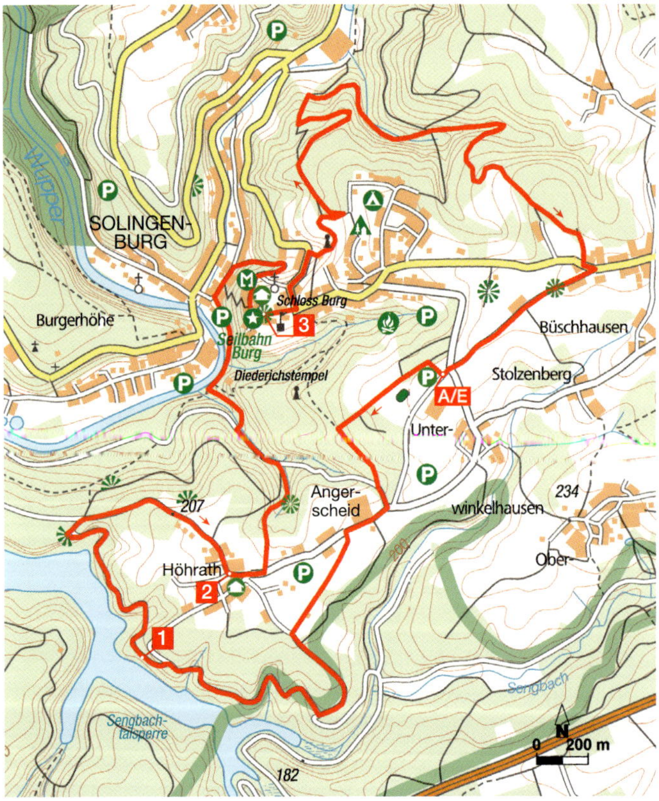

Stammsitz der Herren von Berg Die mächtige Burganlage, die im Mittelalter zu ihrer Hochblüte kam, sollte rund 300 Jahre lang das Zentrum der Macht für die Grafen und Herzöge von Berg sein. Und obwohl es hier natürlich bergig zugeht, war es das Adelsgeschlecht, dem das Bergische Land seinen Namen verdankt. Graf Engelbert baute seinen Familiensitz zur gewaltigen Festung aus – an ihn, der 1225 bei Streitigkeiten um die Erbfolge ermordet wurde, erinnert auch das Reiterstandbild. Vom 14. Jahrhundert an nutzte man die Burg als Jagdschloss. 1648 schließlich zerstörten die abziehenden kaiserlichen Truppen im zu Ende gehenden Dreißigjährigen Krieg die Anlage. 1887 gründete sich der Schlossbauverein zu Burg an der Wupper, um den Neuaufbau in Gang zu bringen. Heute zählt Schloss Burg zu den größten wiederhergestellten Burganlagen im Westen Deutschlands.

Vom Wald auf die Höhe Durch das gewaltige Torhaus verlassen wir nun Schloss Burg. Im Umkreis gibt es einladende Gaststätten in reizvollem Fachwerk oder mit schieferbeschlagenen Fassaden, wie es hier typisch ist. Wir kommen zur Hauptstraße (Burgtaler- bzw. Wermelskirchener Straße), überqueren sie an der Ampel, um nach links u. a. mit der Markierung »A8« schnell wieder in den Wald zu gelangen. Der Waldweg beginnt später Richtung Eschbachtal leicht abzusteigen, doch wir halten uns dann rechts und wandern dabei an einem kleinen Bachlauf flussaufwärts entlang. Am Weg findet sich neben anderen Markierungen auch »S im Kreis«, dem wir gemeinsam mit »A8« bis zum Schluss folgen können. Vom Bacheinschnitt geht es anschließend recht deutlich durch den Wald hinauf, der kurz vor Hünger endet. Am Ortsrand wird die Landstraße (L 157) überquert. Dort erreichen wir mit 272 Metern ganz klar die höchste Stelle der Runde. Gegenüber zieht unser Weg (Hummelsburg) nun über die baumfreie Hochfläche zurück zu den **E** **Sportanlagen Oberburg** und erlaubt dabei noch einmal eine schöne Rundumsicht.

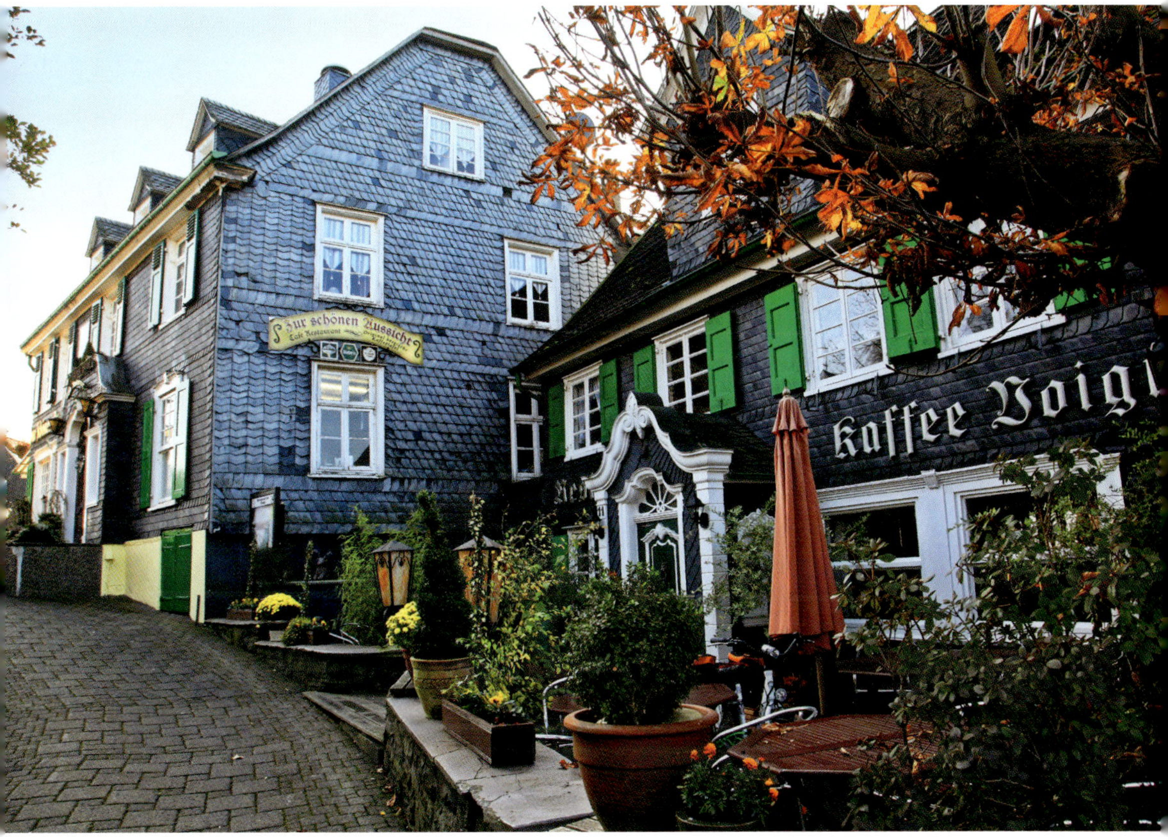

Zahlreiche Gasthöfe laden bei Schloss Burg zu einer Stärkung ein.

30

Auf den Hindenburgturm

Ins Bergische zur Großen Dhünntalsperre

schwer | 21 km | 430 Hm | 6.20 Std.

Tourencharakter
Etwas Kondition erfordernde Rundwanderung mit längerem Abschnitt im Wald und mehreren mäßig steilen Anstiegen; unbefestigte Wanderwege, auch Landsträßchen bzw. asphaltierte Wirtschaftswege

Ausgangs-/Endpunkt
Wermelskirchen-Dhünn, Kirche (224 m)

Höchster Punkt
Kreckersweg (279 m)

Anfahrt
Auto: A 1 bis AS 96 Wermelskirchen. GPS Kirche: N 51.109228, O 7.256856
Bus & Bahn: Von Remscheid Bhf. Bus 260 nach Wermelskirchen, Bus 261 bis Dhünn-Ortsmitte

Gehzeiten
Kirche – Vorsperre Dhünn 0.55 Std. – Hindenburgturm 1.45 Std. – Dabringhausen 0.50 Std. – Restaurant Rausmühle 0.20 Std. – Kreckersweg 1.45 Std. – Kirche 0.45 Std.

Einkehr
In Dhünn und mehrmals unterwegs

Karten
Bücken & Sulzer, Wanderkarte 1:25 000, Nr. 2 Naturpark Bergisches Land; Kompass Wanderkarte 1:25 000, Nr. 494 Bergisches Land

Information
Wermelskirchen Tourismus-Info, Tel. 02196/71 00, www.wermelskirchen.de

Hinweis
Eine besondere Spezialität ist (bei Vorbestellung) die »Bergische Kaffeetafel«, original serviert mit Kaffee aus der »Dröppelmina« und zahlreichen Leckereien von Waffeln bis Plockwurst (Bild S. 69).

Das Oberbergische Land mit seinen ausgedehnten Wäldern, den saftig grünen Weiden und hübschen kleinen Ortschaften ist ein wunderbares Wanderrevier. Hier geht's zur Großen Dhünntalsperre und hinauf zum Hindenburgturm, um die einmalige Aussicht zu erleben.

Von Dhünn zur Vorsperre Wir starten im hübschen Örtchen Dhünn an der Ⓐ **Kirche**. Dhünn, ein Ortsteil von Wermelskirchen, hat sich seinen dörflichen Charakter bis heute bewahrt. Viele schöne alte, teils schieferbeschlagene Fachwerkhäuser kann man hier noch finden. Und genauso sehenswert ist die kleine Kirche am Ausgangspunkt. Sie wurde im sogenannten Bergischen Barock ausgestattet und gehört zu den ältesten protestantischen Kirchenbauten der Region.
Schon an der Kirche halten wir uns an das Wanderzeichen »W im Kreis«, wandern an der Hauptstraße entlang und biegen nach nicht einmal hundert Metern links ein, um der Markierung ins Tal der Kleinen Dhünn zu folgen. Nachdem das Flüsschen überquert wurde, zweigen wir rechts ab

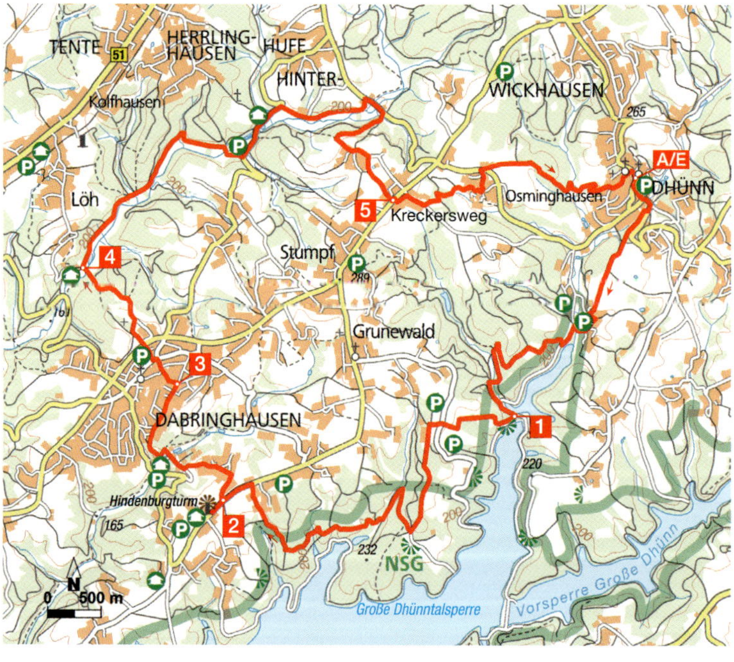

und kommen an der Kleinen Dhünn entlang in den Wald. Bald darauf zieht die Route auf die Anhöhe des Kalkenbergs, von dem sich schöne Aussichten auch über das Dhünntal eröffnen.
Nun geht's geradewegs hinunter Richtung Vorsperre Kleine Dhünn. Zwischen Ober- und Unterpilghausen macht unser Weg einige Kehren und begegnet im Tal wieder der Kleinen Dhünn, die kaum 150 Meter weiter links und für uns nicht zu erkennen in die Vorsperre Kleine Dhünn mündet.

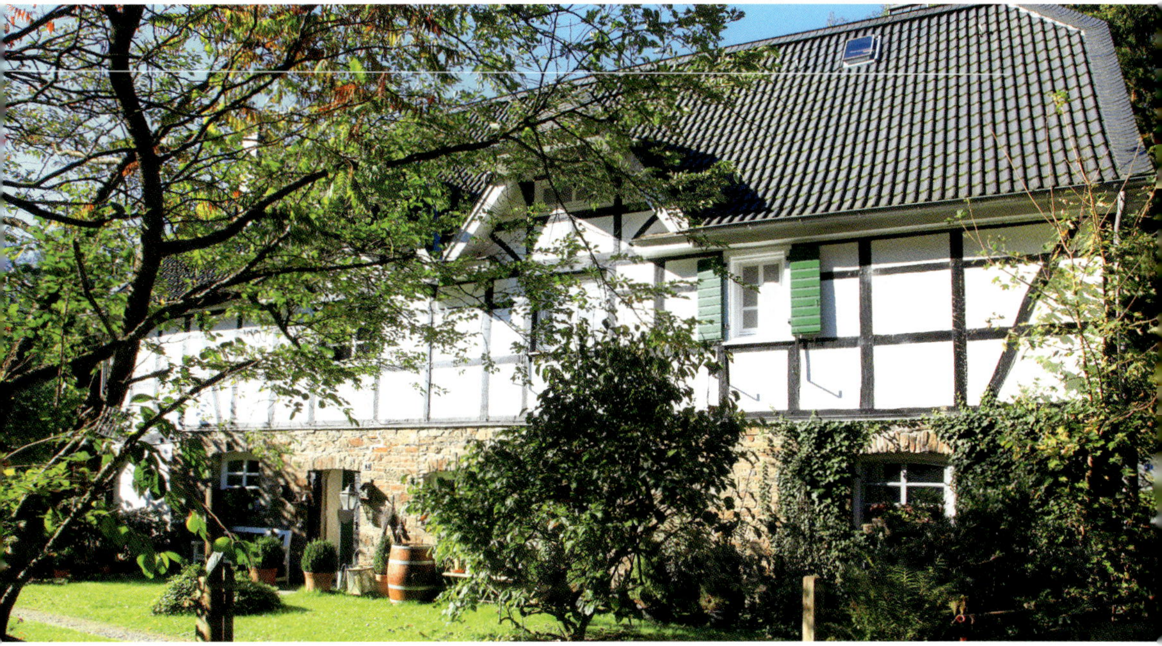

Fachwerkhäuser mit grünen Läden sind typisch für das Bergische Land.

Große Dhünntalsperre Die Kleine Dhünn entspringt nördlich des Dorfs Dhünn. Einst trieben auch ihre Wasser einige Mühlen an, von denen drei – die Knochenmühle, die Staelsmühle und die Mühle in Dhünn – noch erhalten sind. Hinter Dhünn wird dann das Flüsschen zur Vorsperre Kleine Dhünn aufgestaut, bevor es der gewaltigen Großen Dhünntalsperre zufließt. Zahlreiche Dörfer zwischen Dhünn und Bechen – wie z. B. Doktorsdhünn, wo sich früher die Flüsschen Kleine und Große Dhünn vereinten und den Fluss Dhünn bildeten – mussten in den 1970er-Jahren dem Bau der Talsperre weichen. So versorgt die Große Dhünntalsperre, die der Trinkwassergewinnung dient, rund eine Million Menschen. Das riesige Trinkwasserreservoir fasst insgesamt rund 81 Millionen Kubikmeter.
Am See bildet der umliegende Wasserschutzwald außerdem einen wichtigen Lebensraum für Tiere und Pflanzen. Und auch an den zahlreichen Vorstauanlagen der Dhünntalsperre wird Natur- und Artenschutz

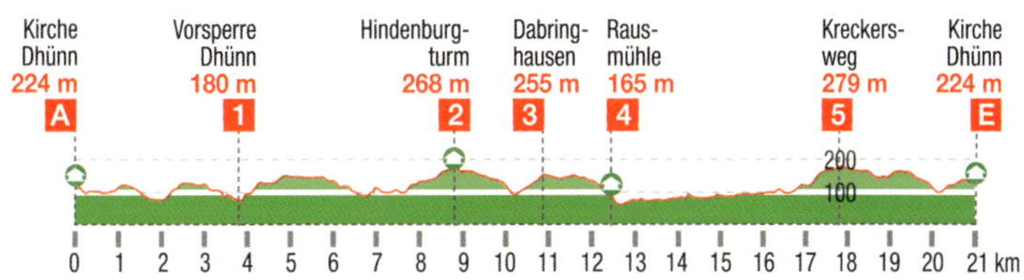

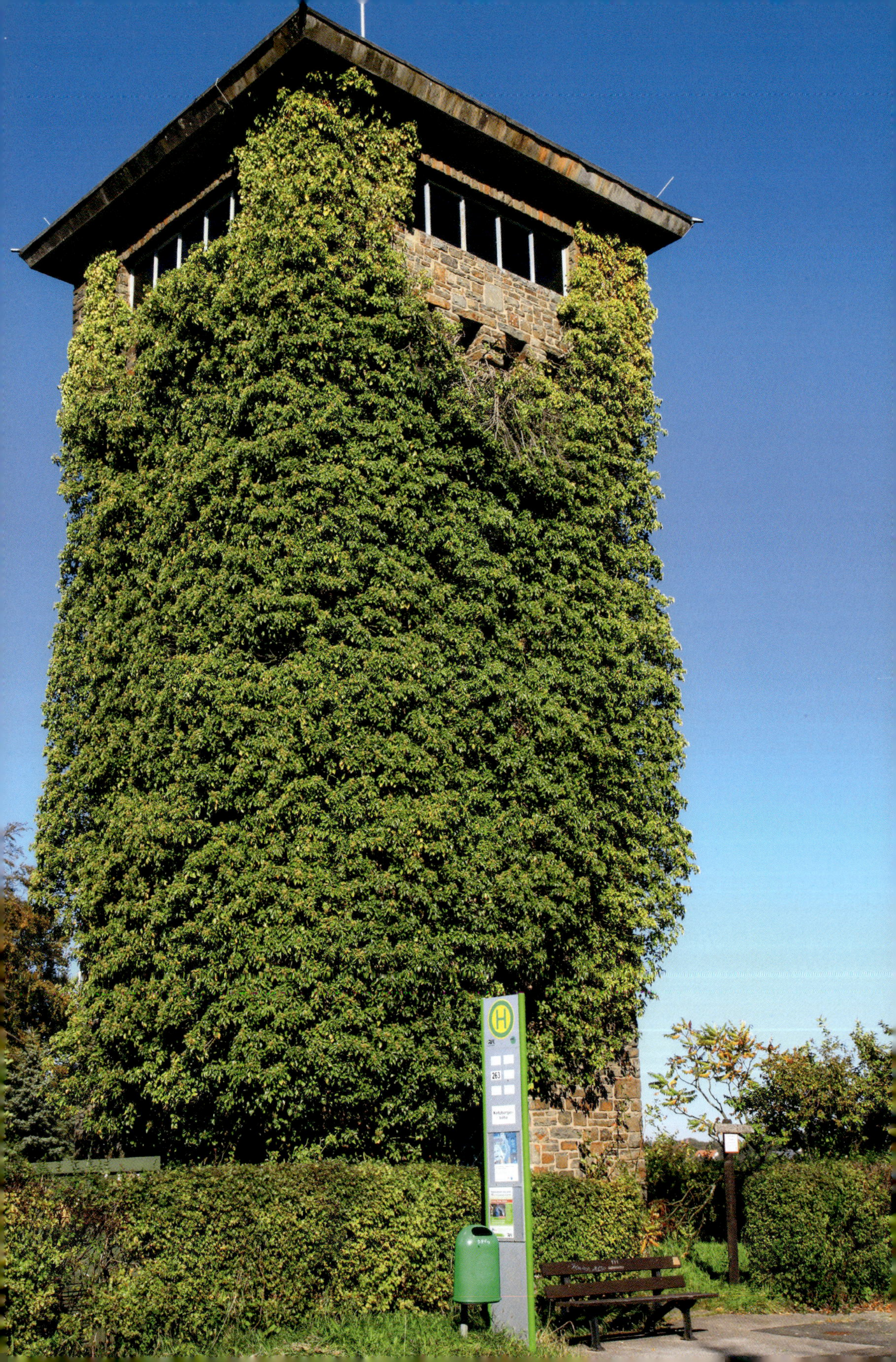

großgeschrieben. Schwimminseln wurden eingerichtet, die den Wasservögeln als idealer Brutplatz dienen. Separate Tümpel schaffen Lebensraum für Amphibien, Biotope aus Fels und Geröll ziehen Reptilien an. Flache und steile Uferbereiche sowie Flachwasserzonen kommen den Bedürfnissen unterschiedlichster tierischer und pflanzlicher Bewohner entgegen. Über 80 Vogelarten ziehen an der Talsperre inzwischen ihren Nachwuchs auf, von denen 20 zu den bedrohten Arten zählen, die bereits auf der »Roten Liste« stehen.

Linke Seite: Der Hindenburgturm

Zum Hindenburgturm Die Markierung »W im Kreis« führt uns nun hinein in den Wald rund um die Talsperre. Im Bereich der Vorsperre darf man auf den Wanderwegen auch die bewaldete Schutzzone noch betreten. In Kehren geht es aufwärts, dabei können wir ab und zu einmal einen Blick auf die unterhalb liegende Wasserfläche erhaschen. Im Wald erreichen wir dann den Ledderbach und folgen seinem Lauf bis zum Damm der 1 Vorsperre. Da es an der Großen Dhünntalsperre gar nicht so viele Möglichkeiten gibt, sich dem geschützten Uferbereich zu nähern, nutzen wir die Gelegenheit und genießen ausgiebig den Blick über den See der Vorsperre Kleine Dhünn und über einen Teil der riesigen Talsperre.
Anschließend bringt uns die Markierung »W im Kreis« nach einem erneuten Abschnitt durch den Wald in offene Landschaft und hinauf zu einer kleinen Querstraße. Hier links und gleich jenseits der Straße rechts hinein. Kurz darauf wieder links, kommen wir an einem Haus vorbei nochmals in den Wald. Wir folgen dem Wanderzeichen immer oberhalb der Dhünntalsperre durch den Forst. Ab und zu von Lichtungen unterbrochen, ist der See hier vom Wald aus zwar kaum einmal auszumachen, der Blick aber trotzdem schön.
Schließlich verlassen wir das Waldgebiet und treffen wenig später auf eine Landstraße (K 16), in die wir links einbiegen. Die Straße führt uns – dabei die Markierung »W im Kreis« kurz einmal verlassend – direkt hinüber zum Weiler Ketzbergerhöhe mit dem 2 Hindenburgturm, unserem besonderen Aussichtspunkt. Den Schlüssel bekommt man ganz unkompliziert an verschiedenen Stellen in der Nähe (Info an der Tür des Turms). Über eine Wendeltreppe kann man dann den viereckigen efeubewachsenen Turm ersteigen und durch die Fenster Richtung Große Dhünntalsperre blicken. Die Aussicht über die Wälder und Wiesen ist schon fantastisch, und mit etwas Glück sieht man je nach Wasserstand auch einen kleinen Streifen vom See.

Steinzeitliche Funde

Während der Bauzeit der Großen Dhünntalsperre (1975–1985) wurden archäologische Untersuchungen durchgeführt. So konnten über die frühgeschichtliche Besiedlung Annahmen bestätigt und neue Erkenntnisse gewonnen werden. Drei Feuersteingeräte, die der Altsteinzeit entstammen, sind die ältesten Funde. Die Jäger und Sammler der Mittelsteinzeit, die Fischfang betrieben und als Nomaden öfter den Ort wechselten, hinterließen zahlreichere Spuren. In der Jungsteinzeit, als bereits Ackerbau und Viehzucht betrieben wurden, baute man hier auch Wohnstätten.

Nach Dabringhausen Nachdem wir die Sicht ausgiebig genossen haben (eine Einkehrmöglichkeit besteht in unmittelbarer Nähe im Thai-Restaurant Thai bei Pom), nehmen wir den Weiterweg auf. Dafür gehen wir vom Turm kurz das Stück der Straße nach zurück und biegen an der nächsten Möglichkeit links ein, um jetzt

wieder dem »W im Kreis« zu folgen, erst hinab nach Ketzberg und dann weiter ins Tal des Linnefer Bachs. Von dort ist es nicht mehr weit bis nach Dabringhausen. Direkt am Strandbad vorbei, wenden wir uns nach links. Ganz in der Nähe ist hier das Café-Restaurant Coenenmühle im historischen Mühlengebäude untergebracht.
Wir halten uns rechts und werden vom Wanderzeichen wenige Minuten danach über die Mühlenstraße und von dieser links abbiegend geradewegs zum Ortskern von 3 **Dabringhausen** mit dem Busbahnhof geleitet. Gleich bei der alten Bruchsteinsaalkirche von 1788, die von einem kleinen Kirchhof und niedrigen Schieferhäusern umgeben ist, findet sich etwas oberhalb ein angenehm schattiger Platz an einem Brunnen, wo Bänke zur Rast einladen. Wer es komfortabler möchte, kann dort schräg gegenüber im Hotel Zur Post im hübschen Fachwerkhaus einkehren.

Rechts: Start ist im hübschen Örtchen Dhünn.

Beschaulich schlängelt sich die Kleine Dhünn durch die Wiesen.

Nach Kreckersweg Anschließend geht es aus Dabringhausen, das auch zu Wermelskirchen gehört, hinaus. Dabei leitet uns wie zuvor das Wanderzeichen »W im Kreis«. So kreuzen wir, von der Altenberger Straße kommend und in den Friedhofweg abbiegend, am Ortsrand die Landstraße (L 101) und halten uns an der Weggabelung vor dem Friedhof rechts. An der Friedhofsanlage vorbei, beginnt wenig später der Wald, und wir kommen hinab ins Tal des Eifgenbachs. Er zählt zu den schönsten Bachläufen der Region, entspringt bei Wermelskirchen, mündet in der Nähe des Altenberger Doms in die Dhünn und wirkt an einigen Stellen noch geradezu wildromantisch.

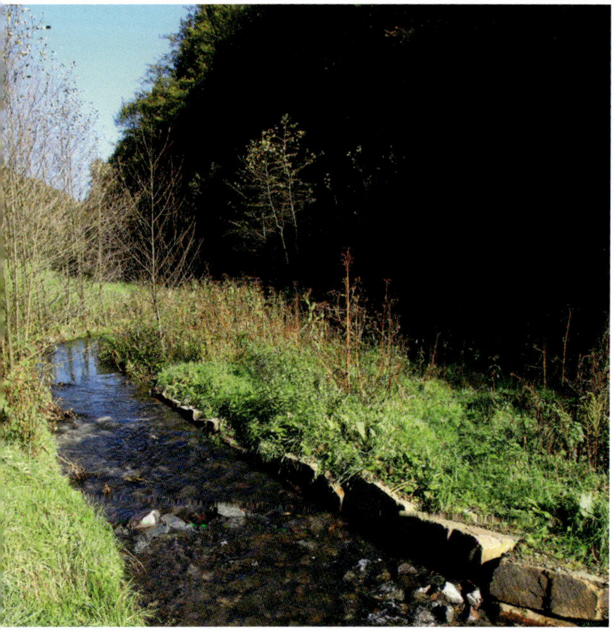

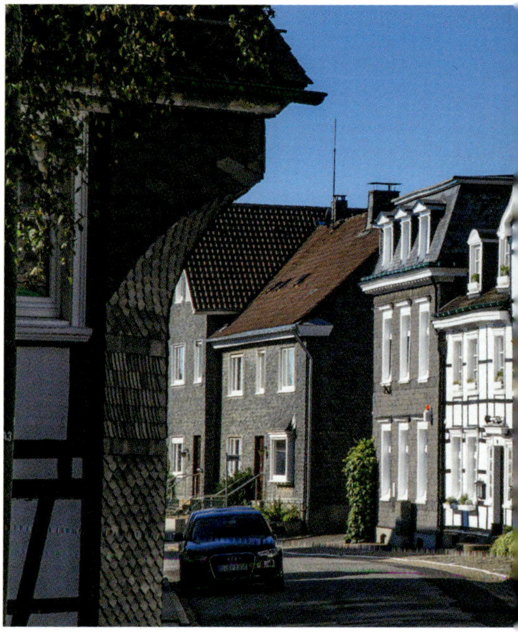

Haben wir den Bach überschritten, liegt linker Hand die 4 **Gaststätte Rausmühle**. Wir aber wechseln am Eifgenbach das Wanderzeichen, biegen hinter dem Bach rechts ein und folgen nun der »Jakobsmuschel« des Pilgerwegs durch das idyllische Tal, dabei meist am Waldrand entlang. Bei Finkenholl erreichen wir schließlich die

Landstraße (L 157) und gehen ihr mit dem Wanderzeichen rechts nach. Dabei verlassen uns die Markierungen aber kurz darauf nach links, während wir noch ein Stückchen der Landstraße folgen. Nach etwa 150 Metern quert bereits der Wanderweg »E1« die Straße, dem wir uns nun nach rechts wendend anschließen. Er führt uns durch den Wald und die anschließende Wiesenlandschaft. Am nächsten Abzweig geht es ohne Markierung links hinauf ins Örtchen Wöllersberg und weiter ansteigend zum auf der Höhe gelegenen kleinen 5 **Kreckersweg**, das von der L 101 durchzogen wird. Dort treffen wir auf das Wanderzeichen »D3« (dem wir nun zunächst folgen), erreichen mit 279 Metern den höchsten Punkt der Wanderung und haben dabei immer wieder schöne Aussichten auf die umliegende Landschaft.

Zurück nach Dhünn Jenseits der Durchgangsstraße kommen wir geradeaus in die Bebauung von Kreckersweg und links zur Eichholzer Straße, die rechts schon wieder aus dem Örtchen hinausleitet. Anschließend orientieren wir uns für den restlichen Verlauf am weißen »OB« auf schwarzem Grund. Es führt uns gleich links abbiegend durch ein Waldstück, bis bald darauf der Weiler Osminghausen erreicht ist, den wir mit »OB« hinüber zur Kreisstraße durchqueren. Gleich gegenüber wird dann am Ortsrand ein schöner Blick über die bäuerlichen Fluren auf die waldreiche Umgebung möglich.

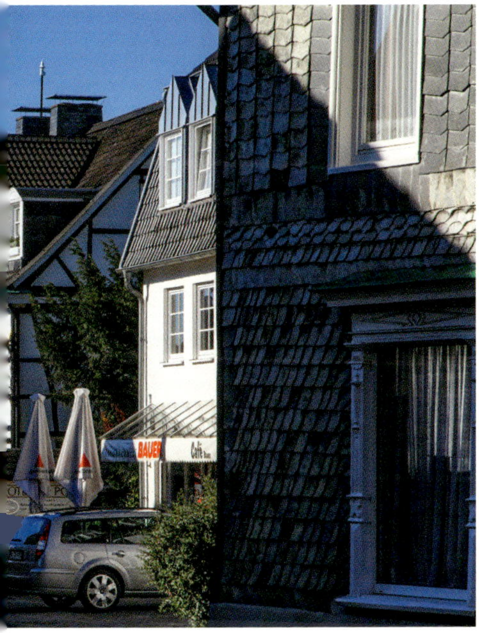

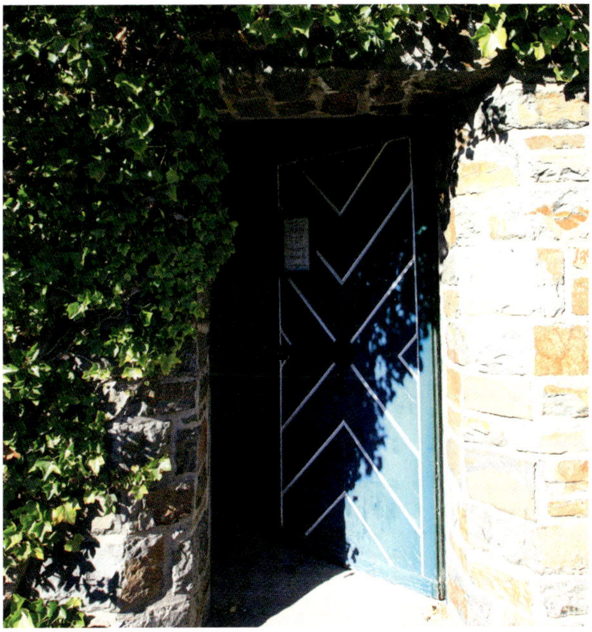

Fast verwunschen wirkt der Eingang zum Aussichtsturm.

Am Waldrand halten wir uns geradeaus, ehe wir noch einmal durch den Wald am Kirchenberg hinunter und zurück zur E **Kirche** in Dhünn gelangen. Dort laden in der Ortsmitte rustikale Holzbänke des Hotel-Restaurants Zu den Drei Linden und wenige Schritte weiter das hübsche alte Fachwerkhaus von 1749 mit der Gaststätte Zur Post zum Verweilen ein. Für uns Wanderer gibt aber auch die große Eiche mit den Bänken rundum ein ideales Rastplätzchen ab.

Für jeden Tag die richtige Tour

1	●	Auf den Longinus-Turm	05:15 h	220/220 m	19,3 km	●		●	●	●			●
2	●	Zum Schloss Lembeck	03:40 h	80/90 m	14,9 km	●	●	●	●		●		●
3	●	Halde Großes Holz	03:05 h	90/90 m	12,0 km	●	●		●	●			●
4	●	Greveler Alpen	03:45 h	70/70 m	14,3 km	●	●	●	●	●			●
5	●	Von Waltrop nach Lünen	02:50 h	70/70 m	10,5 km	●	●	●	●	●		●	●
6	●	Landschaftspark Hoheward	03:00 h	160/160 m	10,3 km		●	●	●	●			●
7	●	Gysenberg und Langeloh	02:00 h	90/90 m	8,3 km	●	●	●	●			●	●
8	●	Auf die Halde Haniel	03:50 h	140/140 m	14,9 km	●	●	●	●				●
9	●	Deich-Blicke bei Voerde	04:30 h	20/20 m	18,1 km	●	●	●	●	●			●
10	●	Auf die Moerser Berge	05:30 h	150/150 m	20,6 km	●		●	●	●		●	●
11	●	Am WestfalenWanderWeg	05:50 h	200/140 m	22,9 km	●		●	●	●			●
12	●	Zur Hohensyburg	03:10 h	150/150 m	10,8 km	●	●	●	●			●	●
13	●	Über den Ardeykamm	03:30 h	340/330 m	12,0 km		●	●	●		●		●
14	●	Runde am Kemnader See	01:30 h	110/110 m	5,7 km	●	●	●	●			●	●
15	●	Burg Blankenstein	01:50 h	130/140 m	6,3 km	●	●	●	●			●	●
16	●	Am Baldeneysteig	08:00 h	560/560 m	26,8 km	●		●	●		●	●	●
17	●	Von Mintard nach Saarn	04:15 h	140/140 m	16,3 km	●	●	●	●				●

Nr.		Tour	Gehzeit	Höhenunterschied	Länge	Einkehr	kindergeeignet	Sehenswürdigkeit	wintergeeignet	viel Sonne	schattiger Weg	Bademöglichkeit	ÖPNV
18	●	Am »langen Berg«	02:40 h	160/160 m	9,0 km	●	●	●	●		●	●	●
19	●	Durch die Elfringhauser Schweiz	07:30 h	810/810 m	25,2 km	●			●				
20	●	Rund um Herzkamp	03:00 h	210/210 m	9,7 km	●	●		●		●		●
21	●	In Niedersprockhövel	03:45 h	250/250 m	13,7 km	●	●	●	●				●
22	●	Im Hagener Stadtwald	03:30 h	280/280 m	12,2 km	●	●	●	●		●		●
23	●	Sauerländer Höhenflug	05:45 h	570/570 m	18,8 km	●					●		
24	●	Zur Glörtalsperre	03:45 h	310/310 m	13,3 km	●	●		●			●	●
25	●	Im südlichen Ennepetal	04:30 h	280/280 m	16,6 km	●	●		●		●		●
26	●	An der Wuppertalsperre	03:20 h	250/250 m	11,8 km	●	●		●			●	●
27	●	Dom-Blick und Beversee	03:20 h	180/180 m	13,8 km	●	●	●	●	●		●	●
28	●	Zum Toelleturm	04:00 h	460/260 m	14,8 km	●	●	●	●				●
29	●	Rund um Schloss Burg	03:30 h	340/340 m	11,1 km	●	●	●	●				●
30	●	Auf den Hindenburgturm	06:20 h	430/430 m	21,0 km	●			●			●	●

Piktogramme erleichtern den Überblick

- Gehzeit
- Höhenunterschied
- Länge
- Einkehr
- kindergeeignet
- Sehenswürdigkeit
- wintergeeignet
- viel Sonne
- schattiger Weg
- Bademöglichkeit
- ÖPNV

PS: Einfach mal die Perspektive wechseln!

Man wird immer wieder überrascht!

Obwohl ich bei meinen vielen Touren jeden Winkel des Ruhrgebiets und seiner Umgebung bereits mehrfach gesehen habe, überraschte mich der Blick von oben von den Aussichtsstellen jedes Mal aufs Neue. Schon ein etwas anderer Standort veränderte die Perspektive mehr als gedacht. Ich entdeckte zuvor nie bemerkte Einzelheiten, oder Dinge erschienen bei anderem Licht wie nie zuvor gesehen. Daher bleibt es für mich eine Freude, nicht nur bei schönstem Sonnenschein, sondern auch mal bei wolkenverhangenem Himmel oder gar Nieselregen auf die Anhöhen und Halden zu steigen und die besondere Atmosphäre zu genießen. Und als Fotograf sieht man sowieso mit anderen Augen, nimmt die Ausschnitte noch mal ganz anders wahr.

Den Genuss mit einplanen!

Eine wichtige Facette des Wanderns ist stets auch das Genießen! Ich mag einfach die Verbindung von Gehen, Schauen oder Herunterschauen und einem gemütlichen Picknick. Wie schön ist es, sich an aussichtsreicher Stelle ein nettes Plätzchen zu suchen, den Rucksack auszupacken, die mitgebrachten Leckereien zu verputzen und dabei den Blick schweifen zu lassen!

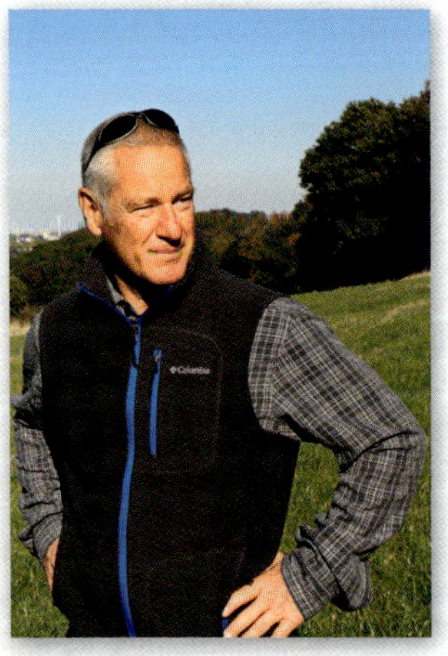

Uli Auffermann

Schön sind die Gegensätze!

Das Ruhrgebiet ist kontrastreich – und Vielfalt erweitert den Horizont, ob beim Ausblick von einem Aussichtsturm, von den idyllischen Ruhrbergen oder den manchmal gewaltigen Halden des Reviers. Ein Muss: Einmal den Sonnenuntergang von der Halde Hoheward erleben – eindrucksvoll und ergreifend, mehr Ruhrgebiet geht kaum! Also, einen Perspektivwechsel zu wagen ist in jedem Fall eine Bereicherung, und hat man dazu gleich mehrere auf einer Tour – umso besser.

Ihr Uli Auffermann

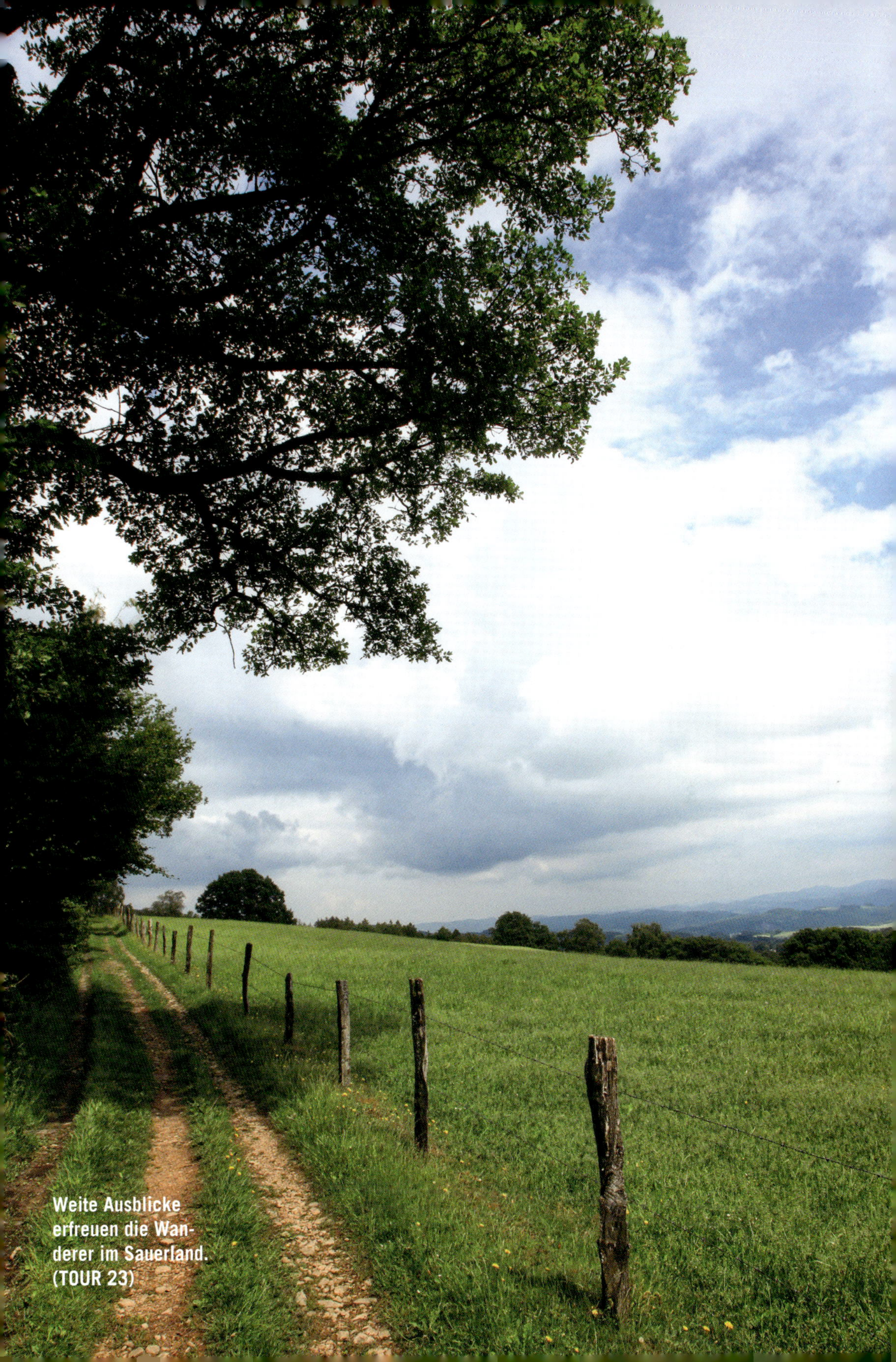

Weite Ausblicke erfreuen die Wanderer im Sauerland. (TOUR 23)

Rast am Ufer der
Wuppertalsperre
(TOUR 26)

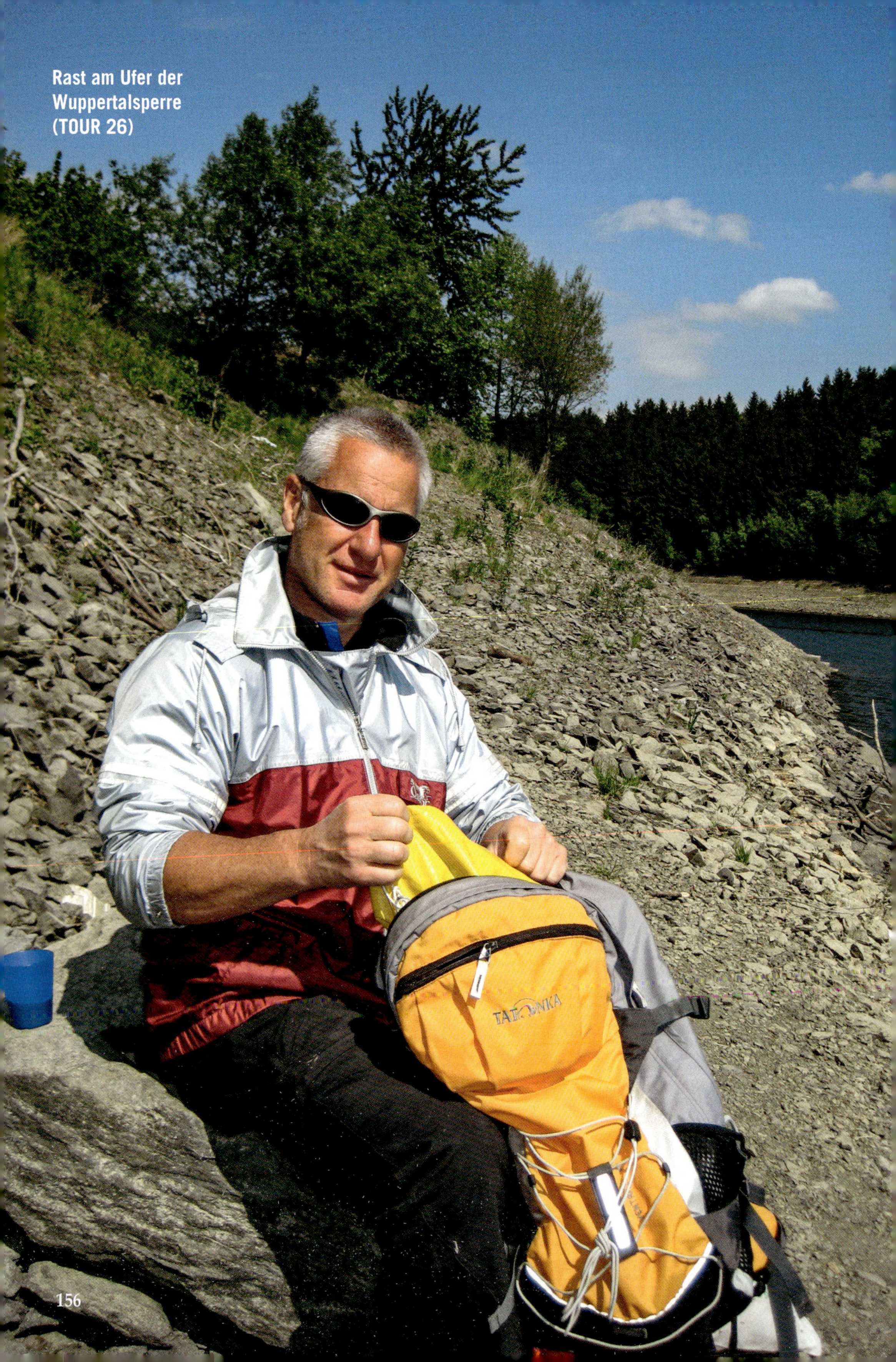

Register

Anderl-Heckmair-Stüberl 103
Ardeykamm 65, 74
Auberg 92, 94 f.

Baldeneysee 89
Baldeneysteig 86
Berger-Denkmal 74, 76
Bergkamen 30
Bevertalsperre 137
Billerbeck 20, 25
Bismarckturm 66, 96 f., 99, 116
Bochum 78
Bottrop 47, 52
Breckerfeld 122
Burg Blankenstein 82, 84

Dabringhausen 149 f.
Datteln-Hamm-Kanal 30, 33
Deilbach 96, 104, 107
Dhünn 146 f., 149, 151
Dorsten 26
Dortmund 34, 36, 65, 70

Elfringhauser Schweiz 100
Ennepetal 114, 126, 129
Essen 47, 86

Freizeitgelände Kräwinklerbrücke 133
Freizeitzentrum Grafenmühle 53
Fröndenberg 64, 67

Gennebreck 106
Glörtalsperre 122, 125
Grevel 34 ff.
Gysenbergpark 48 f.

Haarstrang 64 ff.
Hagen 114
Halde Großes Holz 30 ff.
Halde Haniel 52 ff.
Halde Hoheward 42, 46
Halde Hoppenbruch 45
Halde Pattberg 60, 62
Halde Rheinpreußen 61
Hattinger Hügelland 100
Haus Kemnade 85
Haus Schede 74
Haus Voerde 56, 59
Haus Wenge 34, 36
Havixbeck 20, 24 f.
Heilenbecketalsperre 126, 128
Hengsteysee 70 ff.
Henrichsknübel 67
Herdecke 73 f.
Herne 48
Herten 42, 44
Herzkamp 106
Hindenburgturm 146, 149
Hohe Mark 26, 54
Hohensyburg 70 ff.
Hückeswagen 130, 132, 134 ff.

Immelberg 102

Kaiser-Friedrich-Turm 114 f.
Kaiser-Wilhelm-Turm 51
Kamp-Lintfort 62
Kemnader See 78 f., 81
Kettwig 92
Kirchheller Heide 54
Klettergarten 137
Kluterthöhle 129
Kupferdreh 86, 91
Kurl 34, 37

Langenberg 96 ff.
Lanstroper Ei 34, 36
Lanstroper See 36
Longinus-Turm 20, 24
Lünen 38

Marina Rünthe 30, 32
Mintard 92, 95
Moers 60
Mülheim 92

Niedersprockhövel 110 ff.

Oberhausen 52

Radevormwald 126, 130
Reken 26
Remscheid 130
Rhein 56, 62
Ruhr 65, 70, 74, 81, 82, 84, 89, 92
Ruhr-Uni Bochum 80
Ruhrhöhenweg 72, 74

Saarn 92 ff.
Sauerland-Höhenflug 118 ff.
Schloss Burg 142, 144
Schloss Herten 44
Schloss Lembeck 26, 29
Schombergturm 118, 120
Schwerte 64 f.
Sengbachtalsperre 142 f.
Solingen-Burg 142
Sprockhövel 100, 110 ff.
Sundern 120

Toelleturm 138, 140

Velbert 96, 100
Villa Hügel 89
Voerde 56, 59

Waltrop 38, 41
Wengeberg 122
Wermelskirchen 146, 150
WestfalenWanderWeg 64, 67
Wetter (Ruhr) 74, 76
Wildewiese 118 ff.
Witten 74, 83
Wupper 126, 130, 136 f., 142
Wuppertal 100, 128
Wuppertaler Schwebebahn 138, 141
Wuppertalsperre 130, 132
Wupperweg 133, 138 f.

Zeche Alte Haase 110 f.
Zeche Ewald 42, 46
Zeche Waltrop 38 f., 41

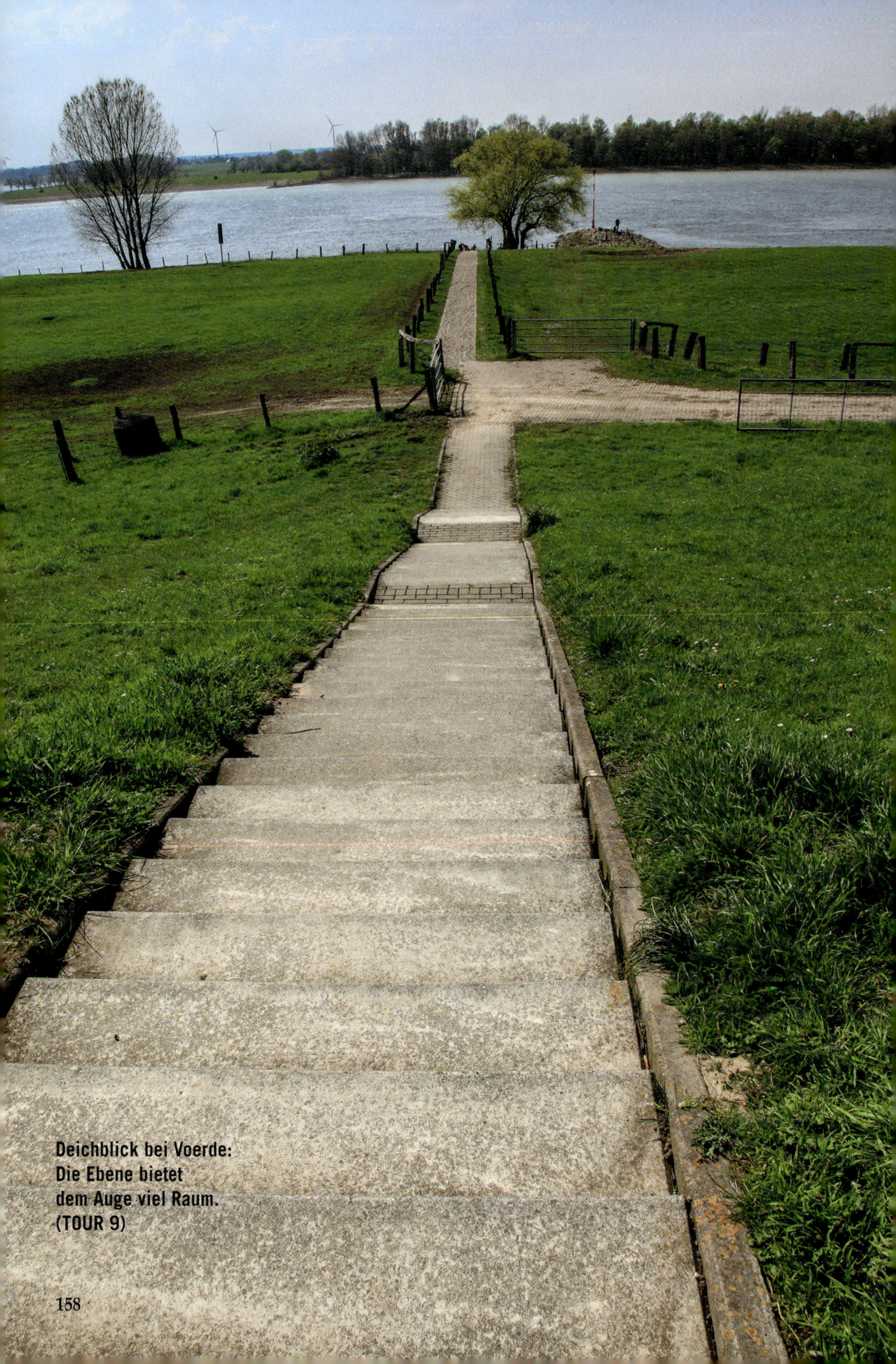

Deichblick bei Voerde:
Die Ebene bietet
dem Auge viel Raum.
(TOUR 9)

Ebenfalls erhältlich ...

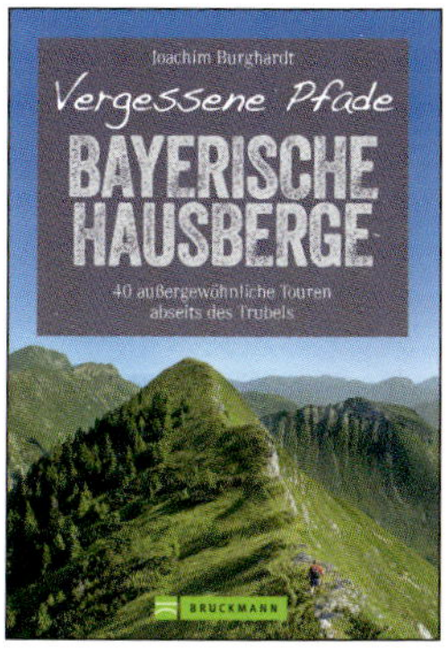

ISBN 978-3-7343-1210-6

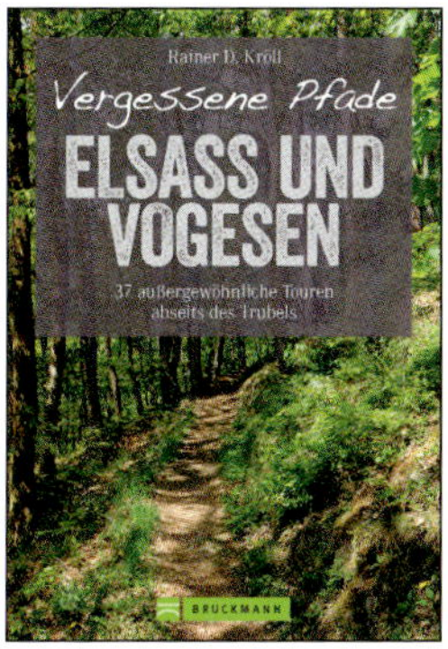

ISBN 978-3-7654-6024-1

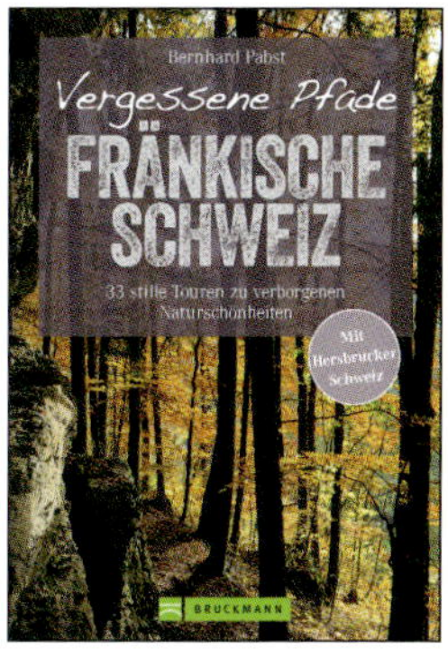

ISBN 978-3-7654-5205-5

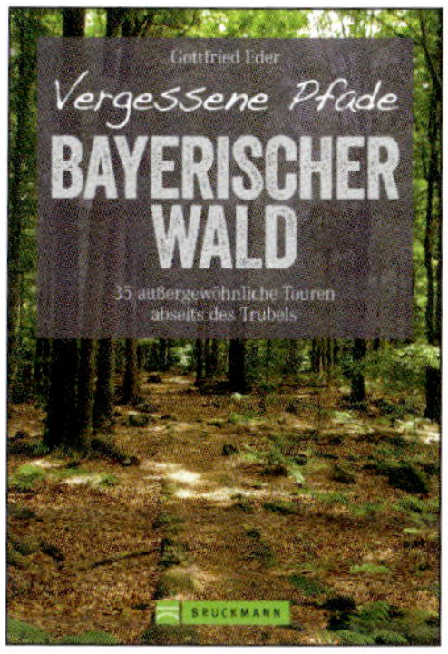

ISBN 978-3-7654-8391-2

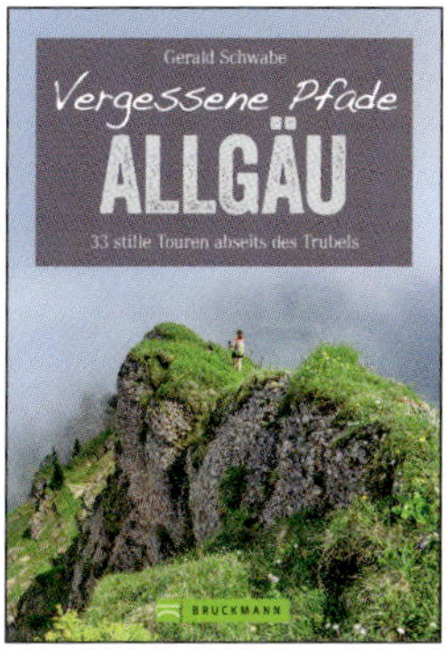

ISBN 978-3-7654-5275-8

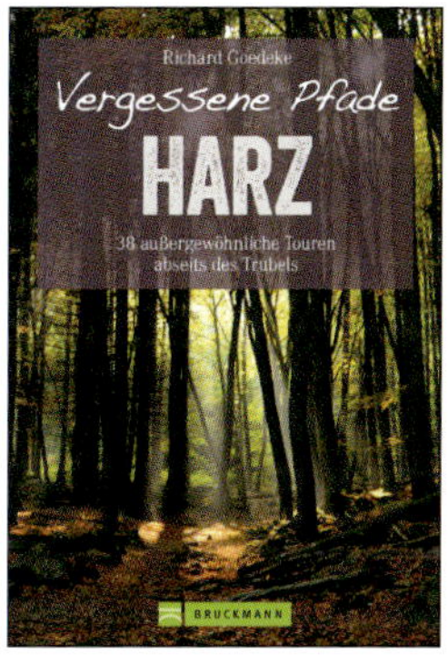

ISBN 978-3-7654-6819-3

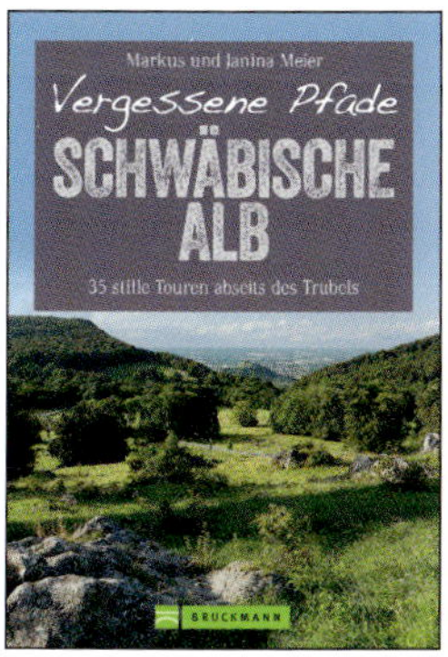

ISBN 978-3-7654-6070-8

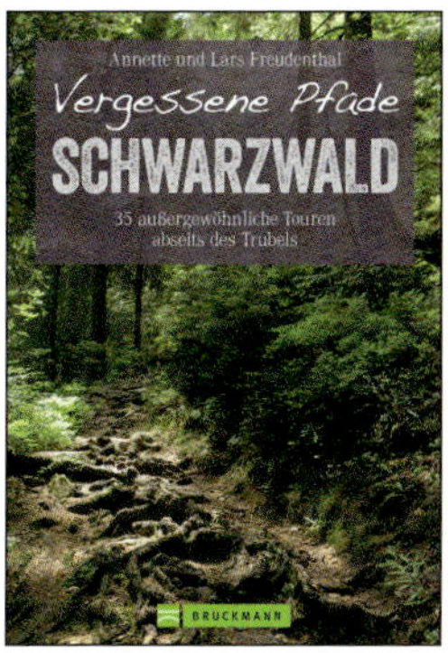

ISBN 978-3-7654-6803-2

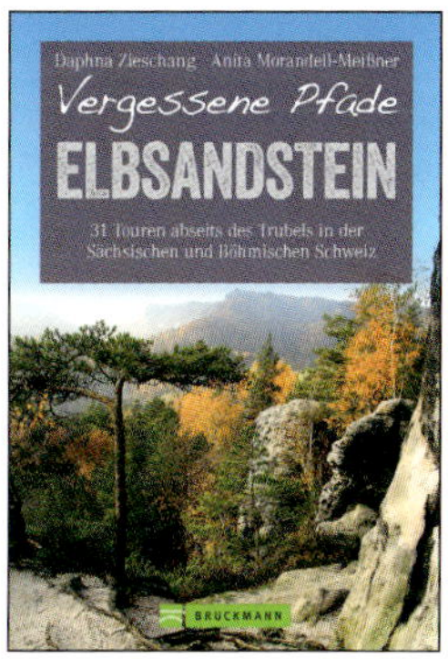

ISBN 978-3-7343-1063-8

BRUCKMANN

www.bruckmann.de

Impressum

Verantwortlich: Stefanie Krüger
Redaktion und Lektorat: Anette Späth
Layout: Eva-Maria Klaffenböck
Repro: Cromika/LUDWIG:media
Kartografie: Bruckmann Kartografie, Heidi Schmalfuß
Herstellung: Alexander Knoll
Printed in Slovenia by Florjancic

★★★★★

Sind Sie mit diesem Titel zufrieden? Dann würden wir uns über Ihre Weiterempfehlung freuen. Erzählen Sie es im Freundeskreis, berichten Sie Ihrem Buchhändler, oder bewerten Sie bei Onlinekauf. Und wenn Sie Kritik, Korrekturen, Aktualisierungen haben, freuen wir uns über Ihre Nachricht an Bruckmann Verlag, Postfach 40 02 09, D-80702 München oder per E-Mail an lektorat@verlagshaus.de.

Unser komplettes Programm finden Sie unter www.bruckmann.de

Sie sind auf der Suche nach weiterführender Literatur? Dann empfehle ich Ihnen den Titel »Zeit zum Wandern Ruhrgebiet« von Silke Büttner. Oder Sie werfen einen Blick in die Zeitschrift »Bergsteiger«. Hier werden Sie bestimmt fündig.
Ihr Uli Auffermann

Bildnachweis: Alle Aufnahmen auf dem Umschlag und im Innenteil stammen vom Autor.
Umschlagvorderseite: Ausblick von der Hohensyburg auf die Lenne (Tour 12)
Umschlagrückseite: Weit geht der Blick vom Ardeykamm über die Ruhr ins nahe Sauerland (Tour 13).

Die Deutsche Nationalbibliothek verzeichnet diese Publikation in der Deutschen Nationalbibliografie; detaillierte bibliografische Daten sind im Internet über http://dnb.d-nb.de abrufbar.

2. überarbeitete und ergänzte Nachauflage von »Die besten Panorama-Wanderungen in Nordrhein-Westfalen«

ISBN 978-3-7343-1475-9